Hanna Mandel

Beim Gehen entsteht der Weg

Gespräche über das Leben vor und nach Auschwitz

Deutsche Originalausgabe

Umschlaggestaltung: Martin Grundmann
Gesetzt aus der Adobe Minion in InDesign
Druck und Bindung: CPI Moravia Books, Pohorelice,
Printed in Czech Republic
Gedruckt auf säure- und chlorfreiem Papier
ISBN: 978-3-88619-484-1
Erste Auflage 2008

Hanna Mandel

Beim Gehen entsteht der Weg

Gespräche über das Leben
vor und nach Auschwitz

Aufgezeichnet von Norbert Reck

Literaturbibliothek
Argument · Ariadne

Inhalt

Dienstagnachmittags am Kaffeetisch oder: Wie dieses Buch entstand

Zu Beginn war Hanna Mandel überhaupt nicht begeistert von der Idee eines Interviews. Sie hatte mit Journalisten schon schlechte Erfahrungen gemacht. »Die schreiben hinterher so, dass ich mich nicht mehr wiedererkenne«, sagte sie am Telefon. Ich hatte sie angerufen, weil ich mit ihr gerne einen kleinen Beitrag zum Jahrestag der Befreiung von Auschwitz machen wollte. Um sie zu überzeugen, versprach ich ihr, nichts zu veröffentlichen, was sie nicht ausdrücklich zum Druck freigeben würde. Ohne ihre Skepsis aufzugeben, willigte sie ein, dass ich sie einmal besuchen dürfe. Dann würden wir ja sehen, ob aus dem Vorhaben etwas werde.

Als sie mich schließlich am vereinbarten Tag in ihrer Wohnung empfing, war der Wohnzimmertisch liebevoll gedeckt; selbstgebackener Kuchen und frisch gebrühter Kaffee standen bereit. Meinen mitgebrachten Blumenstrauß stellte sie dankend in eine Vase, nicht ohne den Hinweis, dass sie von solchen Höflichkeitsgesten eigentlich nichts halte.

Wir setzten uns, und schon waren wir mitten im Gespräch: Hanna Mandel sprach von den Klischeevorstellungen, die viele Menschen von der Befreiung der Konzentrationslager hätten. Sie begann, von ihren eigenen Erfahrungen zu erzählen, die ganz anders waren als diese Klischees. Keine Sekunde verging mit unverbindlichem Geplauder – von Anfang an. Und so blieb es auch in den folgenden zehn Jahren.

Denn schon bald wurde klar, dass es nicht bei dem geplanten kurzen Interview bleiben konnte. Nach dem ersten Treffen ging ich mit mehr als drei Stunden Tonbandaufzeichnungen nach Hause. Wir hatten verabredet, uns wieder zusammenzusetzen, sobald ich alle Tonbänder abgetippt hätte. Dann wollten wir gemeinsam sehen, was sich von diesen Texten für einen Artikel eignete.

Das war keine einfache Angelegenheit, wie sich bald zeigte. Hanna war zwar einverstanden mit meiner schriftlichen Wiedergabe unseres Interviews – »Du hast mich so gelassen, wie ich bin« –, aber sie hatte immer wieder tiefe Zweifel, ob sich überhaupt mit Worten ausdrücken lasse, was sie erlebt hatte. Vor allem waren das nun nicht mehr Worte in einem Gespräch, in dem alles noch einmal anders gesagt werden konnte, wenn der Gesprächspartner etwas nicht verstanden hatte. Die Worte sollten jetzt auf Papier festgehalten werden. Also musste Satz für Satz geprüft werden, wo eventuell Missverständnisse aufkommen könnten oder wo das Erzählte nicht klar genug war.

Ich sagte Hanna, dass wir alle Zeit der Welt hätten, um gemeinsam eine Fassung unseres Gesprächs zu erarbeiten, mit der wir beide zufrieden sein könnten. So hatte ich es ihr ja schon bei unserem ersten Telefonat versprochen. Der Jahrestag der Befreiung von Auschwitz war inzwischen längst vorüber, doch es sollte noch viele Wochen dauern, bis unser Artikel fertig war.

Das heißt übrigens nicht, dass Hanna »schwierig« war, was die gemeinsame Arbeit betraf. Sie war immer froh, wenn wir eine gute, klare Formulierung gefunden hatten, und ging dann entschlossen weiter zum nächsten Satz. Aber sie war eine entschiedene Gegnerin aller sorglosen Oberflächlichkeit, gerade was die Sprache anging. Denn sie hatte oft genug erlebt, wie leicht unbedachte Worte verletzen oder sogar Menschen das Leben kosten können. An solcher Unbedachtsamkeit wollte sie sich nicht beteiligen.

Immer wieder kam es bei unseren gemeinsamen Beratungen vor, dass Hanna seufzte und meinte, eigentlich sei es gar nicht möglich, in einem kurzen Artikel auf den Punkt zu bringen, worum es bei ihrer Geschichte gehe. Man müsste viel weiter ausholen, Hintergründe aufzeigen und Alltagsbeispiele heranziehen, damit überhaupt nachvollziehbar würde, wie die Welt zur Zeit des Holocaust ausgesehen habe und was aus ihr seither geworden sei. Als ich auf einen dieser Seufzer einmal spontan antwortete, man müsste eigentlich ein ganzes Buch über ihr Leben machen, sah mich Hanna ernst an und sagte nach einem Moment des Nachdenkens leise: »Vielleicht sollten wir es wirklich versuchen.«

Bald wurde aus dieser Idee ein ernsthafter Plan, und vermutlich hat dieser Plan es uns erst ermöglicht, den ursprünglichen Zeitschriftenartikel abzuschließen. Denn wenn wir später noch einmal alles ausführlicher zu Papier bringen würden, dann konnten wir jetzt auch das Risiko eingehen, in einem ersten Text nicht alles zu sagen, was gesagt werden müsste. Der Artikel erschien noch im selben Jahr in Heft 9 der Zeitschrift *Dachauer Hefte*, in der die Erinnerungen der Überlebenden – für eine historische Zeitschrift keineswegs selbstverständlich – von Anfang an einen festen Platz hatten.

Die Reaktionen auf unseren Beitrag in den *Dachauer Heften* waren ermutigend, und so machten wir uns bald erneut an die Arbeit. Nun sollte alles zur Sprache kommen, was in Gesprächen und kurzen Artikeln zumeist auf der Strecke bleibt. Auch die Geschichte *vor* der Deportation, das Leben der Familie Mandel in einem kleinen ungarischen Ort an der Theiß, sollte in dem Buch einen Platz haben, denn jüdisches Leben in Europa hatte ja nicht immer nur Verfolgung und Tod bedeutet. Genauso wenig sollte das Buch mit der Befreiung der Konzentrationslager enden. Es sollte nicht zu dem Missverständnis beitragen, »danach« habe ganz selbstverständlich das »normale« Leben wieder begonnen.

»Danach« war ja erst einmal gar nichts klar und selbstverständlich. Für Hanna war nicht klar, wie sie nach dem Verlust der Familie und ihres früheren Lebens wieder auf die Beine kommen sollte, wie sie weiterleben konnte mit ihren Erfahrungen. Und für die Welt war nicht klar, welche Konsequenzen sie aus dem Holocaust ziehen würde. Würden die Menschen ernsthaft nach den Ursachen von Vorurteilen und Hass fragen? Oder würden sie die Geschichte mit ein paar feierlichen Erklärungen auf sich beruhen lassen? Wie würden die Überlebenden der Lager mit den übrigen Menschen zusammenleben?

In Deutschland interessierten sich bis in die siebziger Jahre hinein nur wenige für die Geschichten der Überlebenden. Das änderte sich erst, als eine neue Generation von Lehrerinnen und Lehrern an den Schulen zu unterrichten begann und als 1979 im deutschen Fernsehen die Serie *Holocaust* gezeigt wurde. Mit einem Mal war die Judenverfolgung im Nationalsozialismus ein Thema, mit dem sich nicht nur die Historiker beschäftigten. Hanna begann, Schulklassen zu besuchen und mit den Schülerinnen und Schülern im Unterricht Gespräche zu führen. Sie freute sich über das wachsende Interesse. Zugleich hatte sie immer die Sorge, dass die frühere Gleichgültigkeit nun in das Gegenteil umschlagen konnte: in eine übertriebene Verehrung. Sie wollte nicht als eine besondere Person behandelt werden, nur weil sie überlebt hatte. Das Glück des Überlebens hatte sie immer als ein sehr zwiespältiges Glück empfunden. Vor allem mochte sie es nicht, für klüger oder weiser gehalten zu werden, weil sie in Auschwitz gewesen war. »Ich bin deshalb doch keine Heilige!«, sagte sie oft. Und schließlich war Auschwitz keine Bildungsanstalt gewesen.

Das war Hanna wichtig: Aus monate- oder jahrelanger Gewalt und Todesangst geht niemand als besserer Mensch hervor. Freier und stärker wird man nicht von allein, sondern indem man seine Erlebnisse immer wieder durcharbeitet und darüber nachdenkt, wie man zu dem geworden ist, was man ist. Für Hanna war das ein jahrzehntelanger Weg der Auseinandersetzung. Die Einsichten, die sie dabei gewonnen hatte, waren keine »Früchte von Auschwitz«, sondern das Ergebnis ihrer eigenen Anstrengungen, das Resultat ihrer eigenen Suche nach Antworten.

Auch davon sollte unser Buch erzählen, ohne Irrwege und Fehler zu verschweigen, ohne Scheu davor, auch Alltagsprobleme, finanzielle Notlagen und Ehekrisen anzusprechen. Denn auch diese Dinge gehören zur Realität der Überlebenden der Konzentrationslager. Sie leben ja mitten unter uns und teilen unsere grundlegenden Lebensbedingungen – mit dem einzigen Unterschied, dass ihre Erlebnisse sie manches schärfer wahrnehmen und kritischer beurteilen lassen. Gerade deshalb dürften nicht allein die Lagererfahrungen der Überlebenden, sondern auch ihre Einschätzungen der Gegenwart für uns aufschlussreich sein.

Hanna und ich trafen uns nun regelmäßig jeden Dienstagnachmittag. Bei Kaffee und Kuchen besprachen wir unsere Neuigkeiten, tauschten Bücher und Zeitungsartikel aus und kommentierten die neuesten Nachrichten. Dann machten wir uns an die Arbeit. Die ersten Monate verbrachten wir mit einem ausführlichen Interview zu Hannas Leben.

Das ging mal flüssig und mal nur stockend voran; mal ging ich mit zwei randvollen Kassetten nach Hause, mal war es nur eine Viertelstunde. Je nachdem, was das Thema des Nachmittags war. Über manche Geschichten haben wir viel gelacht, anderes konnte Hanna auch Jahrzehnte später nur sehr schwer erzählen. Nicht jeder Tag war geeignet für jede Geschichte.

Ich lernte, dass es etwas sehr Intimes ist, über Verfolgung, Erniedrigung und Tod zu sprechen. So etwas kann nur in einer ruhigen, geschützten Sphäre gelingen. Das wird in unserer Talkshow-Kultur oft übersehen. Manches, was bedenkenlos in der Öffentlichkeit ausposaunt wird, verliert gerade dadurch seine Wahrheit. Als wir nach den Monaten des Interviews begannen, die Tonbänder gemeinsam abzutippen, Ergänzungen einzufügen und wiederum Satz für Satz zu besprechen, entschlossen wir uns deshalb, auf jede erzählerische Ausschmückung zu verzichten. Der Inhalt unserer Gespräche sollte schlicht und nüchtern nachzulesen sein. Was schmerzhafter und was leichter zu erzählen war, wollten wir nicht besonders herausstellen. Aufmerksame Leserinnen und Leser würden das ohnehin mitbekommen.

Wir nahmen uns viel Zeit für die Arbeit an diesem Buch. Manchmal ergaben sich auch längere Unterbrechungen durch andere Verpflichtungen von mir oder durch Hannas gesundheitliche Probleme. Wenn wir uns nach solchen Unterbrechungen wieder über die Texte beugten, sahen wir manchmal einiges mit anderen Augen. Manche Geschichte schien nicht mehr ins Buch hineinzupassen, an anderen Stellen nahmen wir plötzlich eine Lücke in der Erzählung wahr, die noch gefüllt werden musste.

Zuletzt aber stand alles fest, was im Buch erzählt werden sollte und was nicht. Nur ein paar sprachliche Präzisierungen wollten wir noch vornehmen, als Hanna – wie bereits mehrere Male zuvor – einen Zusammenbruch hatte und ins Krankenhaus musste.

Sie wusste, dass sie dieses Mal das Krankenhaus nicht mehr lebend verlassen würde. Einem der letzten Besucher, der sie noch bei Bewusstsein antraf, sagte sie traurig: »Jetzt werde ich das Erscheinen des Buchs nicht mehr erleben.« Darauf hatte sie sehr gehofft, dafür hatte sie in ihren letzten Jahren viel Kraft aufgebracht. Im Februar 2003 ist sie gestorben, zehn Jahre nach unserem ersten Interview, drei Monate vor ihrem 76. Geburtstag.

Wir hatten eben doch nicht mehr »alle Zeit der Welt«, wie ich zu Beginn unserer gemeinsamen Arbeit immer wieder gesagt hatte. Und das ist in mehrerlei Hinsicht wahr.

Es ist wahr, was dieses Buch betrifft. Es hat nun kein letztes Okay von Hanna Mandel bekommen. Nach einiger Zeit überwand ich aber meine Skrupel und versuchte, die letzten notwendigen Korrekturen so auszuführen, dass Hanna damit zufrieden gewesen wäre.

Es ist wahr, was die möglichen Gespräche mit den Überlebenden des Holocaust angeht: Es bleibt nicht mehr viel Zeit, ihre Geschichten über unsere Welt zu hören, die uns niemand sonst erzählen kann. Kein Buch kann das direkte Zuhören ersetzen.

Und es ist wahr, wenn es um unser Zusammenleben auf diesem Planeten geht – ein Thema, das Hanna mehr als alles andere beschäftigte. Um ernsthafte Schritte gegen die Naturzerstörung und gegen die Gewalt zwischen den Geschlechtern, Glaubensbekenntnissen und Hautfarben zu unternehmen, haben wir nicht mehr alle Zeit der Welt. Katastrophen, die nicht aktiv verhindert werden, werden – so sah es Hanna – ziemlich sicher eintreffen.

Kein Buch kann Gespräche mit den Überlebenden ersetzen. Auch dieses Buch nicht. Meine Hoffnung ist trotzdem, dass beim Lesen etwas spürbar wird vom leidenschaftlichen Interesse Hanna Mandels an der Zukunft dieser Welt. Dass diese Leidenschaft ansteckend wirkt. Dass das Nachdenken über ihre Erfahrungen und Gedanken weitergeht. Das wäre mehr wert als alle feierlichen Gedenkreden, die zur Erinnerung an die Shoah gehalten werden.

München, im März 2008
Norbert Reck

1. Kapitel

Vásárosnamény

Hanna, ich kenne außer dir keinen Menschen, der sich so weit zurückerinnern kann …

Glaubst du? Hm … Weißt du, das war nicht immer so. Vieles ist in mir verschüttet gewesen, aber ich hab es langsam wieder ausgegraben. Ich hab es gebraucht. Als ich aus dem KZ zurück war, war ich so abgeschnitten, ohne einen Menschen. Ich musste mich erinnern, um einen Halt zu finden. Sonst wäre ich verloren gegangen.

Du musstest deine Kindheitserinnerungen zurückholen, damit nicht alles von Auschwitz ausgelöscht wird?

Es war nicht allein Auschwitz. Auch die Deportation, das plötzliche Ende meiner Kindheit, der Verlust meiner Familie … Es war wie ein schwarzes Loch. Vieles ist für immer darin verschwunden; und manches, was ein junges Mädchen erlebt, hab ich nie kennengelernt. Deshalb ist es mir so wichtig geworden, selbst noch die kleinste, nebensächlichste Erinnerung wieder lebendig werden zu lassen. Ich brauchte die Erinnerungen an meine Eltern so sehr. Denn sie selber konnten mir nichts mehr erzählen. Also war ich froh um jeden Anhaltspunkt, jede Erinnerung daran, dass wir einmal ein ganz normales Familienleben hatten …

Wie macht man das: Erinnerungen wieder lebendig werden lassen?

Es gibt verschiedene Wege. Durch intensives Nachdenken gelingt es manchmal, von bekannten Erinnerungen auf die weniger bekannten zu kommen, auf die versteckten. Plötzlich kommt etwas zurück, an das man Jahre oder Jahrzehnte nicht denken konnte. Denn eigentlich ist alles da; Vergessen heißt nur, dass man den Weg vergessen hat, der zu einer Erfahrung zurückführt.

Manchmal hilft es aber auch, etwas zu lesen. Besonders wenn ich von der Kindheit anderer Menschen lese, denke ich oft: So war es bei mir auch. Oder: Bei mir war es anders. Und manchmal tauchen dann ebenfalls Erinnerungen auf, die lange verschüttet waren.

Aber auch Bilder, bestimmte Speisen, Gerüche, die plötzlich da sind, können irgendwelche Erinnerungen zurückbringen ... Ich geb dir ein Beispiel: Solange ich mich erinnern kann, wurden zweimal im Jahr bei uns zu Hause Windbeutel gebacken. Ich aß sie wahnsinnig gerne, und oft plagte ich meine Mutter mit Fragen: »Wann kommt endlich wieder die Zeit, in der sie Windbeutel bäckt?« (Wir sprachen die Eltern in der dritten Person an; das Du gab es für uns nicht.) Als ich acht oder zehn Jahre alt war, fragte ich sie, warum sie bloß zu ihrem Verlobungs- und Hochzeitstag Windbeutel machte. Und meine Mutter erzählte mit einem verschmitzten Lächeln die Geschichte von ihrer Verlobungsfeier. Zu dieser Feier, die zu Hause bei den Eltern meiner Mutter stattfand, waren Windbeutel in großen Mengen gebacken worden. Meine Mutter beobachtete, wie mein Vater, nachdem er schon ziemlich viele davon gegessen hatte, sich genierte, noch weiter zuzugreifen. Er schaute in die Runde, und wenn er sich unbeobachtet fühlte, langte er schnell hin und holte sich wieder einen. Da es so kleine waren, die man gleich ganz in den Mund stecken konnte, war das kein Problem. Und weil ich das strahlende Gesicht meines Vaters jedes Mal beim Windbeutelessen kannte, konnte ich mir diese Szene von der Verlobungsfeier sehr gut vorstellen.

»Dein Papa hat immer schon sehr gerne Süßes gegessen«, erzählte meine Mutter damals, »und da ich vor unserer Heirat nicht im Haushalt, sondern hauptsächlich bei meinem Vater im Geschäft gearbeitet hatte, hatte der Papa Angst, ich würde ihm nicht kochen und backen können. So suchte er nach unserer Verlobung die besten Köchinnen seines Bekanntenkreises auf und bat sie um ihre besten Rezepte. Mir hat er dann ein handschriftlich geschriebenes Rezeptbuch geschenkt.« Meine Mutter zeigte mir damals das Buch. Und natürlich war in dem Buch auch dieses Windbeutelrezept drin.

Da ich später alles, wirklich alles, verloren habe, war natürlich auch dieses Rezept nicht mehr da. Es gab auch niemanden mehr, der es gekannt hätte. So hab ich in Konditoreien immer wieder ähnliche Gebäcke versucht oder haufenweise Rezepte aus Kochbüchern ausprobiert. Aber der Geschmack stimmte nie ganz. Erst vielleicht so zwanzig Jahre später in München hat mir jemand ein altes ungarisches Kochbuch geschenkt, das man fortwerfen wollte. Da waren drei Rezepte drin, ich probierte sie alle aus, und das dritte war es.

Ein Geschmack aus der Kindheit ... Wie weit zurück reichen denn deine Erinnerungen nun?

Also meine älteste *eigene* Erinnerung, die nicht nur aus Familienerzählungen stammt, ist, dass ich unter einem Tisch sitze und mit einem Butterstampfer irren Lärm mache. Und ich weiß auch noch, dass mir das riesigen Spaß machte. Ich *spüre* es, bis heute. Da war ich vielleicht knapp eineinhalb Jahre alt. Als ich das später einmal meiner Mutter erzählte, sagte sie: »Ja, daran kann ich mich genau erinnern, du hattest den Butterstampfer von meiner Schwester als Spielzeug bekommen und machtest damit die ganze Familie verrückt. Aber dir machte das großes Vergnügen.«

Und wo war das? In dem Haus, in dem du deine Kindheit verbracht hast?

Nein, das war noch in Rumänien, in Oradea. Ich bin dort im Haus meiner Großeltern auf die Welt gekommen, und da lebten wir die erste Zeit nach meiner Geburt. Erst nach eineinhalb Jahren zogen wir dann nach Vásárosnamény, dem Heimatort meines Vaters. Das liegt in Ungarn, an der Theiß, ungefähr 30 Kilometer von der Grenze zur Ukraine, die damals zur Sowjetunion gehörte. Vásárosnamény war ein kleiner Ort mit etwa 6000 Seelen. Ungefähr 200 jüdische Familien lebten dort. Und dort hatten wir dann ein Haus. Das war das Haus meiner Kindheit.

Und du warst das erste Kind?

Ich war die Älteste, ja. Doch fast jedes Jahr kam eine Schwester oder ein Bruder zur Welt; in zwölf Jahren waren wir acht Kinder geworden. Ich weiß noch genau, wie neugierig ich war zu erfahren, woher die Kinder kommen und wie sie auf die Welt kommen. Ich hörte zwar immer wieder leise Bemerkungen, dass meine Mutter ein Kind erwartete, aber es war unmöglich, darüber zu sprechen. Ein Kind hat ja ein genaues Gespür dafür, welches Thema ansprechbar ist und welches nicht. Da gibt es verschiedene winzige Zeichen, Bemerkungen der Eltern, Verbote, und danach richtet sich ein Kind schon im frühesten Alter. Ich wagte nie, genauer nachzufragen.

Aber auf dem Land passierte es ja dauernd, dass eine Kuh kalbte, ein Schwein Ferkel warf, die Hühner Eier legten, die Nachbarin ein Kind bekam – überall gab es Gelegenheit, sich mit der Frage weiter zu beschäftigen. Mit vier, fünf Jahren versuchte ich einmal, in die Nähe des Stalls zu kommen, als ich gehört hatte, dass unsere Kuh wieder ein Kalb bekommen sollte. Doch ich wurde streng zurechtgewiesen und weggejagt. Meine Neugier wurde dadurch natürlich nur verstärkt.

Es gab eine Zeit, da hockte ich jeden Tag stundenlang am Fenster, weil unter einem Busch bei diesem Fenster der Platz eines unserer Hühner war. Nach Wochen des Wartens war es mir dann tatsächlich einmal gelungen zu sehen, wie das Huhn ein Ei legte.

Mit acht Jahren wusste ich dann schon, dass meine Mutter ihre Kinder im Bauch trug, bis sie dann irgendwann rauskamen. Nur das Wie und Warum waren mir noch nicht ganz klar. Immerhin war ich mit meiner Verstellungskunst schon so weit, dass ich meine Mutter einmal ganz unschuldig fragte, als sie mir vor der Schule die Haare durchkämmte (das gab sie nie aus der Hand, weil wir leicht Läuse bekamen, also wollte sie unsere Köpfe immer unter Kontrolle haben): »Was ist eigentlich, Mutter, dass sie jetzt so dick ist?« Ich war voller Neugier, was sie mir antworten würde. Und sie sagte: »Och, die letzte Zeit hab ich vielleicht ein bisschen zu viel gegessen und bin dicker geworden.« Im Stillen amüsierte mich das sehr, und ich dachte:

Na, das hat sie aber gut hingekriegt. Später, als meine eigenen Kinder auf die Welt kamen, dachte ich oft daran zurück, und ich nahm mir vor, ihnen auf ihre Fragen offener zu antworten.

Immer wieder bekamst du neue Geschwister, aber niemand erklärte dir, wie es dazu kam?

Darüber ist nie gesprochen worden. Aber ich wusste, dass meine Mutter ein Buch über diese Dinge hatte. Alles, was mit körperlichen Vorgängen bei Frauen zu tun hatte, stand in diesem Buch, mit Bildern und ausführlichen Erklärungen. Dieses Buch hielt sie mit einigen anderen Büchern in einem Schrank verschlossen. Wenn sie am Schabbat[1] zur Synagoge ging, versteckte sie ihren Schlüsselbund. Ich hatte aber mal durchs Schlüsselloch gesehen, wo sie den Schlüsselbund versteckte. Sobald sie aus dem Haus war, holte ich die Schlüssel, öffnete den Schrank, nahm dieses Buch heraus und setzte mich damit aufs Fensterbrett. Ich las, und beim Lesen schaute ich immer wieder aus dem Fenster. Als die Ersten vom Beten zurückkamen, schloss ich das Buch schnell wieder weg, legte den Schlüssel in sein Versteck und spielte den Unschuldsengel. Auf diese Weise hab ich viel erfahren, Falsches und Richtiges. Zumindest konnte ich meinen Freundinnen, die sich natürlich auch ihre Gedanken machten, davon berichten.

Als meine jüngste Schwester Márta geboren wurde, war ich dann schon einigermaßen aufgeklärt. Ich wusste, dass nicht der Storch, sondern meine Mutter das Kind zur Welt bringen würde. Vor der Entbindung herrschte aber große Aufregung. Der Arzt wurde geholt, und ich wusste, dass bei den früheren Geburten nie ein Arzt gebraucht wurde. Ich hatte meinen Vater noch nie so aufgeregt erlebt. Die Hebamme rannte rein und raus, mein Vater lief herum, sah nach dem Arzt und so weiter. Später erfuhr ich, dass meine Mutter bei dieser Entbindung viel Blut verloren hatte, so dass man gefürchtet hatte, sie würde verbluten.

Ich war sehr verzweifelt und hatte große Angst. Ich griff instinktiv zum Gebetbuch mit den Psalmen. Die Psalmen beteten wir, wenn wir um jemanden in großer Sorge waren. Man versammelte sich in der Synagoge, und wenn zehn erwachsene Männer beieinander waren, konnte offiziell für diesen Menschen gebetet werden. Ich nahm also dieses Gebetbuch, ging in die hinterste Ecke unseres Hofes und machte mich dort unsichtbar. Ich betete aus vollem Herzen, weinend – wie ein junger Mensch, der noch fest an Gott glaubt, nur beten kann. Und immer wieder schaute ich zum Haus hinüber, um zu sehen, ob sich irgendetwas tat.

Irgendwann kam mein Vater aus dem Haus, und es war ein Lächeln auf seinem Gesicht – also war die Gefahr vorüber. Er sagte dann zu mir: »Der Storch hat uns ein kleines Mädchen gebracht.« Ich wusste natürlich, dass er mir jetzt ein Märchen erzählte, aber ich war überglücklich, sein erleichtertes Gesicht zu sehen. Wie es meiner Mutter ging, wagte ich nicht zu fragen. Ich konnte mir nur denken, dass es ihr gut ging – sonst hätte er nicht so fröhlich ausgeschaut.

Wie es mir damals gegangen ist, haben meine Eltern nie erfahren. Ich war allein mit meinen Fragen, mit dem, was ich über die Geburt, über die Zeugung wusste. Und natürlich wusste ich manche Dinge nicht richtig. Wie hätte ich das auch überprüfen können?

Ich finde es interessant, dass dir diese Dinge als Erstes einfallen, wenn man dich nach deiner Kindheit fragt.

Ja, das hat mich schon stark beschäftigt. Aber es gab auch alles andere; ich war ein ganz normales Kind. Ich bin sehr gerne draußen gewesen mit meinen Freundinnen und den Nachbarskindern. Wir saßen auf dem Boden und spielten Steinchenwerfen, oder wir spielten »Himmel und Hölle« und Seilspringen … Auf dem Dorf hatte man wahnsinnig viele Möglichkeiten zum Spielen. Man konnte in die Gärten der Nachbarn gehen, man konnte in den großen Strohhaufen Verstecke bauen, man konnte in zwei, drei Gärten zusammengenommen Verstecken spielen, auf Bäume klettern, Obst von den Bäumen pflücken oder sich direkt oben auf dem Baum satt essen – all diese Dinge.

Wenn zu Hause bestimmte Früchte gebraucht wurden, wurden wir Kinder zu Nachbarn geschickt, die diese Früchte im Garten hatten, Brombeeren oder Johannisbeeren beispielsweise, auch Erdbeeren. Wir brachten Eimer mit und pflückten; und meistens durften wir dabei von den Beeren essen, so viele wir wollten. Am Ende wurde der Rest, den wir mit nach Hause nahmen, abgewogen. Natürlich gab es auch ein paar Leute im Dorf, die es nicht erlaubten, nebenbei zu essen; da mussten wir eben aufpassen, dass wir nicht erwischt wurden. Aber man kriegt ja als Kind sehr schnell raus, was geht und was nicht geht.

Die Erwachsenen hatten immer ein Auge auf euch?

Ach nein, so behütet waren wir gar nicht. Das war gar nicht möglich bei acht Kindern. Meistens waren wir eine richtige Clique; fünf, sechs Kinder zogen immer zusammen los. Die Eltern riefen uns nur hinterher: »Aber passt auf euch auf, und kommt nicht zu spät nach Haus!« Meine Mutter fragte oft: »Wohin geht ihr?« Wir sagten: »Och, nur so, an den Fluss, Sauerampfer sammeln« – zum Beispiel. Und sie sagte: »Aber passt auf, dass ihr nicht ins Wasser fallt!« Und dann gingen wir einfach los.

Musste man auf dem Land nicht noch mehr mithelfen, als nur ab und zu zum Beerenpflücken zu gehen?

Doch. Mitgeholfen haben wir von klein auf, je nachdem, was wir schon konnten. Als meine jüngste Schwester Márta auf die Welt gekommen ist, war ich zwölf Jahre alt und fühlte mich schon fast erwachsen. Ich hatte nicht mehr die Kinderspiele im Kopf, sondern überlegte schon manchmal, wie ich meiner Mutter helfen könnte. Ich kümmerte mich um Márta, trug sie auf dem Arm im Hof herum. Insgeheim hoffte ich, dass die Leute, die auf der Straße vorbeigingen, dachten, ich sei die Mutter … Ich hatte für Márta ganz mütterliche Gefühle und war immer wahnsinnig stolz, wenn meine Mutter sie mir anvertraute. Sie blieb zwar in der Nähe, aber ich durfte Márta alleine baden und wickeln, die Flasche vorbereiten und ihr geben …

Vielleicht ging es mir darum, durch diese Mithilfe von meinen Eltern mehr geliebt und anerkannt zu werden. Sonst wäre ich wahrscheinlich gerne noch länger mit den anderen Kindern spielen und Rad fahren gegangen. Ich aber legte das alles sehr leicht beiseite und sagte: Ich muss zu Hause helfen, ich muss meine Schwester versorgen, ich muss mit ihr spielen. So haben sich bei mir allmählich dieses Muttergefühl und die Verantwortlichkeit entwickelt – aber nur der Jüngsten gegenüber. Die anderen Geschwister sind mir oft lästig gewesen, ich hab sie auch oft versohlt – ein Engel war ich nicht. Wenn sie dann weinend zu meiner Mutter liefen und sich beklagten, dann bekam ich von ihr auch meine Schläge.

Schläge waren bei euch ganz normal?

Ich durfte meine Geschwister nicht schlagen, das war nur den Eltern erlaubt – so wurde es uns gesagt. Später ging ich dazu über, wenn ich sie verdroschen hatte, ihnen Bonbons zu versprechen, wenn sie mich nicht verpetzten bei der Mutter. Solche Geschäfte hab ich gemacht. Eigentlich ging ich mit ihnen genauso um wie meine Eltern mit mir. Ich erwartete von meinen Geschwistern, dass sie mir aufs Wort gehorchten, denn ich musste den Eltern ja auch aufs Wort gehorchen. Wir alle mussten das.

Meine Eltern waren streng, aber ich spürte doch, dass sie mich lieb hatten. Bis auf die Zeit, als ich in die Pubertät kam. Da bildete ich mir ein, ich sei vielleicht gar kein echtes Kind meiner Eltern, sondern ein adoptiertes. Weil sie so hart mit mir waren, wie ich fand.

Das hat sich aus der Rückschau, dadurch, dass ich sie dann so unbarmherzig verloren habe, gefühlsmäßig umgekehrt. Von heute auf morgen war Schluss mit diesem Leben; danach hab ich das Ganze erst mal verklärt und lange nur als eine Zeit der Geborgenheit im Gedächtnis behalten.

Später, im KZ und danach, sagten viele: »Eigentlich ist es ganz gut, dass meine Kindheit nicht schön war. Jetzt ist Schluss damit und ich nehme mein Leben in die eigenen Hände.« Wenn ich so etwas hörte, stellte ich fest: Nein, bei mir war es nicht so. Meine Kindheit war glücklich. Natürlich war sie nicht vollkommen, wie mir später bewusst wurde, aber für die damalige Zeit, in der Umgebung, in der wir lebten, war sie wirklich liebevoll.

Nimmt der Blick zurück nicht jedem Geschehen die Ecken und Kanten?

Nicht unbedingt. Ich hab die Kindheit nur deshalb lange verklärt, um überhaupt ein neues Leben anfangen zu können. Was Alice Miller in ihren Büchern »schwarze Pädagogik« nennt, das gab es natürlich auch in meiner Kindheit. Ich hatte viele Ängste, es gab eine unnatürliche Distanz zu meinen Eltern. Ich fühlte mich bei ihnen nicht geborgen, nicht wirklich frei. Ich konnte nicht sagen, was ich dachte, sondern musste überlegen, wie frag ich meine Mutter am geschicktesten, damit ich eine Antwort bekomme. Auch die Meinung von Freunden und Bekannten spielte eine große Rolle. Die Eltern versuchten, uns so zu erziehen, dass wir uns ordentlich benehmen konnten und jeder aus der Umgebung uns nett und anständig fand.

Dazu kam dann noch die Religion. Wir lebten streng nach den orthodoxen Regeln. Ich fand, es gab furchtbar viele Verbote. Und ich entwickelte eine ganz schöne Erfindungsgabe, diese Verbote zu umgehen. Entdeckt wurde das immer dann, wenn ich mich verplapperte. Oder eines meiner Geschwister. Eine meiner Schwestern erzählte mal ganz unschuldig meiner Mutter, dass ich am Schabbat auf einen Aprikosenbaum geklettert sei, die Früchte aber nicht gepflückt, sondern abgebissen hätte. Worauf meine Mutter mir eine große Bergpredigt hielt: »Das darfst du nicht! Ob du es mit dem Mund oder mit der Hand tust, spielt keine Rolle.« Von da an schaute ich mich immer nach allen Seiten um, ob mich jemand sah, wenn ich am Schabbat einen Apfel von einem Baum pflücken wollte. Mit dem Mund hab ich mir nichts mehr genommen, das war ja dann schon egal. Denn ich übertrat ja sowieso das Verbot, wenn ich mir nahm, was ich wollte.

Aber zuerst hattest du gedacht, du könntest auf diese Weise das Gebot umgehen, dass am Schabbat nicht gearbeitet werden darf?

Ganz genau. Ich hatte nach Wegen gesucht, ein paar von diesen Verboten ein bisschen zu lockern. Je älter ich wurde, umso mehr Verbote gab es aber. Kaum war ich zwölf Jahre alt, durfte ich nicht mehr pfeifen. Weil ein ordentliches Mädchen nicht pfeift. Das war jetzt natürlich nicht speziell ein jüdisches Gebot, sondern es war allgemein so üblich im Dorf.

Mit dreizehn bekam ich ein Fahrrad, ein Damenfahrrad, und ich freute mich wahnsinnig darüber. Aber eines Tages hörte ich, wie mein Vater im Gespräch mit meiner Mutter erzählte, ein Bekannter, ein sehr religiöser Mann, habe zu ihm gesagt: »Wie kannst du deiner Tochter erlauben, dass sie Fahrrad fährt! Das ist für ein Mädchen gefährlich.« Also durfte ich nicht mehr Fahrrad fahren. Ich verstand nicht, warum. Erst viel später bekam ich heraus, dass dahinter die traditionelle Vorstellung steckte, ein Mädchen müsse unter allen Umständen jungfräulich in die Ehe gehen. Und man glaubte, dass durch das Fahrradfahren das Jungfernhäutchen des Mädchens reißen könnte.

Irgendwann durfte ich nicht mehr alleine, wenn es Abend wurde und dämmerte, auf die Straße gehen – weil irgendwas passieren könnte. Bei uns im Ort war Militär; es gab eine Kaserne. Und da fürchtete man sehr um die Mädchen. Ich weiß noch genau, dass es unter den Freunden und Freundinnen meiner Eltern und in der Nachbarschaft immer hieß: »Ein Soldat zieht seine Uniform an, und damit zieht er seine Menschlichkeit aus.« Das war natürlich nicht unrichtig. Nur verstand ich damals die Tragweite des Satzes noch nicht.

Weil euch nur etwas verboten wurde, ohne dass ihr wusstet, warum?

Das war ja das Höllische, dass die Eltern früher überhaupt nicht daran dachten, ihren Kindern etwas zu erklären oder einfach vernünftig mit ihnen zu reden. Eine richtige Verständigung war mit den Eltern fast nicht möglich. Manchmal wurden Andeutungen über bestimmte Dinge gemacht, aber erklärt hat man uns nie etwas.

Meine Neugier wurde nur selten befriedigt. Ich beobachtete aber alles. Und stieß auf viele Zwiespältigkeiten: Viele Erwachsene sagen ihren Kindern ja alles Mögliche, was gar nicht stimmt. Als ich zum Beispiel mal einen Pickel auf der Zunge hatte, ging ich zu meiner Mutter und fragte sie danach. Sie sagte: »Bestimmt hast du über jemanden etwas Böses gesagt – da wächst einem dann ein Pickel auf der Zunge.« Als nach einiger Zeit der Pickel abgeheilt war, probierte ich es aus: Ich sagte immer wieder über irgendjemanden etwas Böses und wartete dann darauf, dass der Pickel wiederkäme. Aber er kam nicht. Also fing ich an, an dieser ganzen Sache zu zweifeln. Ich hätte aber nie gewagt, den Eltern von meinen Zweifeln zu erzählen.

Und widersprechen durfte man sicher auch nicht?

Nein. Aber es gab Ausnahmen. Ich denke da an eine Geschichte, als ich ungefähr fünfzehn war. Ich war auf dem Weg zum Geschäft meines Großvaters, um dort etwas für den Haushalt zu holen. Mein Vater, der auch dort arbeitete, stand gerade an einer Hausecke, etwas entfernt vom Geschäft, und redete mit einem Freund. Als er sah, dass ich kam – im Nachhinein bin ich sicher, dass er absichtlich abwartete, bis ich in der Nähe war und hören konnte, was er sagte, weil er mir schon öfter indirekt solche »Nettigkeiten« gesagt hatte –, sagte er zu seinem Freund: »Schau, wie groß meine Tochter wird. Jetzt muss ich langsam anfangen, für ihre Mitgift zu sorgen.« Ich hörte das und spürte zwar den Stolz meines Vaters auf mich, aber gleichzeitig kamen in mir Angst und Wut hoch: Was bin ich denn? Wieso eine Mitgift? Ich nahm meinen ganzen Schneid zusammen und sagte meinem Vater ins Gesicht: »Bin ich eigentlich eine Kuh, Vater, die man kauft oder verkauft?« Ich erschrak gleich darauf vor mir selber, als ich mich das sagen hörte. Denn eigentlich war es eine Ungeheuerlichkeit, zum Vater so zu reden. Ich schaute ihn ängstlich an, aber in sein Gesicht kam ein Lachen, und er sagte zu seinem Freund: »Na, was sagst du dazu! Wie frech sie ist!« Ich war richtig erleichtert, dass ich keine Ohrfeige bekam. Aber ich hätte sie in Kauf genommen; es hatte einfach heraus müssen, was ich gesagt hatte.

Zu dieser Sache gibt es noch eine Vorgeschichte. Ein Jahr

davor musste ein achtzehnjähriges Mädchen aus der Nachbarschaft einen Mann heiraten, den ihre Eltern für sie ausgesucht hatten. Denn sie hatten für ihre Tochter eine Mitgiftversicherung abgeschlossen, und die wäre verloren gegangen, wenn sie mit achtzehn noch nicht verheiratet gewesen wäre. Deshalb musste sie diesen Mann heiraten, den sie nicht liebte und der viel älter war als sie. Und sie tat mir aus ganzer Seele leid. In der Zeit der Hochzeitsvorbereitungen ging ich immer wieder hinüber – sie wohnte nur drei Häuser weiter – und strawanzte dort herum, machte mir Gedanken darüber, was sie wohl durchstehen musste, wie arm sie dran war. Wenn ich sie auf der Straße traf, wagte ich nicht, sie anzusprechen, ich konnte sie immer nur mit größtem Mitleid anschauen. Und nun redete also *mein* Vater von Mitgift. Für mich. Jetzt war *ich* dran. Da konnte ich einfach den Mund nicht halten.

Plötzlich wurden die traditionellen Regeln für dich zur Bedrohung …

Und wie! Ich spürte die Enge fast körperlich. Manchmal frage ich mich, was aus mir geworden wäre, wenn ich dort weiter gelebt hätte und die Heirat nach dem Wunsch meiner Eltern vollzogen worden wäre. Und wenn ich so religiös geblieben wäre! Ohne die Möglichkeit, an Bücher heranzukommen, meine eigene Sicht der Welt zu entwickeln. Sicher hätte ich in diesem Dorf so gelebt, wie es üblich war: Ich hätte jedes Jahr ein Kind bekommen, hätte schon bald eine Familie zu versorgen gehabt. Und ich hätte mich nach dem Urteil der Leute gerichtet: Man muss vor dem Hof kehren, weil die anderen auch kehren. Was sollte ich anziehen? Was würden die Leute zu meinen Kleidern sagen? Wie benehme ich mich richtig? Mit wem rede ich, mit wem lieber nicht? Wer grüßt mich, wer ignoriert mich? Das sind große Probleme, wenn man im Dorf lebt. Und es hat mich, ehrlich gesagt, schon früh gegruselt davor. Ich wollte so nicht leben.

Ein Beispiel sind für mich unsere damaligen nichtjüdischen Nachbarn, eine Bauernfamilie, mit der wir eng verbunden waren. Die wohnten schräg vis-à-vis von uns. Die Bäuerin hat sich immer mit meiner Mutter beraten, wenn sie irgendein Problem hatte. Wir Kinder waren fast täglich bei denen auf dem Hof und deren Kinder bei uns. Die jüngste Tochter war ein Jahr älter als ich. Mit ihr war ich oft zusammen. Sie ist im Dorf geblieben, hat dort geheiratet und wohnt heute noch dort. Sie ist nie über die Grenzen dieser Welt hinausgekommen. Heute will sie sich überhaupt nicht mehr an früher erinnern, an unsere Gedanken und Geheimnisse, an unsere Spekulationen, wie die Kinder auf die Welt kommen ... Ich besuchte sie vor ein paar Jahren und sprach sie auf unsere gemeinsame Kindheit an. Es war ihr unangenehm, sie wollte nicht mehr daran denken, wie sie als Kind war.

Hatten deine Eltern auch solche traditionellen Vorstellungen, was aus dir werden sollte?

Ich nehme es an. Auf der anderen Seite weiß ich, dass meine Mutter viele Bücher las, dass sie Abitur hatte. Deutsch konnte sie in Wort und Schrift, und Stenographie beherrschte sie auch. Es gab da noch Hefte aus ihrer Schulzeit. Vielleicht wäre da bei uns mehr Weltoffenheit gewesen. Aber hundertprozentig kann ich es nicht sagen. Ich weiß nur eins: Noch heute, wenn ich an sie denke, fühle ich die Fürsorge und Liebe meiner Eltern. Und wenn ich an die Geschichte denke, als ich mich gegen die Mitgift wehrte, sehe ich das Gesicht meines Vaters, wie amüsiert er über meine Antwort war. Er war stolz auf mich. Vielleicht hätten wir einige Jahre später wirkliche, gute Gespräche miteinander führen können ...

Aber mit der Deportation wurde diese Aussicht zerstört ...

Zerstört, zertrümmert. Trotzdem wehre ich mich immer dagegen, dass man nur die Opfer als die Geschädigten ansieht. Die Täter sind genauso zerstört worden – vielleicht sogar noch mehr. Und was die Kinder der Täter betrifft, vermute ich, dass sie in ihrem Inneren ein undefinierbares Durcheinander haben, wenn sie an ihre Eltern denken. Viele Antworten haben sie nicht gekriegt. Vieles ist sicher unterschwellig, gefühlsmäßig vorhanden für diese Kinder, aber sie können es nicht einordnen, nicht auf die Reihe bringen. Sie sind unsicher. Oft gehen sie dem Nachdenken über ihr Elternhaus und ihre Kindheit aus dem Weg. Sie wagen es nicht, an diese Erinnerungen heranzugehen, um sie zu sortieren. Es erscheint ihnen zu gefährlich. Es könnten ja Dinge zutage kommen, die dann furchtbar wehtun. Bei mir tut die Erinnerung an die Kindheit nicht weh, aber mir fehlt – ähnlich wie den Kindern der Täter – die Möglichkeit, diese Erinnerungen zu überprüfen, zu sortieren oder mit jemandem zu besprechen, der dabei war. Ich hab diese Zeit nicht so erlebt wie ein normaler Mensch, der so allmählich aus dem Kindsein über die Pubertät ins Erwachsenenalter hinüberwächst …

… mitsamt den Auseinandersetzungen mit den Eltern, die damit verbunden sind …

Mit all den Auseinandersetzungen. Bei mir ist nichts! Ich hab diese Erfahrung nicht machen können. Manchmal hab ich das Gefühl, es war eine gute Kindheit. Dann wieder fang ich an zu überlegen: Bilde ich mir das ein? War das wirklich eine gute Kindheit? Aber dann denke ich: Wenn die Kindheit nicht gut gewesen wäre, hätte ich mich auch nicht weiterentwickeln können. Und ich hätte mich mit meinen Erinnerungen nicht wohlgefühlt. Ich hätte alle Wege in die Vergangenheit zugebaut und mich nicht mehr an mein Elternhaus erinnern wollen. Ich weiß es nicht …

Aber vielleicht kannst du noch erzählen, was du über die Herkunft deiner Eltern weißt, ihre Arbeit, ihre beruflichen Pläne.

Ich weiß, dass meine Mutter als junges Mädchen bei ihrem Vater in dessen Eisenwarenhandlung mitgearbeitet hatte. Das war in Oradea, in Siebenbürgen. Mein Vater war nach der Heirat zu ihr gezogen, wahrscheinlich weil er nicht in Vásárosnamény bleiben wollte. Denn er hätte dort im Geschäft seines Vaters mitarbeiten sollen, und er war darüber nicht sehr glücklich gewesen. Aber in Oradea ist es ihm offenbar nicht gelungen, eine Arbeit für länger zu finden. Also mussten sie zurück nach Ungarn, und mein Vater arbeitete schließlich doch im Geschäft meines Großvaters. Es war ein großes Geschäft, auch mehrere Brüder meines Vaters waren daran beteiligt; aber es gab immer wieder Streit. Verkauft wurden Lebensmittel und Eisenwaren, en gros und en détail.

Beide Familien handelten mit Eisenwaren. Haben sich deine Eltern übers Geschäft kennengelernt?

Nein. Das war, wie es damals üblich war, eine vermittelte Ehe. Ich weiß – das hat jemand aus der Familie mal erzählt –, dass mein Vater, als er zur Brautschau ging, hell begeistert zurückkam; denn meine Mutter war ein sehr schönes Mädchen. Er hatte Feuer gefangen und war begeistert.

Ich weiß auch etwas davon, *wie* meine Eltern heirateten. Bei einer jüdischen Hochzeit dürfen sich ja die Brautleute eine Woche vorher überhaupt nicht sehen, auch direkt vor der Trauung nicht. Sie treffen sich nach dieser Woche erst wieder unter der Chupa, dem Traubaldachin. Vor der Trauung sitzt die Braut in einem Zimmer für sich und empfängt die Gratulanten. Auch der Bräutigam wartet in einem extra Zimmer. Mein Vater aber schickte seinen jüngeren Bruder los: »Geh mal, Józsi, sieh nach, wie sie ausschaut, und sag's mir!« Denn die Braut ist in dieser Zeremonie besonders schön; sie sitzt auf einem Podest, auf einem schönen weißen, mit Blumen geschmückten Stuhl … Mein Vater war ganz außer sich, dass er dieses Bild nicht sehen konnte. Und er fragte immer wieder den Bruder, bis der sich beschwerte: »Jetzt gib mal Ruhe, ich hab dir doch schon alles erzählt!«

Ich glaube, mein Vater war ein sehr liebevoller Ehemann. Ich erinnere mich noch daran, dass er morgens, bevor er zur Arbeit ging, vier große Eimer Wasser vom Ziehbrunnen im Hof holte und das schmutzige Wasser hinaustrug, Holz hereinholte, weil wir auf einem Holzofen gekocht haben, der im Winter gleichzeitig die Heizung war. Und er schärfte uns ein, wir sollten der Mutter unbedingt helfen und sie nicht ärgern. Dafür sagte dann Mutter abends, wenn der Vater nach Hause kam, zu uns

Kindern: »Lasst ihn ein bisschen in Ruhe, er ist müde, bringt ihm nur die Hausschuhe.« Und sie überredete ihn immer, sich erst einmal ein bisschen hinzusetzen und einen Tee zu trinken. Unsere Katze war sofort auf seinem Schoß. Ich hörte oft von ihm den Spruch: »Männer, die Katzen lieben, sind gute Ehemänner.«

Wie meine Mutter auf meinen Vater reagierte, als sie ihn zum ersten Mal sah, weiß ich nicht. Ich weiß nur, dass sie eine Ehefrau war ganz im traditionellen Stil. Als ich vor ein paar Jahren wieder in Vásárosnamény zu Besuch war, erzählte mir eine der Töchter aus der benachbarten Bauernfamilie, der Familie Fejes: »Also deine Mutter war eine besondere Frau. Wie sie die Kinder aufzog, wie sie das Haus führte, wie toll sie kochte und daneben noch den Garten versorgte! Und wenn dein Vater im Geschäft noch Hilfe brauchte, weil ein großer Markttag war und sehr viel Auswärtige kamen, zog sie sich an, ging ins Geschäft und hat mitgeholfen.« Und dann sagte sie etwas, was mich aufhorchen ließ: »Weißt du, deine Mutter zog immer, bevor dein Vater vom Geschäft nach Hause kam, ihre Arbeitskleidung aus und ein sauberes Kleid an. Oft sagte sie, man müsse als Frau aufpassen, damit man für den Ehemann immer begehrenswert bleibt.« Als ich das hörte, sah ich meine Mutter direkt vor mir, realer als in meinen Erinnerungen. Der Schleier, durch den ich sie lange gesehen hatte, war mit einem Mal zerrissen. Ich sah sie nicht mehr wie herausgehoben aus ihrer Zeit; mir wurde klar, dass meine Mutter auch von diesen Zwängen beherrscht war.

Davon hab ich selbst auch viel abbekommen: Lange lebte ich als Ehefrau genauso und gab sehr auf mein Äußeres acht – nicht für mich, sondern für meinen Mann. Es fiel mir nicht ein, dass ich auch wer bin. Ich hatte zu dienen, zu seiner Freude beizutragen, ihm zu helfen, ihn zu erfreuen durch mein Kochen, durch meinen Anblick. Was hat man da aus uns gemacht durch die Jahrtausende? Wir können als Frau gar nicht wirklich Frau sein, als Mann gar nicht Mann sein, beide nicht wirklich Mensch sein. Wir sind derartig eingepfercht in einen Haufen von Man-machtes-so oder Man-darf-es-nicht, dass wir gar nicht überblicken können, was uns alles anerzogen wurde und was wirklich ein echtes Bedürfnis ist. Wir sind total verdreht – wir alle.

Man kann es auch heute noch sehen, wenn Jungen am Spielplatz hinfallen und weinen, wie viele ihrer Mütter sagen: »Na hör mal, was bist du für ein Junge! Du weinst ja noch!« Das ist die erste Lektion für den späteren guten Soldaten, der gehorsam macht, was man von ihm verlangt. Weil er seine Gefühle nicht zulassen darf, keine Angst zeigen darf, auch nicht vorm Sterben. So werden nach und nach beide Geschlechter verbogen. Und als Erwachsene stehen wir dann da und glauben, wir handelten so, wie wir es für richtig und vernünftig halten. Ein Schmarrn! Wir sind das, was man aus uns gemacht hat. Das ist der Ausgangspunkt. Wir sind gar nicht das, was wir denken, dass wir es seien.

Und um davon freier zu werden, muss man herausbekommen, woher man seine Vorstellungen hat?

Ja, ganz genau. Man muss sich einfach in Frage stellen. Das ist ein schmerzhafter Prozess, davon kann ich ein Lied singen. Aber einen anderen Weg gibt es nicht. Man muss diese vielen falschen Hautschichten, die uns übergezogen wurden, langsam herunterschälen. Dann erst kann man darauf kommen: Was will ich? Wer bin ich? Wie denke ich? Warum denke ich so? Das sind die wichtigsten Fragen. Doch diese Fragen können wir gar nicht richtig stellen, solange dieser Panzer, in den man uns gepresst hat, nicht allmählich abgebaut wird.

Bei dieser Bauernfamilie in meinem Dorf hab ich es wieder gesehen. Ich liebe sie und bin ihnen für vieles dankbar, sie sind gute Seelen. Aber ich hab sie beim Wiedersehen wie mit Röntgenaugen angeschaut. Sie können nicht einmal ihren eigenen Atem atmen. Immer heißt es: »Man macht es so; man erwartet es von mir so; diesen muss ich grüßen, weil er es erwartet; jenem muss ich aus dem Weg gehen, weil er mich kränkt, aber er darf es nicht merken, weil man mit ihm nicht darüber reden kann …« Sie können nicht aus sich heraus leben, nicht ein bisschen. Wenn ich da an mich denke, wie ich aufgewachsen bin, und wenn ich noch dazunehme, was ich später in meiner Ehe abbekommen habe an Erwartungen, an Vorschriften, an Wünschen, zu deren Erfüllung ich dann auch absolut bereit war – dann gute Nacht!

Wenn wir schon davon sprechen, was einen fürs Leben prägt, ist natürlich auch die Schule ein Thema. Welche Erinnerungen hast du daran? Hatte euer Ort denn eine eigene Schule?

O ja, es gab sogar zwei Schulen in Vásárosnamény. Das waren Volksschulen, das heißt, man hatte immer sämtliche Fächer bei einem Lehrer oder einer Lehrerin. Die Schule, in die ich bis zur sechsten Klasse ging, war nicht weit vom Geschäft meines Großvaters, in der Nähe des Marktplatzes, neben der evangelischen Kirche. Es war ein gelbes, ziemlich großes Haus, zweistöckig. Der Schulweg dauerte nur fünf Minuten. Er führte an der Synagoge vorbei, und sämtliche Leute, die an diesem Weg wohnten, kannte ich gut.

Die zweite Schule war kleiner; dort gab es nur ein paar Klassen. Sie war ungefähr zwanzig Minuten von zu Hause weg. Wenn es im Winter sehr kalt wurde – wir hatten oft um die 20 Grad Kälte, mit sehr viel Schnee –, mussten wir uns für den Schulweg Zeitungspapier in die Schuhe legen, damit uns nicht die Füße erfroren. Wir mummten uns dick ein und hängten unsere Schultaschen mit einem Draht über die Schulter, damit wir die Hände in die Manteltaschen stecken konnten. Natürlich gab es auch schon Schulranzen mit Lederriemen, die man auf dem Rücken tragen konnte, aber so große finanzielle Möglichkeiten hatten wir nicht.

Außerdem gab es noch eine Mittelschule, in die man nach der vierten Klasse überwechseln und die Mittlere Reife machen konnte. Es war eine Privatschule. Aber für uns war das nicht drin, weil meine Eltern sagten, das Geld reiche nicht, um das Schulgeld für alle Kinder zu bezahlen, also solle lieber keines von uns dorthin gehen.

Damit alle gleich behandelt werden?

Ganz genau. Das ist *auch* eine Art Gerechtigkeit. Man kann es gutheißen oder nicht. Großartig fand ich bei solchen Dingen meinen Vater. Wenn er abends vom Geschäft zum Beispiel Bonbons mitgebracht hatte, dann gab er sie uns nicht einzeln in die Hand, sondern legte sie auf den Tisch, rief uns bei unseren Namen, und wir durften uns dann gleichzeitig von den Bonbons nehmen. Er begann mit dem Verteilen nie zuerst bei den einen oder den anderen.

Es gab also keine Rangordnung unter den Geschwistern.

Gar nicht. Nur in einer Hinsicht gab es so etwas, und ich war es, die das »genießen« durfte. Ich war die Älteste und bekam die meisten Schläge, denn – so sagten meine Eltern – alle anderen nahmen sich an mir ein Beispiel. Wenn mir etwas verboten war und ich dafür geschlagen wurde, dann machten die Jüngeren das bestimmt nicht mehr.

Aber wir wollten eigentlich noch von der Schulzeit sprechen …

Ja! Eigentlich war die Schulzeit für mich ein Hochgenuss. Es gab nur einen Lehrer, den ich nicht mochte. Den hatte ich in der zweiten Klasse. Der konnte aber Schläge austeilen! Grob war er, ein alter grimmiger Mann. Aber schon in der dritten Klasse bekam ich eine Lehrerin, deren Lieblingsschülerin ich dann wurde. Sie schätzte meine Mutter sehr, und sie kitzelte aus mir immer den Widerspruch heraus. Das war eigentlich das erste Mal in meinem Leben, dass es wirklich belohnt oder zumindest anerkannt wurde, wenn ich meine Meinung vertrat. Deswegen liebte ich diese Lehrerin so. Bei ihr war ich zwei Jahre.

Danach bekam ich einen Lehrer, der war außergewöhnlich und großartig. Er war jung und sehr eigenwillig; er hatte seine eigenen Vorstellungen davon, wie eine Klasse zu führen sei. Wir mochten ihn alle. Ich erinnere mich noch an so manche seiner Späße, mit denen er den Unterricht auflockerte. Er konnte stundenlang mit uns über alle möglichen Themen diskutieren, als wäre er einer von uns. So sprachen wir über die Mäuse- und Rattenplage in den Häusern, über die Theiß, die manchmal über die Ufer trat, oder sogar über Probleme von Einzelnen von uns. Zwischendrin sagte er dann immer: »Passt auf: Wenn der Direktor zufällig reinkommt, dann machen wir die und die Rechenaufgabe! Lasst eure Hefte draußen!« Und dann redete er weiter mit uns. Wir waren die beste Klasse in der Schule. Wir hatten die besten Noten, auch wenn andere Lehrer uns prüften, denn wir lernten viel, und wir lernten wirklich gerne. Seine Kollegen wurden dann aber auf ihn eifersüchtig, so dass man ihm unsere Klasse nach drei Jahren wegnahm und ihm eine andere, die schlechteste Klasse der Schule gab. Aber auch aus der machte er wieder eine gute Klasse, während wir zurückfielen.

Es war Mitte der sechziger Jahre, da war ich zusammen mit allen meinen vier Kindern in Ungarn und besuchte diesen Lehrer. Er war überglücklich über das Wiedersehen und darüber, dass er nun auch meine Kinder kennenlernte. Wir sprachen viel über die damalige Schulzeit. Er sagte, er habe meine Aufsätze immer mit großer Freude gelesen, weil sie so schön waren. Darauf fing ich an zu lachen und sagte zu ihm: »Und wissen Sie, wie viel Aufsätze ich tatsächlich in einer Stunde produzierte? Für die Irene Soundso und für die Magda Soundso und für die Maria Soundso hab ich manchmal auch noch Aufsätze geschrieben. Dafür zeichnete die eine mir dann in Erdkunde die Landkarten, und die andere konnte wunderschön ungarische Motive malen und hat das für mich gemacht.« Da sagte er: »Das ist doch nicht möglich! Jeder dieser Aufsätze war doch ganz anders.« Er staunte nicht schlecht, muss ich sagen. Da erzählte ich ihm gleich noch, dass ich immer Liebesromane gelesen habe unter der Schulbank. »Na ja«, sagte er, »das hab ich natürlich gemerkt, aber ich sah darüber hinweg, weil Sie sowieso immer gut mitkamen.« Das war ein herrliches Treffen, sozusagen die nachträgliche Krönung meiner Schulzeit. Später ist er dann aus Vásárosnamény weggezogen, und wir sahen uns nie wieder.

Bei diesem Lehrer hab ich auch meine lehrreichste Geschichte erlebt. Einmal wurde in der Klasse ein Trinkglas gestohlen. Man suchte danach, fand aber nichts. Der Verdacht fiel auf einen Jungen, fast die ganze Klasse tippte auf ihn. Der fing an zu weinen.

Ich, großmäulig, wie ich manchmal sein konnte, rief: »Dann war er es bestimmt, denn wer weint, ist schuldig.« Daraufhin kam der Lehrer zu mir und sagte: »Zeig mal deine Tasche!« Und er schaute hinein und holte mein Trinkglas heraus. »Woher hast du das?« – »Mein Vater hat es mir aus dem Geschäft mitgebracht«, antwortete ich ganz unschuldig. »Bist du sicher?« – »Natürlich, Sie können auch meinen Vater fragen.« Er trieb es so weit, bis mir die Argumente ausgingen und ich anfing zu weinen. Da strich er mir übers Haar und sagte: »Ist schon gut. Ich wollte dir nur zeigen, dass nicht immer derjenige schuldig ist, der weint.«

Wie kamen die jüdischen und christlichen Kinder in der Schule miteinander aus?

Es gab sicher viele Vorurteile, aber soweit ich mich selbst erinnern kann, lief es eigentlich gut, bis ungefähr 1941. Da wurden dann die jüdischen Kinder von den nichtjüdischen getrennt, und alle Altersstufen wurden zusammen in eine neue Klasse gesteckt. Wir bekamen eine Lehrerin zugeteilt, die als die schlechteste Lehrerin der Schule bekannt war. Sie war gemein, schlug uns oft – ein richtig bösartiger Mensch. Und sie war mit einem Offizier verheiratet.

Vorher waren wir wie eins. Alle Spiele, jeden Blödsinn haben wir miteinander gemacht. Ich hab mich nie als Außenseiterin gefühlt, obwohl ich am Schabbat und an den jüdischen Feiertagen nicht in die Schule ging, obwohl ich bei Ausflügen nie von anderen ein Wurstbrot angenommen habe, wenn wir untereinander teilten. Denn das durfte ich ja nicht, weil es nicht koscher[2] war. Ich wusste, dass ich vieles nicht durfte und in vielem anders war. Und doch bekam ich das in der Schule nicht zu spüren.

Ich wusste natürlich, dass es religiöse Unterschiede gab: Wir gingen zur Synagoge, die anderen zur Kirche. Ich betrat die katholische Kirche nie; irgendwie hatte ich das Gefühl, dass das nicht richtig wäre. Und wenn ich vor der Kirche das Kreuz sah, drehte ich den Kopf weg. Ich weiß nicht mehr, warum. Vielleicht spürte ich ja doch, dass da zwischen Juden und Christen irgendetwas war, das nicht in Ordnung war. Ich weiß noch, wie in einer bekannten Familie eine Hochzeit stattfand, wo natürlich alle Kinder neugierig waren und in die Kirche gingen, um die Trauung zu sehen – da blieb ich draußen.

Nach der Trennung in den Schulen war übrigens die Befangenheit der anderen, der Nichtjuden, genauso groß wie unsere. Von dieser Zeit an wurden wir, die bis dahin gute Freunde waren, einander fremd. In den Pausen verzogen wir jüdischen Kinder uns in eine Ecke des Schulhofs, die nichtjüdischen gingen in die andere Ecke. So war es auch zwischen den Familien. Zwar begrüßten wir uns manchmal mit einem Kopfnicken auf der Straße, aber mehr gab es nicht mehr. Bis auf ein paar christliche Familien, die da nicht mitmachten und nicht bereit waren, ihre ehemaligen Freunde nicht mehr zu grüßen oder anzusprechen.

Aus der Familie Fejes kamen sie genauso wie früher zu uns, unterhielten sich mit uns Kindern, mit meiner Mutter, sagten, es habe sich für sie nichts geändert. Einige Jahre nach dem Krieg erzählte die alte Frau Fejes mir noch, dass sie oft von anderen Leuten im Dorf angesprochen worden war: »Gehst du noch immer zu den Mandels?« Und sie hatte diesen Leuten geantwortet: »Die Mandels waren mir bisher gut, und sie bleiben mir gut.« Dazu hat dort, in diesem kleinen Ort, schon ein bisschen Mut gehört.

Du hast vorhin gesagt, dass ihr in eurer Familie nach den Regeln des orthodoxen Judentums lebtet.

Ja, streng orthodox. Wir aßen ausschließlich koscher, hielten die Speisevorschriften und sämtliche Feiertage genau ein. Es wurde immer gesagt, die Religion sei der Stamm des Lebens – alles andere seien die Äste.

Gehörten da auch die Kleidungsvorschriften dazu, die Schläfenlocken, der geschorene Kopf der verheirateten Frauen?

Nein. Siehst du, wie im Christentum gibt es auch im Judentum die verschiedensten Abstufungen. Wir hielten die Gesetze streng ein, unser Leben war ganz auf die Religion ausgerichtet. Aber mein Vater rasierte sich ganz normal, trug keinen Bart, nur einen Schnurrbart, aber wahrscheinlich mehr männlichkeitshalber. Und statt dieser Schläfenlocken hatte er nur ein kurzes Stückchen Haar stehen lassen, sozusagen eine Andeutung. Aber er rasierte sich nicht mit dem Rasiermesser, denn man könnte sich damit ja schneiden und dann bluten. Stattdessen hatte er ein furchtbar stinkendes, graues Pulver, das er mit Wasser anrührte und sich aufs Gesicht schmierte. Dann wartete er, bis es getrocknet war, machte es wieder nass und zog dann die Bartstoppeln mit einem fein gehobelten Holzmesser ab. Dieses Mittel löste das Barthaar ab; mit dem Holzmesser schabte man dann nur noch die Paste mit den Haaren ab. Man durfte sie nur nicht zu lange auf der Haut lassen, weil es sie sonst verätzt hätte. Das war ein ziemlich scharfes Zeug. Aber dadurch hatte mein Vater dann eine so wunderbar weiche Gesichtshaut, dass wir Kinder ihn hinterher immer streichelten und küssten. Heutzutage macht man das natürlich nicht mehr; die jüdischen Männer rasieren sich aber ausschließlich mit dem elektrischen Rasierapparat, nicht mit dem Rasiermesser – damit sie sich nicht schneiden.

Hinter dem Brauch, die Haare an den Schläfen nicht zu schneiden, sondern wachsen zu lassen, steckt wohl der gleiche Grund. Denn an den Schläfen befinden sich die empfindlichsten Adern, die den Kopf, das ganze Hirn durchbluten. Diese Stellen sollten vor Verletzungen geschützt sein – das war der Sinn des Gebots.

Gab es bei euch auch einen Schabbesgoj[3], einen Christen, der am Schabbat das Feuer im Herd anmachte und solche Dinge?

Wir hatten einige Jahre lang ein christliches Hausmädchen, die hat das selbstverständlich gemacht. Und als wir kein Hausmädchen mehr haben durften – das war bestimmt schon ab 1940/41 –, mussten wir jemanden aus der Nachbarschaft bitten, die Lichter auszulöschen und das Kuhmelken zu übernehmen, weil das Arbeiten waren, die man am Schabbat nicht tun durfte. Oder im Winter den Ofen zu heizen. Irgendwann war es meinem Vater gelungen, eine Schaltuhr zu beschaffen. Einige unserer Lampen hatten wir dann an diese Schaltuhr angeschlossen. Wir wussten dann, zu einer bestimmten Uhrzeit ging das Licht aus, und bis dahin hatte jeder schon sein Bett gemacht.

Und wie war es mit Essen und Trinken?

In Vásárosnamény gab es zweierlei Märkte. Der eine war ein Wochenmarkt, auf dem Platz vor dem Geschäft meines Großvaters. Bauern und Gärtner verkauften dort ihre Produkte. Die besten Gärtner waren die bulgarischen. Sie zogen mit Pferdefuhrwerken von einem Markt zum anderen und boten ihre Waren an. Und dann gab es noch einen großen Markt zweimal im Jahr, auf dem Pferde, Kühe und Schweine verkauft wurden.

Auf dem Wochenmarkt kauften wir im Winter Gänse, im Sommer Hühner. Alles, was wir nicht in ausreichender Menge zu Hause im Garten ziehen konnten, kauften wir auch dort. Auf diesem Markt lernte ich dann von meinem Vater, wie man feststellen kann, ob ein Huhn schön fett ist, denn die fetten Hühner waren die wertvolleren; wie man schaut, ob die Gans gut ist, ob sie eine schöne große Leber hat, denn das waren meistens gestopfte Gänse. Natürlich aßen wir kein Schweinefleisch, auch kein Schweineschmalz, darum sammelten wir im Winter das Gänseschmalz. Damit wurde dann das ganze Jahr über gekocht. Zu der Zeit, als ich klein war, war es in Ungarn noch eine Schande, mit Öl zu kochen. Das haben nur die ganz Armen gemacht. Die besser Situierten, die etwas auf sich hielten, haben auf christlicher Seite mit Schweineschmalz, auf jüdischer Seite mit Gänseschmalz gekocht. »Die Armen, die haben nicht einmal Schmalz!«, hieß es.

Weil wir zehn Personen waren, mussten wir, wenn es sehr kalt war im Winter, vier Gänse in der Woche schlachten. Das waren riesige Gänse, sehr fett, jede wog so um die zehn Kilo. Ein Teil davon wurde dann geräuchert und in der Speisekammer aufgehängt. Das war mein liebster Platz im Haus. Meine Mutter schaute manchmal herein und sah mich oben auf der Leiter sitzen mit einem großen Stück Brot. Dazu hatte ich mir ein Stück geräucherte Gänsebrust oder Schenkel heruntergeschnitten, und ich kam erst wieder herunter, als ich satt war. Meine Mutter schmunzelte dann immer und fragte: »Hast du noch Hunger, mein Kind?«

Das hat sie erlaubt?

Ja, dagegen sagte sie nie etwas. Ich hab das von meiner Mutter nie anders erlebt. Wer hungrig war, sollte essen. Sie schloss auch nie etwas vor den Hausangestellten weg. Sie saßen selbstverständlich mit uns am Tisch und aßen mit.

Wie ein Teil der Familie?

Ja, so kann man sagen. Das war auch etwas Prägendes, was meine Mutter mir da mitgegeben hat. Ich war vielleicht acht Jahre alt, als ich einmal zu unserem Hausmädchen sagte: »Maria, bringen Sie mir ein Glas Wasser!« Und plötzlich bekam ich von hinten eine Ohrfeige – von meiner Mutter. Sie trat vor mich und fragte: »Weißt du, warum du die bekommen hast?« Ich schaute nur ratlos. Und Mutter sagte: »Merk dir eins, mein Kind: Maria ist dazu da, dass sie uns hilft, mit unserer Arbeit fertig zu werden, aber nicht dazu, uns zu bedienen. Und dich schon zweimal nicht. Du bist jung genug, um dir selbst Wasser holen zu können. Und wenn schon, dann gehören auch Bitteschön und Dankeschön dazu.« Das ist mir geblieben für immer.

Dieses Hausmädchen hatte einige Jahre bei uns gearbeitet. Aber irgendwann kündigte sie. Sie wollte woanders noch etwas Neues lernen und sich darum eine andere Stelle suchen. Sie zog in ein Dorf in der Nähe. Aber nach einiger Zeit kam sie weinend zu meiner Mutter und sagte: »Gerade komm ich vom Schloss des Grafen Tomcsányi, dort hab ich mich beworben. Die haben mich gefragt, wo ich vorher angestellt war. Ich antwortete, ich sei drei Jahre bei der Familie Mandel gewesen. Darauf sagten sie: Dann kommen Sie für uns nicht in Frage, denn dann sind Sie verwöhnt, und bei uns werden Sie nicht so behandelt.«

Ich würde gerne noch mehr über das jüdische Leben hören. Wo lernte man als Kind denn die religiösen Dinge? In der Familie? In der Schule?

Das brachte man den Kindern normalerweise in den Familien bei. Bei uns war es vor allem mein Vater. Er wusste sehr viel. Das hängt mit seiner Jugend zusammen. Ein Jahr nach dem Tod seiner Mutter, da war er vierzehn, war er still und heimlich davongelaufen. Er landete in der übernächsten Ortschaft bei einer Jeschiwa, einer Talmudschule[4]. Dort blieb er und lernte sehr fleißig. Mein Großvater wollte ihn zurückholen und sprach dort mit dem Rabbiner. Der Rabbiner aber sagte, wenn ein Kind einen solchen Drang zum Lernen habe, solle man das nicht mit Gewalt verhindern. So blieb mein Vater dort und lernte sehr viel. Er war der einzige seiner Brüder, der vier oder fünf Jahre in dieser Talmudschule gewesen war und dort gelernt hatte. Sein Wissen sammelte er aus Neugier, aus Interesse, aus dem Wunsch nach Orientierung. Das kam nicht auf Druck von anderen zustande.

Aus diesem Grund konnte mein Vater an den Feiertagen mit uns Kindern ganz liebevoll umgehen. Wir durften mitten in der Zeremonie Fragen stellen, und sie wurden beantwortet. Nur wenn er gerade bei einem Kapitel war, wo er nicht nebenbei sprechen durfte, hob er winkend die Hand, aber das bedeutete für uns: später. Wir warteten dann ruhig, und er beantwortete unsere Fragen, als er wieder sprechen durfte. Wir durften auch lachen bei Tisch, auch bei so ernsten Zeremonien wie Pessach[5]. Wir durften lachen, wir durften blödeln, und mein Vater machte mit. Meine Mutter schaute nur lächelnd zu.

Vor allem die Freitagabende in meinem Elternhaus sind mir unvergesslich geblieben. Wir Mädchen deckten mit unserer Mutter den Tisch, die ganze Familie war festlich gekleidet, Mutter zündete die Schabbatlichter an, und dann kam mein Vater aus der Synagoge nach Hause, mit meinen zwei kleinen Brüdern an der Hand. Bevor wir uns zu Tisch setzten, segnete er uns alle mit einem Segensspruch. Dazu musste er nicht mal rufen, so selbstverständlich war es, dass wir uns nacheinander vor ihm aufstellten. Er legte beide Hände auf den Kopf jedes Kindes und sprach den Segen, danach küssten wir ihm die Hand, und er umarmte uns und zog uns fest und liebevoll an sich. Die Kleineren unter uns hob er dann immer hoch. Erst danach sprach er den Weinsegen und schnitt die Challes, das geflochtene Weißbrot, an, das schon unter einer schön bestickten Decke auf dem Tisch lag. Das war der offizielle Teil. Danach aßen wir dann, wobei es immer richtig fröhlich zuging.

Außerdem gab es bei uns im Dorf noch einen Religionslehrer, der speziell jüdische Mädchen unterrichtete. Er war sehr arm und lebte von der kleinen, fast trinkgeldartigen Bezahlung, die er für das Unterrichten der Mädchen bekam. Er aß tageweise bei den Familien, wo er Kinder unterrichtete, und wohnte in einem Zimmer zur Untermiete. Er war stark verunstaltet, denn er war klein und hatte einen Buckel. Aber er wurde überall sehr geschätzt, weil er ein enormes Wissen hatte. Er war nicht sehr religiös, doch er war sehr gelehrt. Unter religiösen Juden, wie wir es waren, gab es anfangs einigen Widerstand gegen ihn, weil man die Ansicht vertrat, Mädchen brauchten nichts zu lernen. Es reichte, wenn sie beten und kochen konnten und dann heirateten.

Aber mein Vater war schon modern genug, uns Mädchen in diesen Unterricht zu schicken. Die Jungen gingen in eine Schule für Jungen, um dort vor allem Hebräisch zu lernen, und wir Mädchen gingen zu diesem Lehrer. Die ganzen Jahre besuchten wir neben der Schule auch noch diesen Unterricht. Das letzte Mal begegnete ich diesem Lehrer bei der Deportation: Wir waren im selben Waggon nach Auschwitz.

Er war für mich eigentlich ein Vorbild. Er gab mir ein Gefühl dafür, was es heißt zu lernen, zu wissen. Es gab nichts, was ich ihn fragte, das er nicht hätte beantworten können. Und immer verständlich. Aber das galt nicht nur für mich, sondern für alle. Er war immer bereit, mit uns zu sprechen.

Er war übrigens auch Zionist; von ihm hatten wir kleine lederne Beutel bekommen, die wir unter dem Kleid trugen. Darin sammelten wir Geld, das gespart werden sollte, um in Israel Land kaufen zu können. Das war eine Aktion des jüdischen Nationalfonds KKL, *Keren Kayemeth LeIsrael*[6]. Einmal entdeckte ein Bekannter meines Vaters bei mir diesen KKL-Lederbeutel unter dem Kleid. Der Beutel ist irgendwie rausgerutscht, und so hat er ihn gesehen. Dieser Bekannte machte daraufhin meinem Vater schwere Vorwürfe. Denn viele orthodoxe Juden waren ja sehr gegen den Zionismus[7] eingestellt. Manche sind es bis heute. Viele von ihnen leben zwar in Israel, aber sie lehnen den Staat Israel ab, weil sie darauf warten, dass der Messias kommt und selbst einen Staat errichtet.

War deine Familie auch gegen den Zionismus?

Von meiner Mutter weiß ich es nicht genau. Mein Vater war wohl in seinem Inneren ein Zionist. Seit 1940 ungefähr sprach er immer wieder davon, dass wir eigentlich nach Palästina auswandern sollten. Zu meiner Mutter sagte er einmal: »Schau, ich kenne die Landwirtschaft von Grund auf, ich kann mit Tieren umgehen, ich kann Felder bestellen, ich kann mit Schaufel und Hacke umgehen, kräftig bin ich, und arbeiten kann ich auch. Warum nicht nach Palästina? Was kann ich dort verlieren? Ich werde uns dort genauso gut ernähren können wie hier.« Ich wusste als elf- oder zwölfjähriges Mädchen natürlich nicht, was dahintersteckte, aber es hatte natürlich damit zu tun, dass der Zweite Weltkrieg begonnen hatte und auch in Ungarn die Lage schon schwieriger geworden war, so dass man sich Gedanken machte.[8]

Was meine Mutter darauf antwortete, weiß ich nicht mehr. Einige Zeit nach diesem Gespräch besuchte sie aber ihre Schwester in Nagykároly in Siebenbürgen. Dort hat man wohl auch darüber gesprochen: Sollte man nach Palästina gehen oder nicht? Da erfuhr sie, dass der berühmte Joel Teitelbaum, der Rabbi von Szatmár, in Palästina gewesen war und sich dort umgeschaut hatte. Als er zurückkam, verbot er seinen Anhängern, nach Palästina zu gehen. Wer nach Palästina gehe, sagte er, sollte eigentlich als einer betrachtet werden, der vom Glauben abgefallen ist, denn dort würden die Menschen alle abtrünnig. Die Juden, die er dort angetroffen hatte, seien alle nicht religiös gewesen. Er sagte: »Das ist ein verfluchtes Land.« Als meine Mutter wieder von ihrem Besuch nach Hause kam, erzählte sie das meinem Vater. Mein Vater sagte: »Wenn der große Zaddik[9] es so sagt, brauchen wir nicht weiter darüber zu reden. Ich will dann auch nicht mehr dorthin.« Damit war das Thema erledigt.

In der Familie der Schwester meiner Mutter waren alle treue Anhänger dieses Rabbiners. Einer der Söhne, mein späterer Mann, sprach auch nach dem Krieg von diesem Rabbi Teitelbaum wie von einem Heiligen. Einige seiner Anhänger hatten Teitelbaum 1944 von den Nazis freigekauft, ihn zuerst in die Schweiz und von dort aus mit seiner ganzen Familie nach Amerika gebracht. Als mein Mann wieder einmal von diesem »heiligen« Rabbiner sprach, fragte ich ihn: »Was soll das für eine Heiligkeit sein? Wegen ihm und seinem Spruch gegen Israel lebt meine Familie nicht mehr! Vielleicht wären wir sonst noch rechtzeitig ausgewandert.« – »Wie kannst du so was sagen!?«, rief mein Mann. Ich rief: »Je größer ein Mensch ist, je mehr Menschen auf sein Wort und seine Meinung hören, umso mehr ist er verpflichtet, doppelt und dreifach zu überlegen, was er sagt. Denn seine Worte können Menschen das Leben kosten.« Darauf antwortete mein Mann: »Woher weißt du, dass dein Vater tatsächlich ausgewandert wäre?« Ich sagte: »Das weiß ich nicht, aber von dem Moment an, als er von dieser Aussage des Rabbiners gehört hatte, hat er nicht mehr ans Auswandern gedacht. Und damit ist für mich dieser Heilige entheiligt. Für mich ist er ein Verräter. Er hat die Menschen verraten, die an ihn geglaubt haben.« Seither hat mein Mann nie wieder über Rabbi Teitelbaum gesprochen; denn er wollte seinen Heiligen nicht kränken lassen. Und ich hätte es nie unkommentiert gelassen, wenn er über ihn gesprochen hätte.

Hast du denn, außer solchen Gesprächen über eine mögliche Auswanderung, sonst etwas davon bemerkt, dass sich das Leben für die Juden in Ungarn veränderte?

Da erinnere ich mich an einiges: dass wir mit einem Mal keine Haushaltshilfe mehr haben durften, dass jüdische Ärzte irgendwann nur noch Juden behandeln durften, dass mein unverheirateter Onkel zum *Munkaszolgálat*[10], dem ungarischen Arbeitsdienst musste, dass einige Zeit danach auch mein Vater dorthin einberufen wurde (und ich hätte ihn fast nicht wiedererkannt, als er zurückkam, so verbraucht und abgemagert sah er aus), dass mein Großvater die Landwirtschaft nicht mehr selber führen durfte, sie wurde beschlagnahmt – das sind nur die besonders einschneidenden Vorkommnisse. Begonnen hat das ungefähr um 1941 ... Natürlich kamen diese Verfügungen nicht alle auf einmal, sondern nach und nach, und so gewöhnten wir uns an jede einzelne, bis der nächste Schlag kam.

Auch dass in den Schulen irgendwann die jüdischen Kinder getrennt von den nichtjüdischen unterrichtet wurden, gehörte zur allmählichen Aussonderung der Juden aus der Gesellschaft. Ich erinnere mich noch an einen Ausspruch der Lehrerin, die unsere jüdische Klasse übernahm. Diese Lehrerin war häufig in unserem Haus, weil sie gerne mit meiner Mutter plauderte und sich Rat von ihr holte. Und als sie dann die jüdische Klasse bekommen hatte, kam sie einmal zu meiner Mutter und sagte: »Wissen Sie, Frau Mandel, das ist für mich eine totale Überraschung, diese jüdische Klasse kennenzulernen. Ich hab so viele jüdische Kinder auf einem Haufen noch nie gehabt, und jetzt merke ich erst: Die sind gar nicht alle klug, die haben genauso viel Blöde unter sich wie wir.« Ich weiß noch, dass meine Mutter mit einem großen Schweigen darauf geantwortet hat.

Die Lehrerin hatte natürlich nicht unrecht, eigentlich hatte sie ja nur die Beobachtung gemacht, dass jüdische Kinder nicht anders waren als andere Kinder. Aber so, wie sie es von sich gab, hatte es etwas Abfälliges, Feindseliges. Sie hätte ja auch sagen können: »Eigentlich hab ich das so noch nicht wahrgenommen, aber ihr seid genauso normale Menschen wie wir, mit klugen und dummen Leuten wie überall sonst auch.« Das wäre eine ganz andere Aussage gewesen.

Das Schweigen meiner Mutter bedeutete wahrscheinlich auch, dass sie wusste, wie gefährlich die Zeiten geworden waren. Da war es auf jeden Fall besser, sich nicht mit so einer

Antisemitin, noch dazu mit der Frau eines höheren Offiziers, anzulegen.

Und sonst? Wie war euer Verhältnis zu den Nichtjuden im Ort?

Meine Familie war mit vielen christlichen Familien befreundet. Aber unser religiöses und koscheres Leben setzte uns auch Grenzen. Ich kannte jüdische Familien, die nicht so streng koscher lebten wie wir und deshalb freier mit den nichtjüdischen Freunden umgehen konnten. Sie konnten zusammen mit ihnen nichtkoscheren Wein trinken, essen, mal bei den einen, mal bei den anderen, was für uns unmöglich war. Aber wenn eine Nachbarin krank war und Hilfe brauchte, dann haben wir ganz selbstverständlich auch am Schabbat geholfen. Anderen zu helfen hatte immer Vorrang vor dem Schabbat. Das war ein natürliches Gebot. So waren meine Eltern in dieser Hinsicht sehr offen, und wir hatten um uns herum in der Nachbarschaft wunderbare, gute Freunde.

Welche Menschen waren dir denn noch wichtig in deiner Kindheit?

Eine sehr wichtige Person war für mich Tante Klára, die Tante meines Vaters. Sie wohnte drei Häuser weiter und hatte eine große Bibliothek mit wunderschönen Büchern, viele mit goldverzierten Buchrücken. Ich durfte mir zwar keine Bücher von ihr ausborgen, weil sie Angst hatte, dass in unserem Haus mit den vielen Kindern und all dem Gewusel einiges kaputtgehen könnte. Aber bei ihr zu Hause durfte ich stundenlang sitzen und lesen. Wenn meine Mutter mich suchte, weil sie mich brauchte, wusste sie: »Aha, jetzt sitzt sie wieder bei Tante Klára.« Da saß ich dann immer auf einem Schemel neben dem Kachelofen mit einem Buch auf dem Schoß. Ich könnte gar nicht mehr sagen, was ich da alles gelesen habe. Ich las einfach aus Neugier, was mir in die Finger kam, auch wenn ich vieles davon noch gar nicht verstehen konnte. Ich war so hungrig nach Buchstaben, da war es völlig egal, was ich las, Hauptsache, ich hatte Buchstaben vor mir. Und ich liebte es zu stöbern. Ich konnte da ein Buch herausziehen, dort eins zurückstellen, hier ein neues aufschlagen. Ich legte dann immer Zettel in die Lücken, damit ich ja nicht die Ordnung durcheinanderbrachte. Es war ja ein besonderes Entgegenkommen von Tante Klára. Sie war ein sehr lieber Mensch, und sie vertraute mir, also wollte ich sie auch nicht enttäuschen.

Dann gab es da noch eine Cousine, die hieß Ilona – wie ich.

Wie du?

Ja, Ilona ist mein »weltlicher« Name. Bei den Juden in Ungarn war es so, dass auf dem Standesamt ein weltlicher Name angemeldet wurde. In der Familie wurden wir Kinder bei unseren jüdischen Namen gerufen, in der Schule nicht. Und in der Synagoge gab der Vater, wenn er zum ersten Mal nach der Geburt eines Mädchens zur Thora[11] aufgerufen wurde, ganz offiziell, vor der ganzen Gemeinde, den Namen seiner Tochter bekannt. Und so hab ich den Namen Hanna bekommen. (Bei einem Jungen fand die Namensgebung bei der Beschneidung statt.) Die Geburtstage wurden bei uns nach dem jüdischen Kalender[12] gefeiert, nicht nach dem weltlichen. Mein Geburtstag ist zwei Tage vor Schawuot, dem Wochenfest[13].

Hätte man denn nicht auf dem Standesamt einfach »Hanna« angeben können?

Hätte man schon können, aber mit einem Namen wie Hanna wären diese kleinbürgerlichen Beamten wahrscheinlich einfach nicht einverstanden gewesen.

Klang ihnen das zu jüdisch?

Ich weiß es nicht, ich kann dir das nicht beantworten. Ich weiß nur noch ein anderes Beispiel: Nahum, mein Mann, hatte in Ungarn den weltlichen Namen Gustav. Als wir 1948 nach Wien kamen und er sich dort anmeldete, behauptete der dortige Beamte, den Namen Gustav gebe es im Deutschen nicht. Es gebe nur Augustin. So taufte er meinen Mann kurzerhand in Augustin um. Also kann ich mir gut vorstellen, dass es sich in

Ungarn um eine ähnliche Schwierigkeit gehandelt hatte, zumal in einem Dorf.

Die jüdischen Namen wurden immer nach geliebten Verstorbenen vergeben. Ich bekam den Namen Hanna nach der Mutter meines Vaters. Das ist fast wie eine Grabsteinsetzung. Die Tote sollte nicht vergessen werden, ihr Name sollte weitergegeben werden. Nach lebenden Menschen hat man keine Kinder benannt. Das ist ja bei den Christen umgekehrt gewesen – da hat früher oft der erste Sohn den Namen des Vaters bekommen.

Hat man den Kindern denn erklärt, wessen Namen sie tragen?

O ja! Bei mir war es ja meine Großmutter. Sie starb, als mein Vater dreizehn Jahre alt war. Und mein Vater schien sehr unglücklich gewesen zu sein, als sein Vater wieder heiratete und er dadurch eine Stiefmutter bekam. Deshalb erhielt ich den Namen Hanna.

Der Name Ilona kam von meiner Mutter. Sie hatte schon bei der Geburt meiner Cousine den Namen vorgeschlagen, aber als ich auf die Welt kam, wollte sie auch nicht darauf verzichten, weil er ihr so gut gefiel. Also erhielten wir eben beide diesen Namen.

Später, etwa mit zwölf oder dreizehn Jahren, war ich schon etwas größer als meine Cousine, obwohl sie eineinhalb Jahre älter war als ich, und man nannte uns manchmal die große und die kleine Ilona.

Ilona hatte eine sehr schwere Kindheit. Ihre Mutter starb, als sie acht Jahre alt war. Sie hatte noch einen Bruder, der ziemlich früh an Kinderlähmung erkrankt war, so dass seine Beine ziemlich missgebildet waren. Ilonas Vater, mein Onkel, der ebenfalls im Geschäft meines Großvaters mitarbeitete, hatte nach dem Tod seiner Frau noch einmal geheiratet. Mit seiner zweiten Frau zog er in die nächstgelegene Großstadt. Mit dieser Frau hatte er wieder zwei Kinder.

Einmal fuhr ich mit meinem Vater zu ihnen zu Besuch. Es hieß, dass die zweite Frau von Onkel Jenö auch gestorben war.

Mehr wusste ich nicht. So war ich sehr befangen, als wir das Haus des Onkels betraten. Ich hielt mich an meine Cousine. Wir fingen gleich an zu tuscheln, die Erwachsenen redeten für sich und kümmerten sich nicht um uns. Dann führte mich Ilona ins Schlafzimmer, öffnete die unterste Schublade des Kleiderschranks, holte einen Strick heraus und sagte: »Siehst du, das ist der Strick, mit dem meine Stiefmutter sich erhängt hat.« Das war ungeheuerlich. Von diesem Moment an begann ich, Ilona zu streicheln, sooft ich nur konnte. Ich war damals vielleicht acht Jahre alt. Ich war sprachlos, aber ich spürte, dass sie etwas so Furchtbares erlebt hatte, dass ich ihr ganz viel Liebe geben wollte. Ich konnte ihr nichts sagen, konnte sie nicht trösten, aber ich musste sie immer wieder streicheln.

Später schickte mein Onkel Ilona und seinen jüngeren Sohn zu irgendjemandem nach Budapest. Dort besuchte Ilona die Schule. Wenn sie im Sommer nach Hause kam, ging ihr erster Weg immer zu uns. Sie liebte meine Mutter, die für sie eine Art Muttterersatz war, und wir beide liebten uns über alles. Ich habe von ihr ungeheuer viel gelernt. Auch das Lesen hat sie mir beigebracht. Sie war diejenige, die mir von einem Buch über Leonardo da Vinci erzählt hat. Ich hatte keine blasse Ahnung, wer das war, aber ich war voller Neugier. Sie erzählte mir lange und ausführlich, was für ein Universalgenie dieser Mann war, dass er ein Fluggerät konstruiert hatte, dass er phantastische Bildhauerarbeiten gemacht hatte usw. Ich war fasziniert. Als ich 1952 als junge Frau dann mit meinem Mann in Rom war, führte mich mein erster Weg in den Vatikan, um dort den Moses von Leonardo da Vinci anzuschauen. Das hatte ich alles die ganze Zeit in mir getragen!

Später machte Ilona eine Lehre als Hutmacherin in Budapest. Ihre ersten Gehversuche darin machte sie bei uns zu Hause. Alle möglichen alten Hüte von meiner Mutter arbeitete sie um – meine Mutter konnte danach keinen einzigen davon mehr tragen.

Immer wenn Ilona im Sommer bei uns war, gingen wir viel spazieren und redeten miteinander. Dabei bedauerte ich sehr, dass ich nicht in der Theiß baden durfte, während es ihr erlaubt war. Weil ich aus einem religiöseren Haus kam, durfte ich nicht im Badeanzug gemeinsam mit Jungen baden. Sie berichtete mir von verschiedenen Liebeleien, die sich beim Baden zutrugen, und ich war furchtbar neidisch, denn das war mir alles versperrt.

Für dich gab es doch sicher auch Verliebtheiten – auch wenn sie verboten waren.

Aber natürlich! Das kann man doch nicht verbieten! Gedanken und Gefühle kann man einfach nicht verbieten. Es gab da einen jungen Mann, Ervin, der wohnte im Dorf in der Nähe dieser zweiten, weiter entfernten Schule, von der ich schon erzählt habe. Damals war ich ungefähr dreizehn oder vierzehn. Wenn ich in diese Richtung ging, sah ich ihn immer. Er war ein berüchtigter Schürzenjäger. Und gerade das hat mich wahnsinnig gereizt. Ich schaute ihn immer ganz sehnsüchtig an, damit er mich mal bemerkte. Eines Tages musste ich bei seinen Eltern irgendetwas abholen, und als ich da eintrat, kam er mir entgegen und sagte: »Welche Schönheit kommt in unser Haus!« Er nahm meine Hand und küsste sie. Dieser Handkuss veranlasste mich, monatelang den Umweg an seinem Haus vorbei zu machen, in der Hoffnung, ihn vielleicht noch mal zu treffen. Vielleicht würde er noch mal etwas zu mir sagen … Aber nichts! Bei diesem Handkuss ist es geblieben, und das war vielleicht mein Glück. Er war nämlich einer, der ganz gerne Mädchen den Kopf verdrehte, sie aber bald darauf wieder fallen ließ. Also dieser Ervin war der Erste.

Beim Nächsten, da war ich vierzehn oder fünfzehn. Eine Tages sagte meine Mutter: »Wir kriegen Besuch aus Nagykároly. Deine zwei ältesten Cousins, Hersi und Nahum, kommen zu uns auf zwei Tage, über Schabbat und Sonntag.« Sie standen kurz vor der Musterung, und sie kamen, weil sie Wege suchten, der Einberufung zum Militär zu entkommen. Es gab da so eine Möglichkeit: Wenn man ein oder zwei Pferde kaufte und an das Militär gab, wurde man selber nicht eingezogen. Als sie eintrafen, war ich gerade draußen vor dem Haus. Ich kannte sie natürlich. Plötzlich sah ich sie kommen. Ich hab heute noch vor Augen, wie ich Nahum so von Weitem gesehen hab. Er war der jüngere. Mein Herz schlug so, dass ich dachte, ich kann nicht mehr atmen. Das war mein erstes bewusstes Gefühl für ihn. Die ganze Zeit über, die er bei uns war, war ich sehr schüchtern und still und beobachtete ihn. Ich fand alles unheimlich schön und richtig und gut und bewundernswert, was er machte und was er sagte. Seine ruhige Art ... Der ältere Bruder redete wie ein Wasserfall. Nahum war sehr still. Und er wurde später mein Mann.

Aber wie ging es damals weiter?

Wir haben uns nicht mehr gesehen bis nach dem Krieg, aber wir blieben in Verbindung. Ich wusste, dass Nahum und sein Bruder nach Budapest gegangen waren, und wir nahmen immer wieder Kontakt auf, weil ich zu dieser Zeit schon meine Angorazucht hatte und die versponnene Angorawolle nach Budapest zu den beiden schickte. Sie haben sie für mich verkauft. Ich fand es jedes Mal aufregend, wenn Geldüberweisungen kamen. Ich wollte immer sofort wissen: Wer von den beiden hat die Überweisung ausgestellt?

Eine Angorazucht?

Ich wollte unbedingt Geld verdienen, als ich aus der Schule kam, weil ich wusste, dass es für meine Eltern finanziell eng war. Zu dieser Zeit, so um 1942, waren schon viele Dinge für Juden verboten. Aber ich wollte auf jeden Fall etwas machen, und damals kam gerade die Angorawolle auf. Jemand im Ort hatte schon eine Angorakaninchenzucht. Wir gingen hin und schauten uns das an. Die verkauften auch Kaninchen, und da hat mein Vater mir vier gekauft. Er hat nicht direkt verboten, dass ich sie zusammenlasse, aber er hat gesagt: »Das überlässt du mir, wann sie Junge kriegen.« Aber gerade *darauf* war ich neugierig.

Mein Vater baute im Hof einen Drahtkäfig, in den die Kaninchen hineinkamen. Irgendwann erklärte ich ihm dann, ich hätte vergessen, das Gatter zwischen den zwei Gehegen zu schließen.

Plötzlich waren die Kleinen da. Und ich hatte es beobachten können!

Ziemlich rasch, binnen einem Jahr, hatte ich schon hundert Stück. Am Ende hatte ich sogar um die zweihundert Kaninchen. Wir fingen an, einige davon zu verkaufen. Sie hatten einen genauen Stammbaum und Geburtsdaten; es gehörte eine regelrechte Buchführung dazu. Ich lernte, die Wolle zu verspinnen, aber allmählich konnte ich die Wolle meiner Kaninchen allein nicht mehr bewältigen und stellte ein Mädchen als Hilfe an. Das Unternehmen blühte! Ich bezahlte dem Mädchen genau das, was auch andere fürs Wollespinnen bekamen. Ich wollte an ihr nichts verdienen, aber mit ihrer Hilfe konnte ich viel mehr Wolle verarbeiten.

Der letzte Akt von diesem Unternehmen kam zwei oder drei Wochen vor der Deportation. Eines Morgens stand ich auf und wollte die Kaninchen füttern. Aber fast alle waren von Hunden, die sich irgendwie unter dem Drahtzaun durchgewühlt hatten, gerissen worden. Mein Entsetzen war riesig. Ich war so stolz gewesen auf meine Angorazucht. Ich hatte etwas aufgebaut und selber geführt. Und mit einem Schlag war alles aus.

Als wir dann ins Ghetto kamen, dachte ich mir, vielleicht war es so besser, denn wer weiß, wer sich sonst um diese Tiere gekümmert hätte.

Wenn ich so diese Jahre betrachte – hier ein Verlust, dort ein Verbot –, krieg ich noch im Nachhinein das Gefühl, als würde ich von einem Berg runtergerollt. Und am Ende kam Auschwitz, wo nicht nur Sachen verloren gingen, sondern unser ganzes Leben zerstört wurde.

2. Kapitel

Beregszász

Wie alt warst du, als ihr deportiert wurdet?

Ich war siebzehn. Es war im Frühjahr 1944.

Was hast du damals davon verstanden? Wusstest du, warum du aus deinem Heimatort wegsolltest?

Nein, verstanden hab ich gar nichts, nur gerochen, gefühlt hab ich etwas. Ungefähr ein halbes Jahr vor unserer Deportation trieb man nämlich in unserem Ort schon diejenigen Juden zusammen, die keine ungarischen Staatsbürger waren. Dazu gehörte auch die Familie Dembicer, die ich sehr gemocht hatte. Die Eltern hatten eine Glaserei, ganz in der Nähe von uns. Sie waren nicht sehr wohlhabend und mussten hart arbeiten, um ihren Lebensunterhalt zu verdienen. Sie hatten drei erwachsene, noch unverheiratete Töchter. Die halfen oft in orthodoxen jüdischen Familien aus, wenn Hilfe gebraucht wurde. Zum Beispiel wenn bei uns ein Kind geboren wurde, wurde ganz selbstverständlich eine dieser Töchter gerufen, und die kochte dann für uns und versorgte die Familie, solange meine Mutter im Wochenbett lag. Eine andere konnte gut nähen und ging in die Häuser als Hausschneiderin. Die war auch oft bei uns, um Näharbeiten zu machen.

Eines Tages hieß es, dass alle Mitglieder der Familie Dembicer ihr Haus nicht mehr verlassen durften, denn sie würden abgeholt. Sie kämen in ein Arbeitslager, wo alle Juden zusammengetrieben würden, die die ungarische Staatsbürgerschaft nicht hatten. Wir waren ja nicht weit von der Landesgrenze entfernt, und die Staatenlosen in Grenznähe galten als unzuverlässig. So hatte ich es zumindest gehört.

Als sie mit Gepäck aus ihrem Haus kamen, war ich gerade

auf der anderen Straßenseite. Niemand durfte sich ihnen nähern. Ihre Blicke gingen herum, als suchten sie Hilfe. Keiner war da … Sie waren ruhig, doch ihre unsicheren Schritte sind mir unauslöschlich in Erinnerung geblieben. Sie stiegen unter Bewachung der ungarischen Gendarmerie auf ein Pferdefuhrwerk und wurden zum Bahnhof gebracht.

Ich hörte dann noch von fünf oder sechs weiteren Familien aus dem Ort, die zur gleichen Zeit abgeholt worden sind. Aber mich traf besonders der Abtransport dieser Familie. Er machte mir Angst. Ich konnte nichts tun, ich war hilflos, aber von da an bin ich nie mehr ins Kino gegangen, hab niemals mehr etwas nur zur Unterhaltung getan oder mir erlaubt, Süßigkeiten zu kaufen. Ich hatte das Gefühl, für die Dembicers etwas tun zu müssen – und das war das, was ich damals tun konnte.

Erst viel später, in den sechziger Jahren, hab ich erfahren, dass diese Menschen in die Ukraine gebracht und dort alle umgebracht worden sind. Bis dahin hatte ich nur so eine dunkle Ahnung gehabt.

Und ein halbes Jahr später traf es euch …

Am letzten Tag von Pessach kam die Anordnung. Zur Mittagszeit war schon das Gerücht durch den Ort gegangen, und am Abend war es offiziell: Wir sollten uns am nächsten Tag bereithalten für den Abtransport in ein Sammellager.

Wir konnten aber erst anfangen zu packen, als drei Sterne ohne Suchen am Himmel zu sehen waren; dann erst war der Feiertag zu Ende. Wir wuschen dann zuerst in aller Eile das ganze Pessach-Geschirr ab und trugen es auf den Speicher – wie in jedem Jahr. Das war Geschirr, das nicht mit gesäuertem Brot in Berührung kommen durfte; einmal im Jahr kam es für acht Tage in Gebrauch. Wir verstauten es auf dem Speicher in zwei großen Kisten, holten das normale Alltagsgeschirr wieder herunter und räumten es in die Schränke zurück.

Erst danach fingen wir an zu packen. Da erst, in der Nacht, kamen die Fragen auf: Was sollen wir denn mitnehmen? Zwanzig Kilo pro Person waren erlaubt. Sommersachen? Wintersachen?

Oder beides? Welche Schuhe? Mein Vater und ich würden wohl auf jeden Fall auch feste Arbeitsschuhe brauchen, weil wir beide bestimmt arbeiten müssten. Vielleicht auch noch meine nächstjüngere Schwester Edit. Die Kleineren und meine Mutter eher nicht. Aber wie konnte man wissen, wie viel wir zu Fuß zu gehen hätten? Also brauchten sie vielleicht ebenfalls feste Schuhe. Aber zu viel konnten wir auch nicht mitnehmen, denn wenn es warm würde und wir zu warm angezogen wären, wäre das auch schlecht. Alles ging wild durcheinander, die Fragen, die Gedanken. Es war ein Wirbel, eine Aufregung, alle waren wir total aus dem Gleichgewicht. Auf uns lastete eine unaussprechliche Angst. Wir wussten nicht, wohin die Reise gehen würde. Und wir hatten keine Ahnung, dass wir für immer unser Heim verließen.

Am nächsten Morgen waren wir soweit, aber wir durften den Hof nicht verlassen, und so standen wir in der Frühe hinter dem Hoftor und warteten. Jetzt waren wir in derselben Lage wie die Dembicers, mit dem Unterschied, dass sie damals die Einzigen aus unserer Straße waren, die abgeholt wurden. Dieses Mal aber hatten fast in jedem Haus die Familien ihre Sachen gepackt. Hier wohnten sehr viele Juden, und die Synagoge war ja auch in unserer Straße.

Da unser Ort nicht sehr viele Polizisten hatte, ritten sie mit Pferden die Straße auf und ab, und als direkte Bewacher bei den Häusern waren junge Leute eingeteilt. Unter ihnen waren ehemalige Mitschüler von mir, die damals in der vormilitärischen Ausbildung standen.

Die haben mitgeholfen, dass die Deportation klappte? Waren das die Antisemiten des Ortes?

Wahrscheinlich nicht. Ich glaube nicht unbedingt, dass sie Antisemiten waren. Sie lebten mit den üblichen Vorurteilen, aber sie hatten wahrscheinlich nie darüber nachgedacht. Für so etwas braucht es keine Antisemiten. Es braucht Mitläufer, Befehlsempfänger. Ob diese heute die Juden verfolgen und morgen die Ausländer oder übermorgen die Staatenlosen oder eine andere

Gruppe – völlig egal: Diese Leute, die bereit sind, für andere schmutzige Dienste zu erledigen, oder laut mitjohlen, das sind immer Menschen, die keinen eigenen Standpunkt haben, die mitschwimmen. Und das ist in so einem kleinen Ort, in dem jeder jeden kennt, noch wesentlich schlimmer als in einer Stadt.

Während wir da so warteten, kam die Lehrerin vorbei, die unsere jüdische Klasse unterrichtet hatte. Meine Mutter weinte, und die Frau kam zu uns herüber und sagte: »Aber, Frau Mandel, was machen Sie sich denn Sorgen? Es geschieht euch gar nichts. Schließlich ist mein Mann bei der Armee, er weiß Bescheid. Ihr werdet gut in einem Arbeitslager untergebracht.«

Wer hat euch sonst noch gesehen?

Niemand, nur Frau Fejes kam kurz vorbei und redete mit meiner Mutter. Alle anderen waren wie verschwunden … Wir standen mehrere Stunden da am Hoftor. Auf dieser Straße war sonst immer viel Leben. Aber jetzt ließ sich niemand sehen. Beim Nachbarhaus direkt neben uns zum Beispiel, bei der Familie Kis, waren alle Rollos heruntergelassen. Das ist mir aufgefallen, weil die Rollos dort tagsüber sonst nie unten waren.

Als ich vor ein paar Jahren wieder in Vásárosnamény war und auf das Haus zuging, waren vorne die Rollos wieder unten. Da kam mir die Erinnerung zurück: Das war damals auch so. Ich machte der Familie einen Besuch, und der alte Herr Kis, 85 Jahre dürfte er inzwischen gewesen sein, sagte zu mir: »Weißt du, wie ich dich und deine Familie dort habe warten sehen, ist mir fast das Herz stehen geblieben.« Ich erwiderte darauf nichts. Ich war sprachlos. Aber ich dachte mir: Herrgott noch mal, von wo aus konnte er uns denn sehen? Die Rollos waren doch unten! Also musste er aus der hintersten Ecke von einem kleinen Fenster aus die Szene beobachtet haben, und er hatte es nicht gewagt, sich offen zu zeigen.

Aber was hätten diese Leute denn tun sollen? War jetzt nicht ohnehin schon alles zu spät?

Natürlich: An der Deportation hätten sie nichts mehr ändern können in diesem Moment. Die Lawine rollte schon. Aber ein mitfühlender Blick, ein bedauernder Blick … Einer trauernden Familie am Grab kannst du auch nicht mit Worten oder mit sonst irgendetwas den Schmerz lindern, aber ein Händedruck, ein Blick oder ein Wort: »Ich fühl mit euch« – das kann es erträglicher machen. Alles ändert sich dann. Ich glaube nicht, dass die Menschen etwas anderes an erster Stelle brauchen. Sie brauchen an erster Stelle Menschlichkeit, Mitgefühl. Abnehmen kannst du niemandem etwas. Wenn jemand Schmerzen hat, kannst du den Schmerz nicht teilen. Aber du kannst zumindest dem anderen zeigen: Ich bin da, du bist nicht allein …

Wie ging es dann weiter?

Irgendwann kamen Pferdefuhrwerke; wir luden unser Gepäck auf, zehn mal zwanzig Kilogramm, und setzten uns selber dazu. Als alle in der Straße aufgestiegen waren, fuhren die Pferdefuhrwerke los; wir wussten nicht, wohin. Nach einer Weile sahen wir, dass das Schloss des Ziegelfabrikanten Braun in Vásárosnamény die erste Station war. Es diente als Sammellager. Drei Tage wurden wir dort unter Bewachung gehalten.

In diesen Tagen kamen immer wieder welche von der Familie Fejes mit Milch, Brot, gekochten Eiern und solchen Sachen zu uns. Sie hatten einem Polizisten aus dem Dorf Geld zugesteckt, damit er sie zu uns ließ. Sie sind als Einzige im Dorf wirkliche Freunde geblieben. Und sie hatten in unserem Haus, in unserem Ofen und mit unserem Geschirr Brot für uns gebacken, weil wir ja gleich nach Pessach, als kein gesäuertes Brot im Haus war, abgeholt wurden. Damit es für uns koscher genug war, hatten sie das Brot nicht bei sich gebacken. Ich weiß noch, wie meine Mutter zu unserem Rabbiner im Sammellager sagte: »Von diesem Brot können Sie ruhig essen. Ich weiß, von wem es ist und wie es gebacken wurde.«

Jedem, der religiös war, fehlte es an Brot. Ein religiöser Mensch hätte Brot, das nicht wirklich koscher war, nicht gegessen. Ich hab sogar später in Auschwitz noch zwei Wochen lang meine Wurstration weggegeben, weil sie nicht koscher war. Bis mir eine ältere Frau aus unserem Dorf sagte, dass ich in dieser Lage verpflichtet sei, die Wurst zu essen. So schreibe es die Religion sogar vor. Da hab ich dann angefangen, alles zu essen.

Das hattest du eigentlich nicht erwartet, dass außer den Fejes niemand mehr zu euch hält?

Nein! Das war eine absolute Überraschung. Dieses allerletzte Gefühl vor dem Abtransport, die runtergelassenen Rollos, die verschwundenen Bekannten, diese völlige Einsamkeit ... Zwar dauerte es nicht lange, vielleicht so drei, vier Stunden, aber das hat sich so in meine Erinnerung eingebrannt, dass ich richtig Angst hatte, als ich zurückkam aus Auschwitz und wieder in meinen Heimatort ging. Je näher ich kam, umso mehr Angst hatte ich. Und mittlerweile weiß ich auch, wovor: Ich hatte einen fremden Ort verlassen, und einen noch fremderen fand ich wieder. Denn meine Eltern und meine jüdischen Bekannten waren nicht mehr da. So war dieser Ort leerer als je zuvor. Ich kam mir vor wie in einem Alptraum, bloß ohne die Aussicht, irgendwann wieder zu erwachen.

Wenn ich jetzt so darüber erzähle, ist es fast, als würde mir ein Schleier vor den Augen weggezogen. Jedes Mal, wenn ich allein an einen fremden Ort komme, fühle ich mich ganz verloren. Ich hab lange Zeit nicht verstehen können, wie Menschen, die allein in einer fremden Stadt sind, sich so einfach die Sehenswürdigkeiten anschauen können. Ich kann das nicht. Dieses Gefühl der Verlorenheit lässt es nicht zu. Allein bin ich nicht gerne länger in einer fremden Stadt. Wenn ich dort etwas zu tun habe, erledige ich es schnell. Und wenn ich sonst niemanden bei mir habe, fahre ich mit dem nächsten Zug wieder nach Hause. Die Angst vor dieser Einsamkeit, vor dieser Fremde hat sich bei mir ganz stark festgesetzt. Bei mir zu Hause oder bei meinen Töchtern fühl ich mich aufgehoben und beschützt. Überall sonst ... da ist mir, als wär ich verloren.

Ihr wart also drei Tage in dieser Ziegelei ...

Nach diesen drei Tagen wurden wir mit Pferdefuhrwerken nach Beregszász gefahren. Das war die nächste größere Stadt, 30 Kilometer entfernt. Wir saßen auf unserem Gepäck auf dem Pferdefuhrwerk und fuhren so einige Stunden.

Hinter uns fuhren Familien, die sehr in Sorge waren. Mein Vater unterhielt sich mit ihnen über die langsam fahrenden Fuhrwerke hinweg und versuchte, sie zu trösten. Sehr stark in Erinnerung blieb mir ein von ihm öfter wiederholter Satz: »Ich glaube, dass wir mit Gottes Hilfe irgendwann einmal heimkehren werden. Aber selbst wenn mein Haus und mein ganzes Vermögen verloren sein sollte, wird mich das nicht sehr schmerzen, solange ich mein wahres Vermögen um mich habe« – und dabei zeigte er mit ausgebreiteten Händen auf uns. Dieser Satz klang mir immer nach, wenn ich später im Ghetto alles schrecklich fand. Dann dachte ich mir: Immerhin sind wir beieinander, und irgendwie wird's schon werden.

Am Ortsrand von Beregszász war eine große Ziegelfabrik. Die war zum Ghetto erklärt worden. Dorthin wurden aus der ganzen Umgebung etwa dreißig- bis vierzigtausend Menschen gebracht. Wir waren da von Pessach bis Schawuot, also sechs Wochen ungefähr.

Dort trafen wir auch meinen Großvater wieder. Er war am selben Tag wie wir, aber schon früh am Morgen, aus Vásárosnamény abgeholt und in einem besonders bewachten Transport mit den wohlhabenderen Juden direkt in dieses Ghetto gebracht worden. Das hatten wir bis dahin nicht gewusst, denn wir hatten ja den Hof nicht verlassen dürfen. Wir hatten warten müssen, bis wir herausgerufen und abtransportiert wurden.

Nach ein paar Tagen hatten wir uns eingestellt auf das Leben in der Ziegelei. Wir waren untergebracht in einem Rohziegeltrockner: Das war im Wesentlichen ein Dach auf hohen Holzpfeilern, lang und schmal, so dass man von zwei Seiten die rohen Ziegel hoch zum Trocknen aufschichten konnte. Wir hatten gebrannte Ziegel zu einer Wand aufgestellt (die natürlich leicht umkippen konnte), und dahinter wohnten wir. Ein paar Decken, die wir aufgehängt hatten, schirmten uns von den Nachbarn ab.

Wir schliefen auf Stroh, über das wir Decken gelegt hatten, die ganze Familie nebeneinander. Etwa 200 Meter entfernt waren Wasserhähne, wo man mit Tüchern, die an Seilen aufgehängt waren, kleine Abteile improvisiert hatte, wo man sich waschen konnte. Die eigene Schüssel, Handtuch und Seife brachte man mit, ebenso frische Wäsche. Es gab keine Ablage, also ging man zu zweit zum Waschen, um füreinander die Sachen zu halten. Mit den Toiletten war es ähnlich. Eigentlich alles, was unser tägliches Leben ausmachte, musste ganz auf die vorhandenen Möglichkeiten umgestellt werden.

Aus Ziegeln hatten wir draußen auch eine Kochstelle für uns gebaut. Meine Mutter fing an zu kochen. Weil es für uns wichtig war, koscher zu essen, hatten wir uns entschieden, lieber selber für uns zu kochen. Die notwendigen Lebensmittel bekam man bei der Ausgabestelle des Ghettos. Mein Vater hatte angefangen, dort mitzuarbeiten. Er tat es sicher, um so mehr Lebensmittel für uns zu beschaffen.

Einmal durfte er unter Bewachung nach Vásárosnamény fahren, um aus dem Geschäft seines Vaters einige Lebensmittel zu holen. Man könnte fast sagen, wir waren Selbstversorger im Ghetto, denn man ließ die Lebensmittel, die die Juden besessen hatten, von überall herholen. Offenbar konnte mein Vater seine Bewacher überreden, ihn kurz in unser Haus zu lassen. Von dort brachte er eingeweckte Lebensmittel und Gemüse mit, die meine Mutter für den Winter vorbereitet hatte. Bei dieser Gelegenheit ging er auch schnell zur Familie Fejes rüber und bat sie, für uns Brot zu backen. Da sie nicht genügend Salz zu Hause hatten, brachte er aus unserem Haus in einer Tasse Salz zu ihnen. Diese Tasse hab ich später von Frau Fejes wiederbekommen. Sie ist eines der wenigen Erinnerungsstücke an zu Hause, die ich überhaupt besitze.

Als mein Vater ins Ghetto zurückkam, wurden wir von manchen sehr beneidet, weil meine Mutter am nächsten Tag gefüllte Paprika machen konnte, die mein Vater in einem 5-Liter-Einweckglas mitgebracht hatte.

So wart ihr im Ghetto ziemlich euch selbst überlassen?

Nein. Ständig gab es irgendetwas, das uns beschäftigte. Es gab immer wieder neue Erlasse und Einschränkungen. Die Grenzen des Ghettos z.B. waren nicht fest umzäunt, sondern mit Ziegelsteinen markiert. Darüber durfte man nicht hinausgehen. Diese Grenzen wurden immer enger gezogen. Und immer wieder wurden die Zeiten geändert, wann man Wasser holen durfte. Denen, die diese Zeiten überschritten, drohte man mit Einsperren oder Erschießen.

Eines Tages erging ein Befehl der ungarischen Gendarmen: Alle mussten ihren Schmuck abgeben, alles, was sie dabeihatten, auch die Eheringe. Nach der Abgabe würde das ganze Ghetto durchsucht, und wenn dann bei jemandem noch Schmuck gefunden würde, würde das Familienoberhaupt erschossen. Meine Mutter brachte ihren Ehering nur schwer herunter, aber als sie ihn dann endlich mit großer Mühe vom Finger bekommen hatte, rutschte er ihr aus der Hand und fiel in das Stroh, auf dem wir schliefen. Sie bückte sich nach ihm, aber er war nicht mehr zu sehen. Wir alle suchten in heller Aufregung nach dem Ring, außer uns vor Angst. Immer wieder ging eines von uns Kindern zum Vater, der ebenfalls angespannt suchte, streichelte ihn und sagte: »Papa, wir werden den Ring finden, es wird dir nichts passieren.«

Wenn ich an diese Geschichte denke, spüre ich heute noch, wie sehr mir die Angst die Kehle zuschnürte. Die Stimmung wurde immer verzweifelter; aber wir fanden den Ring nicht. Als der Abgabetermin vorüber war und auch die Gendarmen nichts gefunden hatten, fühlten wir uns ein bisschen erleichtert, aber noch tagelang hingen die Anspannung und die Angst über uns. Das war die erste Erfahrung, wie dünn unser Lebensfaden geworden war.

Wie hast du das aushalten können?

Ich dachte immer wieder an die Worte meines Vaters: »Hauptsache, wir sind zusammen.« Das half mir, mit der Situation fertig zu werden. Im Rückblick war es der Vorhof zur Hölle von Auschwitz – diese so schnell voranschreitende

Entmenschlichung. Da gehören das Ghetto und Auschwitz zusammen.

Auschwitz war dann die nächste Station nach dem Ghetto?

Ja, aber das sagte man uns natürlich nicht. Nach einigen Wochen stellte man den ersten Transport zusammen, der angeblich nach einem größeren Lager gehen sollte, wo man uns endgültig unterbringen würde. Man teilte uns mit, dass die Arbeitsfähigen dort arbeiten würden; die Nicht-Arbeitsfähigen kämen in ein Familienlager. Das war alles; mehr war nicht zu erfahren.

Habt ihr solchen Versprechungen denn geglaubt?

Ich schon, ich klammerte mich daran. Ich hatte ja keine andere Wahl. Wie weit meine Eltern das geglaubt haben, kann ich nicht sagen. Wahrscheinlich ahnten oder wussten sie etwas mehr, aber sie sprachen nicht darüber. Es ist wahnsinnig schwer für Eltern, ihren Kindern etwas sagen zu müssen, wenn sie selbst nur Vermutungen haben, wenn sie selbst nicht genau wissen, ob das Gefühl, das sie bedrängt, richtig oder falsch ist, ob es nur eine Angst ist oder eine wirkliche Gefahr.

Irgendwann begannen also diese Transporte …

Gleich beim ersten Transport war mein Großvater mit dabei. Von den Vorbereitungen dazu hatten wir Kinder nichts mitbekommen. Erst als mein Vater kam und uns alle rief, wir sollten Abschied nehmen vom Großvater, erfuhren wir, dass er auf Transport ging. Als wir zu der Stelle kamen, wo die Menschen sich sammeln mussten, sahen wir Großvater in einer Gruppe von Leuten, um die die jüdische Ghettopolizei einen fest geschlossenen Bewachungsring gebildet hatte. Drumherum umkreisten einige berittene ungarische Polizisten den Ring. Etwas weiter entfernt, beim Büro, standen ein paar Deutsche und sahen zu. So war das organisiert: Die Deutschen hatten den Oberbefehl, unter ihnen dienten die ungarischen Polizisten, und unter deren Befehl standen die Juden, die die Ghettopolizei bildeten.

Wir gingen mit meinem Vater dorthin, wo mein Großvater

stand. Mein Vater erklärte den jüdischen Polizisten, dass wir nur von unserem Großvater Abschied nehmen wollten. Also riefen sie Großvater aus der Gruppe heraus, aber er durfte nicht aus der Absperrung, sondern nur an den Rand des Bewachungsrings kommen. Wir gingen einzeln zu ihm, küssten ihm die Hand, sagten ihm leise und sehr befangen Auf Wiedersehen, als spürten wir, dass dieses Wort nicht mehr passte. Er war sehr traurig, streichelte jeden von uns nur über den Kopf und sagte kein Wort.

Als sie dann auf den Zug verladen wurden, durften wir nicht mehr in der Nähe der Waggons sein. So erfuhren wir nicht, wie das ablief. Wir sahen aus unserer Entfernung nichts, die Waggons waren von Bäumen und Büschen verdeckt. Nur das Hundegebell haben wir gehört. Und den Dampf der Lokomotive sahen wir aufsteigen, als der Zug losfuhr.

Als wir dann, nach einigen anderen Transporten, selbst an der Reihe waren, erlebten wir, wie das genau vor sich ging. Es wurde befohlen, dass die Familien sich gemeinsam vor den Waggons aufstellten, denn die Familien sollten beieinander bleiben, damit das Einwaggonieren reibungslos vonstatten ging. Wenn ein Waggon fast voll war, suchte man nach einer kleineren Familie, die man noch reinstopfen konnte. Man brüllte, teilte Schläge aus, »Schneller! Schneller!« schrien sie immer wieder, bis schätzungsweise zwischen 80 und 100 Menschen in einen Waggon verstaut waren.

So waren es jedes Mal Tausende in einem Transport …

Es waren ungefähr 30 bis 40 Viehwaggons, allein bei unserem Transport … Ich glaube, unterwegs hängte man an anderen Orten noch weitere Waggons an, es war ein riesenlanger Zug. Wir waren, glaube ich, vier Tage und Nächte unterwegs. Wir wussten nicht, wohin wir kamen. Wir konnten nichts sehen, wir spürten nur, dass manchmal etwas abgehängt oder angehängt wurde. Es gab nur eine kleine Luke, durch die etwas Luft hereinkam, und die war mit Stacheldraht verschlossen. Also konnte man sich nicht hinausbeugen und schauen, was weiter hinten vor sich ging. Trotzdem stand immer einer an der Luke und hielt Ausschau, so gut es ging. Der sagte dann ab und zu, wo wir uns in etwa befanden. So hörten wir, dass wir bei Kaschau die ungarische Grenze zur Tschechoslowakei überquerten und dann irgendwann auf polnisches Gebiet kamen.

Und ihr anderen konntet nichts tun als warten …

Das kann man so allgemein nicht sagen. Ich selbst war in diesem Waggon ziemlich beschäftigt. Wie ich es von meiner Mutter gelernt hatte, war es für mich selbstverständlich, dass ich zur Stelle war, wo Hilfe gebraucht wurde. Als älteste Tochter der Familie half ich meinen Geschwistern oder meinen Eltern; außerdem waren einige Kranke und Ältere im Waggon, denen man auch helfen musste und, und, und. Man saß schlecht, also half man den anderen, ein bisschen bequemer zu sitzen – solche Dinge, viel mehr war's nicht. Oder wenn jemand auf den Eimer musste, hat man zu zweit ein Tuch gehalten, damit man dabei wenigstens ein bisschen für sich war. Es war ein höllisches Gefühl, plötzlich so entmenschlicht zu sein. Ich kann gar nicht sagen, wie sehr mich das heute noch beklommen macht, wenn ich daran zurückdenke.

Heute würde ich diesen Zustand wahrscheinlich mit einem Selbstmord beenden. Ich könnte es nicht mehr ertragen. Damals ließ ich einfach alles auf mich zukommen und ertrug es irgendwie, erstens als Kind und zweitens, weil ich noch überzeugt war, dass Gott mit uns etwas vorhatte und uns erretten würde, wenn die Not zunehmen sollte. Aber da denke ich heute anders. Kann es überhaupt einen Gott geben, der solche Dinge zulässt? Und wenn er sie zulässt, dann habe ich nichts mit ihm im Sinn! Für mich geht es eher darum, für das, was wir tun, selbst einzustehen und unsere Verantwortung nicht auf andere oder Gott abzuschieben. Wenn wir diese Verantwortung nicht annehmen, wird die Welt nicht besser. Die Selbstverantwortung ist die einzige Basis.

Damals war der Glaube die Basis, an die ich mich hielt. Und sie hat mich auch getragen, mich vieles ertragen lassen und mich am Leben erhalten. Das ist aber für mich heute kein Beweis für die Richtigkeit von Glaubensaussagen. Natürlich kann auch eine falsche Hoffnung eine Weile tragen – die Hoffnung als solche. Wenn aber nichts mehr trägt, dann ist es eben zu Ende. Es muss nicht unbedingt noch und noch gelitten werden, wenn jemand es nicht ertragen kann. Warum sollte man nicht Schluss machen dürfen?

Du hast gesagt, in eurem Waggon seist du auch dem Religionslehrer für jüdische Mädchen wieder begegnet.

Ja … Einmal war ich im Waggon gerade mit jemandem neben ihm beschäftigt, da griff er mich plötzlich am Arm und sagte: »Weißt du, Hanna, ich bin sehr froh, dass ich dein Lehrer war.« Mehr nicht. Ich würde es heute so deuten, dass er geahnt hat, dass es sein letzter Weg war. Vielleicht hatte er auch irgendetwas gehört. Er *muss* mehr gewusst haben, jedenfalls mehr als ich. Ich hatte nur dieses unbestimmte Gefühl, dass etwas Bedrohliches auf uns zukam.

Zu Hause hatte er mich nie gelobt, dieser Lehrer, er hat niemals jemanden gelobt. Er war nicht unfreundlich, aber vielleicht hatte er wegen seiner Gebrechen Angst, Mädchen zu nahe zu kommen, weil das eventuell falsch verstanden werden könnte. Aber im Waggon sagte er diesen Satz zu mir. Das werde ich mein Leben lang nicht vergessen. Das bedeutete mir von diesem Mann, den ich so sehr schätzte, ungeheuer viel. Es war das erste Mal in meinem Leben, dass man mir direkt etwas Anerkennendes gesagt hat. Das war Kindern gegenüber nicht üblich, weil man Angst hatte, sie würden sich darauf etwas einbilden. Von den Eltern hab ich Lob meistens nur indirekt bekommen. Und dieser Lehrer hatte es mir nun direkt gesagt – auf dem Transport. Es war unheimlich. Es war wirklich unheimlich.

Als ich später in dem Auschwitz-Bericht von Miklós Nyiszli las, was mit solchen buckligen Menschen gemacht wurde, konnte ich das kaum verkraften und musste aufhören mit dem Lesen, weil ich immer *ihn* vor mir sah.

Du sagst, du hast nicht verstanden, was geschieht, aber du hattest ein Gefühl, dass etwas Bedrohliches in Gang war?

Ja, es war so etwas Unbestimmtes; ich konnte es nicht in Worte fassen. Böse Vorahnungen verscheucht man ja meistens schnell wie lästige Fliegen. Man beschäftigt sich lieber mit anderen Dingen. Meine Gedanken kreisten im Waggon zum Beispiel immer wieder um mein Sommerkostüm.

Eine schöne Erinnerung an die Zeit zu Hause?

Nicht nur; ich hatte das Kostüm dabei. Mit sechzehn hatte ich es geschenkt bekommen. Es war mein erstes eigenes Kostüm, ein weißes Sommerkostüm, von einer Schneiderin gearbeitet. Wenn ich es anhatte, kam ich mir vor wie eine echte Prinzessin. Das Kostüm war zwar nicht aus neuem Stoff, sondern aus einem abgelegten Kostüm von meiner Tante aus Budapest, aber es war einfach mein größtes Glück, weil ich noch nie zuvor so ein schönes Kleidungsstück besessen hatte. Ich hab es die ganze Zeit mitgeschleift; ins Ghetto hinein und vom Ghetto mit in den Waggon. Als wir uns im Ghetto für den Transport fertig machten, hatte ich das Kostüm zuerst nicht eingepackt, weil wir nur zehn Kilo Gepäck nach Auschwitz mitnehmen durften und weil ich schon gelernt hatte, dass wir immer wieder etwas zurücklassen mussten. Aber ich wollte dieses Kostüm auch nicht im Ghetto lassen, denn ich konnte die Vorstellung nicht ertragen, dass es irgendjemand nach mir tragen würde. Also nahm ich es doch mit und hängte es im Waggon an einen Nagel. In meiner Tasche hatte ich eine kleine Schere mitgenommen. Und mein Vorsatz war, das Kostüm zu zerschneiden, wenn ich es schon nicht behalten konnte. Vielleicht einen Tag vor der Ankunft in Auschwitz fragte mein Vater: »Was willst du eigentlich mit diesem schönen Kostüm?« Und ich antwortete wahrheitsgemäß: »Ich hab das so gerne, dass ich es nicht zurücklassen wollte.« Er meinte darauf: »Aber zum Arbeiten ist es doch gar nicht geeignet.« Darauf gab ich keine Antwort mehr. Ich wusste nicht, ob ich ihm sagen sollte, was ich vorhabe, oder nicht. Schließlich rutschte es mir doch heraus: »Papa, wenn ich dieses Kostüm nicht mitnehmen kann, weil wir die Pakete hierlassen müssen, dann werde ich es zerschneiden, dass es nach mir niemand mehr tragen kann.« Und mitten im Satz holte ich auch die Schere heraus als Beweis meiner Entschlossenheit. Die Antwort meines Vaters: »Nein, mein Kind, tu das nicht! Bei uns Juden zerstört man eine Sache nicht, die noch zu gebrauchen ist.« Ich hörte ihm zu und erwiderte nichts mehr, aber innerlich dachte ich mir: Nein, das befolg ich nicht. Und als meine Familie in Auschwitz aus dem Waggon stieg – es hieß, wir sollten das Gepäck im Wagen lassen –, da sprang ich noch zurück und schnitt ein Loch in die Jacke und in den Rock, so dass sie unbrauchbar wurden.

Eigentlich ist es verrückt: Wir standen an der Rampe von Auschwitz, stiegen aus dem Waggon aus, die Familie wurde auseinander gerissen, die Hunde bellten und die Angst schnürte uns die Kehle zu – und da geht so eine Siebzehnjährige hin und zerschneidet ihr Kostüm. Und doch war es so.

3. Kapitel

Auschwitz

Lässt sich überhaupt erzählen, was Auschwitz war? Wir Außenstehenden haben darüber gelesen und Bilder gesehen, aber für dich sind es eigene Erinnerungen, die womöglich ganz anders sind. Ist da ein Graben zwischen uns, den wir nicht überwinden können?

Ja ... Was da mit uns geschehen ist, ist tatsächlich unbeschreibbar, unfassbar und auch unerklärbar. Das können weder Bilder noch Filme noch Bücher richtig beschreiben. Auch wir Überlebenden nicht. Vielleicht, wenn man alles zusammennimmt und sich mit viel Ernsthaftigkeit damit beschäftigt, kann man eine Ahnung davon bekommen, aber mehr nicht. Dein Vergleich mit dem Graben ist richtig. Es ist ein Graben, und er ist tatsächlich unüberwindbar.

Du kannst dir zum Beispiel schon nicht vorstellen, was Hunger ist, was für ein Gefühl das ist. Du kannst es in der Phantasie nachvollziehen und denken, ja, ich verstehe es, aber wirklichen Hunger oder wirklichen Durst zu haben, diese quälende, letzte Konsequenz davon, nicht zu wissen, wann du wieder satt werden oder deinen Durst löschen kannst – das kannst du erst verstehen, wenn du einmal in einer ähnlichen Lage warst. Aber für die Situation in Auschwitz gibt's im normalen Leben überhaupt keine Vergleichsmöglichkeiten. Für die meisten bedeutete die Einlieferung nach Auschwitz den sofortigen Tod, für andere blieb noch eine Zeit zu leben – in Todesangst, mit Krankheiten, Hunger, Durst, Schikanen, Entwürdigungen ... Es war ein Dahinvegetieren, geklammert an eine einzige Hoffnung: Einmal muss es doch ein Ende geben! Dann finden wir die Familie wieder! Dann ist das Leben wieder, wie es war ... So habe ich es erlebt, weiter habe ich nicht gedacht. Aber wirklich verstehen kann das keiner.

Wie lange bist du in Auschwitz gewesen?

Ich war zwei Monate in Auschwitz. Wir kamen Anfang Juni 1944 nach Auschwitz. Zu dieser Zeit ist bei uns Juden Schawuot, das Wochenfest. Genau fünf Tage vor Schawuot kamen wir in Auschwitz an. Das weiß ich deshalb noch so genau, weil mein Geburtstag zwei Tage vor Schawuot war, drei Tage, nachdem wir in Auschwitz angekommen waren.

Ihr musstet euer Gepäck im Waggon lassen und aussteigen. Was passierte dann?

Männer und Frauen mussten sich nach der Ankunft in getrennten Reihen aufstellen – an der Rampe, da, wo alle ankamen und die Selektionen stattfanden. Ich hielt mich bis zum Schluss an meine Mutter und meine sieben Geschwister. Eine Tante von mir war auch bei uns; sie hatte ihren vier Monate alten Säugling, die kleine Márta, mit dabei. Ich war groß genug und half selbstverständlich meiner Tante, den Säugling zu tragen. Da aber einer von den Häftlingen uns zugerufen hatte, man solle die Kinder den Älteren geben, hatte meine Tante Angst, die Kleine bei mir zu lassen, und wollte ihr Kind auf jeden Fall bei sich behalten. So nahm sie mir das Kind wieder ab. Wenn ich mit Márta nach vorne gegangen wäre, wo die Selektion stattfand, wäre ich nach links geschickt worden und wäre nicht mehr da. Aber ohne das Kind wurde ich nach rechts geschickt, kam also ins Arbeitslager.

Das war die erste Situation, bei der ich nachträglich festmachen konnte, dass es so einen Unterschied gab: Was wir als beliebige Kleinigkeiten erlebten – ob meine Tante ihr Kind im Arm hielt oder ich –, das stellte sich als entscheidend heraus. Oft werde ich gefragt, wie ich überlebt habe. Ich kann dazu nur sagen, dass es eine Kette von solchen Zufällen war. Es gab sehr, sehr viele solcher »Kleinigkeiten«; zum Beispiel wurden für Transporte viele Frauen gesucht, die hübsch aussahen und die dann für die SS-Leute und die Kapos[14] zu deren Vergnügen zur Verfügung gestellt wurden …

Und deine Eltern und Geschwister?

Meine Mutter führte die kleineren Kinder an der Hand mit, bis wir kurz vor einem Arzt standen. Und der winkte meine Mutter nach links und mich und meine Schwester Edit nach rechts. Was mit meinem Vater passierte, sah ich nicht, weil er mit den Männern in der anderen Reihe stand. Ich weiß nur, dass ich Edit an der Hand hatte. Und als wir nach rechts gingen, schauten wir noch schnell meiner Mutter nach. Da sah ich sie, bei den Kindern, wie sie ganz aufrecht ging. Wir haben immer wieder zurückgeschaut, so gut wir konnten, bis wir sie nicht mehr sahen.

Dieses Bild hat sich in mir verwurzelt, obwohl es nur Sekunden dauerte. So passierte es mir vor einigen Jahren, dass ich in München über den Marienplatz ging und eine Frau sah, die hatte das gleiche Kopftuch und einen sehr ähnlichem Mantel wie meine Mutter. In diesem Moment konnte ich nicht mehr denken, nicht mehr überlegen. Ich lief ihr nach, trat vor sie hin und schaute ihr ins Gesicht. Sie war ganz erschrocken. Ich entschuldigte mich bei ihr, aber hinterher ging es mir sehr lange sehr schlecht. Ich hatte geglaubt, meine Mutter wiederzufinden. Das ist in mir eingebrannt, das könnte jeden Tag passieren. Wenn ich heute durch die Straßen gehe und Menschen anschaue, steckt darin immer wieder die Suche nach ihr – obwohl ich weiß, dass ich ganz umsonst suche. Das hört nie auf.

Ich weiß, dass auch mein Vater später gestorben ist, meine Schwester auch, so dass ich als Einzige von meiner zehnköpfigen Familie zurückgekommen bin. Trotzdem bin ich immer wieder auf der Suche. Das ist etwas im Unterbewusstsein, das niemals mehr zu Ende geht.

Damals, bei der ersten Selektion, wusstest du noch nicht, was »rechts« und »links« bedeuteten.

Nein, überhaupt nicht. Am Anfang dachte ich mir, die Kräftigeren werden irgendwo in einem Arbeitslager sein, und die Älteren werden irgendwo so wie meine Mutter und meine Geschwister in einem Lager für Familien sein. Erst allmählich dämmerte es mir, dass das vielleicht nicht wahr war.

Die meisten Menschen glauben, dies sei ein schneller Ablauf

gewesen, den man genauso schnell begreifen konnte: 1944 war die Deportation, dann wurden sie voneinander getrennt, danach waren sie so und so lange im KZ, und hinterher wurden sie befreit. Nicht wahr? Aber dieser langsame, schmerzhafte und schwierige Prozess des Begreifens, die Hilflosigkeit, dieses Erwachen, diese Unsicherheiten – je jünger man war, umso mehr –, das machen sich die meisten nicht klar.

Dabei wäre gerade das so wichtig, auch heute; denn solange wir nicht verstehen, wie lange dieser Prozess des Begreifens dauert, solange wissen wir auch nicht, was heute mit uns geschieht – mit dem Atomstrom, mit der Naturzerstörung, mit Katastrophen – und was man all dem entgegensetzen könnte.

Du und deine Schwester wurden nach rechts geschickt. Und dann?

Wir kamen von der Rampe weg gleich ins Bad. Dort mussten wir uns sofort auskleiden, dann wurden uns die Haare geschoren, auch die unter den Achseln und die Schamhaare, alles wurde abgeschnitten, wobei oft die Haut verletzt wurde. In einem Eimer war ein ziemlich scharfes Desinfektionsmittel. Damit wurden wir eingeschmiert; das brannte wie der Teufel. Sie tauchten einen Stock, um dessen Ende Stofffetzen gewickelt und festgebunden waren, in den Eimer ein und fuhren uns damit blitzschnell über den Kopf, das tropfte in die Augen, in die Nase und überall … Wir hoben schon automatisch die Arme hoch, da wurden dann die Achseln eingestrichen, und auch unten … Alles mit einem Griff. Niemand ist rücksichtsvoll mit uns umgegangen. Wir waren nur noch Stückzahl. Danach kam das Duschen – da wurden wir von diesem Brennen erlöst …

Die Gaskammern wurden ja auch als Duschen ausgegeben. Hatte sich das schon bei euch herumgesprochen? Hattet ihr Angst vor dem Duschen?

Da sprichst du was an … Es gab diese Spannung, die Beklemmung, die ich damals gespürt habe – das weiß ich noch. Es nahm einem fast den Atem, und ich wusste nicht, weshalb. Und als wir reingetrieben wurden in den Duschraum, kam es mir so vor, als hätten wir alle wie gebannt auf die Brauseköpfe geschaut. Und als da Wasser rauskam, ging ein Aufatmen durch den ganzen Raum, durch alle Menschen.

Nach dem Duschen wurden wir auf den Hof rausgejagt. Bestimmt waren wir 100 bis 200 Leute. Wir waren nass, und da es draußen sehr kalt war, froren wir schrecklich. Um uns zu wärmen, rückten wir ganz eng zusammen. Da die Außenstehenden weiter froren, haben wir uns abgewechselt von innen nach außen – wie die Bienen in einem Bienenstock.

Dann wurdet ihr in diese Häftlingsuniformen gesteckt?

Für uns Frauen wurde Kleidung ausgesucht aus den Paketen, die die Leute mitgebracht hatten. Die besseren Sachen wurden nach Deutschland geschickt, die schlechteren bekamen wir zu tragen. Wir mussten nehmen, was uns wahllos zugeworfen wurde. Ich musste mit einem bodenlangen, schwarzen Abendkleid zurechtkommen, das noch dazu einen sehr tiefen Ausschnitt hatte. Zuletzt wurde mit Farbe ein rotes Kreuz auf den Rücken der Kleidung geschmiert.

Und plötzlich schauten wir genauso aus wie eine andere lange Reihe von Frauen, die uns auf dem Weg zum Duschen und Umkleiden begegnet waren. Die kamen von dort, die waren schon geschoren, die hatten schon das rote Kreuz und die unpassende Kleidung. Wir rätselten noch: Was sind denn das für Leute? Wir dachten, dass die wahrscheinlich krank sind oder verrückt. Denn sie sahen überhaupt nicht normal aus, völlig entmenschlicht. Und normale Menschen ohne Haare, in solchen seltsamen Kleidern – das war kaum vorstellbar. Ihr Blick war auf den Boden gerichtet, ihr Gang war schleppend, zögernd. Eine tiefe Hoffnungslosigkeit lag über der ganzen Gruppe. Eine Weile später sahen wir genauso aus.

Und von dort wurdet ihr euren Baracken zugeteilt?

Ich kam mit Edit und mit vielen Bekannten aus unserer Ortschaft ins C-Lager in den Block 18. Und da stand eine kleine mollige Frau, die in nicht ganz akzentfreier, aber doch völlig verständlicher ungarischer Sprache immer wieder fragte, so wie die Leute reinströmten, 1000 Menschen immerhin, keine kleine Menge: »Ist irgendjemand da von der Familie Mandel?« Und ich, hocherfreut, rief: »Ich!« Und patsch! hatte ich eine Ohrfeige bekommen, dass ich mich nicht mehr auf den Beinen halten konnte. »Das war für meine Tante Regine, die Frau von deinem Großvater. Er hat sie fürchterlich behandelt«, hat sie mich angeschrien. Das war der Empfang in der Baracke.

Wie kam denn das? Wer war diese Frau?

Sie war die Nichte der dritten Frau meines Großvaters. Und mein Großvater … Nein, ich muss es von vorne erzählen. Ich war ungefähr acht oder neun Jahre alt, da wurden wir einmal alle schön angezogen und bekamen gesagt: Eine neue Großmutter ist da, und wir gehen sie jetzt besuchen und kennenlernen. Küsst ihr schön die Hand und benehmt euch ordentlich. Und dann kamen wir an, ich kann nicht mehr sagen, wie sie aussah, nur dass sie größer war als mein kleiner Großvater, das hab ich noch in Erinnerung. Sie war zwar sehr nett zu uns, aber ich spürte keine Echtheit, konnte keinen Zugang zu ihr finden. Nach einiger Zeit war die Großmutter verschwunden. Und von da an hieß sie bei uns Kindern »die Großmutter, die mal war und nicht mehr ist«. Als ich älter wurde, schnappte ich noch auf, dass es ein ziemlich harter Scheidungsprozess war. Sie stammte aus der Slowakei. Ob die Scheidung noch abgeschlossen wurde, weiß ich nicht. Inzwischen kam die Deportation.

Und in Auschwitz in der Baracke empfing dich also ihre Nichte …

Ja, sie war unsere Blockälteste[15]. Und offenbar hatte sie das Bedürfnis, den Racheengel zu spielen. Und gleich ihre Macht zu demonstrieren. Ich musste dann nie mehr unter ihr deswegen leiden, aber diese Ohrfeige hatte gesessen.

Sie konnte Ungarisch, weil sie aus der Slowakei kam, die früher einmal zu Großungarn gehört hatte. Ich hab später über sie erzählen hören, dass sie zwei oder drei Jahre vor uns nach Auschwitz gekommen war. Sie war bei denen, die die Baracken von Auschwitz-Birkenau gebaut und eingerichtet hatten. Ich nehme an, dass diese Leute die kräftigsten waren, die, die am Leben geblieben sind. Und deshalb hatten sie wohl auch die besten Möglichkeiten, im Lager eine Position zu erlangen. Sie hatten selbst genügend gelitten, und als Blockälteste packten sie dann die Mithäftlinge umso härter an. Ich hätte so einen Posten nicht angenommen. Aber ich weiß nicht, ob ich nach drei Jahren nicht doch ja gesagt hätte, wenn ich das Angebot bekommen hätte. Da kommt einem vielleicht der Gedanke: Wenn ich schon bis jetzt überlebt habe und wenn ich mich verbessern kann, dann koste es, was es wolle. Vielleicht überlebe ich das Lager ganz.

Nach dieser Ohrfeige bist du ihr sicher so gut wie möglich aus dem Weg gegangen?

Das könnte ich nicht einmal sagen. Es waren so überwältigend viele Geschehnisse, dass ich darüber wahrscheinlich gar nicht mehr nachdachte. Es gab viel wichtigere Dinge, die mich beschäftigten: Es wurde uns ja gesagt, dass die Eltern und Geschwister in einem anderen Lager seien. Also begann man zu überlegen: Wo sind sie? Jemand fragte diese Blockälteste, ob sie wisse, wo die Eltern seien. Worauf sie höhnisch lachte und sagte: »Na, schaut mal zu dem Kamin: Dort gehen sie raus! Gerade dieser Rauch!«

Da saßen wir natürlich zusammen und grübelten über diese Antwort. Was ist sie für ein Biest! Wie kann sie so etwas sagen? Das kann doch nicht möglich sein! Menschen, die niemandem was getan haben, und selbst wenn sie die größten Verbrecher gewesen wären – deswegen kann man sie doch nicht haufenweise ermorden! Und kleine Kinder! Sie kann nur lügen! Oder sie ist nicht normal! Oder sie war abgrundtief bösartig – das hielten wir auch für möglich.

Heute sehe ich diese Frau anders. Ich kann in etwa abschätzen, was es heißt, zwei bis drei Jahre permanent in Angst, Unsicherheit, Hunger, Schmutz, Kälte und Hitze zu verbringen. Dass ein Mensch dabei gefühllos wird, kann ich mir leicht vorstellen. Anders *kann* so was nicht durchgestanden werden. Dazu passt auch ein anderer Satz dieser Frau, an den ich mich noch erinnere. Als wir in der Baracke ankamen, beschimpfte sie uns wütend: »Jetzt erst kommt ihr? Da habt ihr bis jetzt noch schön gelebt, während wir hier die Hölle hatten!«

Ja, das waren die ersten Eindrücke …

Geschrei, Brutalität, Schläge …

Ja, da gab es gleich sehr viel davon. Und das mussten wir irgendwie verkraften.

Während meiner ersten Tage im Lager brachte eine Frau in unserer Baracke ein Kind zur Welt. Sie lag auf einer Pritsche am großen mittleren Kamin der Baracke. Man hatte ihr Kleidungsstücke unter den Kopf gelegt, und zwei oder drei Hebammen – Gefangene wie wir – waren bei ihr. So machte sie die Geburtswehen vor unseren Augen durch. Als es dann soweit war, dass das Baby kommen sollte, hielten von beiden Seiten die Hebammen ihre Beine, und eine fing den Kopf des Babys auf. Ich lag auf meiner Pritsche so halb auf dem Bauch und schaute zu. Endlich, endlich konnte ich eine Geburt mit ansehen! Ich hatte ja schon immer wissen wollen, wie das vor sich geht. Nun hatte ich das Gefühl, Zeugin eines Wunders zu sein. Und gleichzeitig dachte ich auch an meine Mutter, die ich ja so oft schwanger erlebt hatte. Sonst kam mir gar nichts in den Sinn! Ich war einfach fasziniert. Ich erinnerte mich währenddessen daran, wie viele dumme Witze über die Geburt ich früher gehört hatte, und dachte mir: Wie kann man über so etwas Großartiges so daherreden!

Als das Kind dann da war, waren wir alle überglücklich beim ersten Schrei. Bevor man es abnabelte, legte man es erst noch für eine Weile an die Brust der Mutter. Ich sah, wie glücklich die Mutter war und wie erleichtert sie war, dass sie jetzt keine Schmerzen mehr hatte. Und ein kleines neues Leben war da. Dann nabelte man sie ab.

Plötzlich, ich weiß nicht mehr, wie viel Zeit vergangen war, kam ein SS-Mann herein, ich glaube, ein Offizier. Er ging direkt zu der Frau und sagte etwas zu ihr auf Deutsch. Ich verstand es nicht, aber ich ahnte, dass er wohl zu ihr gesagt hatte: »Gib das Kind her!« Ich sah nur, dass die Frau das Kind fester an sich schloss. Und er langte hin, packte die Füße dieses Kindes und riss es aus den Händen der Mutter, es war noch ungebadet, und so rutschte es natürlich leicht, und in derselben Bewegung zerschlug er das Kind am nächsten Balken. Das Hirn spritzte. Es war entsetzlich. Wenn ich heute sage, dass ich in dem Moment nicht atmen konnte und nicht denken konnte, dann ist damit über diesen Moment noch gar nichts gesagt. Aus dieser Freude heraus plötzlich ein solches Entsetzen! Ich finde heute noch nicht die Worte dafür.

Die Frau konnte im ersten Moment nicht einmal schreien; ihr Mund stand offen und ihre Augen waren fast herausgequollen. Sie saß in einer Ecke und wiegte den Oberkörper nach vorne, nach hinten, wortlos, mit offenem Mund.

Wir sammelten in der Baracke Stoff. Wer etwas längere Kleidung hatte, riss ein Stückchen davon ab, und daraus machten wir eine Puppe, auf einem Stück Holz. Wir gaben der Frau diese Stoffpuppe in die Hand, sie schloss sie in die Arme und fing an, ihr Wiegenlieder zu singen. Und von da an, Tag und Nacht, wiederholte sie ein paar Lieder immer wieder. Sie war wahnsinnig geworden vor Schmerz. Dann führte man sie ab.

Was für ein Mensch musste so ein SS-Mann sein, der ein Neugeborenes einfach so umbringen konnte?

Das hab ich mich später auch gefragt. Genau *das* hab ich mich gefragt. Wahrscheinlich geriet er so in Zorn, weil sein Wunsch nicht sofort erfüllt wurde, als er von der Mutter das Kind verlangt hatte. Aber mit jemandem, der aus seinem Zorn heraus so handeln kann, möchte ich nicht unter einem Dach leben, dem möchte ich auch nicht auf der Straße begegnen. Das ist auch der Punkt, warum ich diese randalierenden jungen Männer heute so fürchte: weil sie für mich unberechenbar sind, weil man nie weiß, was sie tun werden.

Natürlich bin ich im Laufe der Jahre drauf gekommen, wo da

eventuell die Ursachen liegen, dass »ganz normale Männer«, die Christopher Browning in seinem Buch beschreibt, zu Mördern werden ... Was ich damals erlebt habe, hab ich später in vielen, vielen KZ-Berichten von Überlebenden auch gefunden: die Wutausbrüche der SS-Leute, die eigentlich nur deswegen tobten, weil irgendjemand ihnen nicht aufs Wort folgte. Aber ich kenne von all diesen Leuten nicht die Lebensgeschichte. Nur ihr Werdegang von Kind auf könnte zeigen, wieso sie so geworden sind. Ich bin hundertprozentig davon überzeugt, dass solche Männer und Frauen nicht so geboren wurden.

Wenn man nicht so geboren wird, dann muss der Weg vom normalen Menschen zum tobenden Mörder doch ein weiter Weg sein.

Ein weiter Weg, sicher. Aber er beginnt vielleicht schon dort, wo man dem Säugling das Essen verweigert, weil er außerhalb der gesetzten Zeit hungrig geworden ist, wo das Kind weint und weint und weint und die Eltern auf die Uhr schauen: Es ist noch nicht Zeit.

Was ist daran so schlimm?

Die Antwort ist sehr einfach: Ein Säugling kann noch nicht sagen: Ich hab Hunger. Er kann nicht sagen: Ich hab die Windeln voll. Oder: Ich hab Angst. Und so ein kleines Neugeborenes *hat* Angst, denn es ist plötzlich an die Luft gekommen und nichts, was es braucht, bekommt es jetzt noch von allein. Es ist in Tücher eingepackt, es kann sich nicht mehr frei bewegen, wo es doch bis dahin in Flüssigkeit wohlgeborgen in einer gleichmäßigen Wärme schwamm und ohne sein Zutun ernährt wurde. Und jetzt muss es etwas tun, wenn es Hunger hat. Es kann nur schreien. Aber wenn keiner zuhört, wenn das Schreien nichts hilft, weiß es nicht, was los ist. Da kommt ein Gefühl auf, an das sich der erwachsene Mensch nicht mehr erinnern kann, aber als Erfahrung bleibt es im Unbewussten: Ich war hungrig und keiner kam.

Die Angst und die Frustrationen bleiben?

Genau. Natürlich kommt da im Lauf der Jahre noch sehr vieles dazu, aber da, ganz am Anfang, sind die Wurzeln. Lies mal Arno Gruen, da findest du es genauer. Das ist der rote Faden in der Erziehung. Lange war es absolut unüblich, dass man ein Kind einfach auf den Arm nahm und liebkoste, weil es hieß, man dürfe Kinder nicht zu sehr verwöhnen. Das wird erst in den letzten Jahren langsam anders.

Aber zur Zeit deiner Kindheit gab man in der Erziehung allgemein noch nicht so sehr auf die Gefühle des Kindes acht. Das war doch bei dir sicher auch so, ohne dass du deshalb zur Mörderin geworden bist?

Richtig, aber wenn du genau hinschaust, wirst du sehen, dass die Kindheiten trotzdem ganz unterschiedlich verlaufen können. Ich wurde ja im Haus meiner Großeltern geboren, bei den Eltern meiner Mutter. Um die Großeltern nicht zu stören, wenn ich in der Nacht schrie, war meine Wiege angebunden an den großen Zeh meines Vaters. Und wenn mein Vater mich hörte, hat er sofort, so im Halbschlaf, die Wiege bewegt. Ob das nicht schon die Wurzel war, dass ich eigentlich besser behandelt wurde, als es damals üblich war? Ich fühlte mich niemals alleingelassen. Und die Großeltern waren ja auch noch da, und eine Tante, die unverheiratete Schwester meiner Mutter …

Und du meinst, so ein SS-Mann hatte eine andere Kindheit?

Ich kann es für den Einzelnen natürlich nicht genau sagen, aber ich vermute es. Niemand wird von allein zu so einer Bestie. Vielleicht fällt so einer im normalen Leben auch gar nicht besonders auf. Aber wenn sich eine Gelegenheit bietet, im Krieg oder im KZ, dann bricht alles aus ihm heraus, die Wut, der Schmerz, alles, was man ihm angetan hat. Bei dem SS-Mann, der das Neugeborene in unserer Baracke tötete, könnte es so gewesen sein. Jedenfalls schien es mir so, als ich in späteren Jahren immer wieder darüber nachdachte. Damals, in den ersten Tagen in Auschwitz, konnte ich darüber gar nichts denken. Ich sah nur immer wieder diese Augenblicke vor mir, die so stark auf mich wirkten. Von da an versuchte ich mit aller Kraft, nicht mehr alles an mich heranzulassen. Ich konnte nicht mehr.

Hast du in Auschwitz von deinem Vater noch einmal etwas gehört?

Ja, am zweiten oder dritten Tag.

Im C-Lager standen zwei Reihen von Baracken einander gegenüber, dazwischen war ein Weg. In der einen Barackenreihe waren die Männer untergebracht. In der anderen Reihe waren nur Frauen. Auf diesem Weg zwischen den Baracken wurden wir besonders streng bewacht, damit Frauen und Männer nicht zusammenkamen. Aber manchmal entstand auf dem Weg zum Zählappell oder beim Weg zurück in die Baracke unter den 30 000 oder 32 000 Menschen auf diesem engen Raum ein Gewühl und ein Durcheinander. Und die Leute suchten nach ihren Angehörigen. Zuerst wurde immer nach Ortschaften gefragt, und wenn man jemanden aus dem Heimatort gefunden hatte, fragte man nach Personen. Hast du nicht meinen Vater gesehen? Hast du nicht meine Mutter gesehen? Hast du nicht meine Schwester gesehen? Jeder suchte irgendjemanden. Es war ein Geschrei, und gleichzeitig musste alles rasend schnell gehen – wir wussten ja nicht, wann wir wieder auseinandergetrieben würden. Ich fragte, immer mit Edit an der Hand, in diesem Gewühl auch herum, ob nicht jemand von meinem Vater wusste. Und plötzlich steht vor uns ein Mann in einer gestreiften Häftlingsuniform und Mütze, ohne Schnurrbart, völlig verändert – ich erkannte ihn gar nicht. Und er nahm uns in den Arm, ich wollte mich noch losreißen, da sagte er meinen Namen und drückte uns an sich, und von dem Moment an konnte er nicht mehr sprechen. Sein ganzer Körper wurde vom Weinen geschüttelt. Er hat uns gedrückt, als wollte er uns nie wieder loslassen. Das ist mir unvergesslich, ich spür seinen Körper heute noch. Dann kamen schon die Peitschenhiebe und das Hundegebell, und wir mussten auseinander.

Das war das letzte Mal. Nie wieder hab ich ihn gesehen.

Aber er muss doch in einer Baracke in der Nähe gewesen sein?

Sicher, aber kurze Zeit später – ein paar Stunden oder ein paar Tage, das weiß ich nicht mehr – wurden die Männer verlegt. Und stattdessen kamen lauter Frauen in diese Baracken. Man hatte furchtbare Angst, wir könnten uns auch noch vermehren. Vor allem: Menschen, denen alles Menschliche genommen wird, sind wesentlich leichter zu handhaben. Ohne Liebe, ohne Wärme, ohne Angehörige kann man sie treiben wie die Gänse auf dem Feld, wie die Schafe. Ein einziger Hund kann sie leiten. Ich weiß gar nicht, ob das wirklich so alles geplant war; das hat sich wohl eher so ergeben. Plötzlich merkten sie: Wenn wir es so machen, ist es noch einfacher. Wenn wir Männer und Frauen nicht beieinander lassen, dann können wir sie viel schneller in die Baracken treiben, denn dann kommt es nicht mehr vor, dass eine ihren Verlobten oder ihren Mann trifft.

Durch dieses Treffen mit meinem Vater wurde mir klar, was ich mir bis dahin nicht eingestanden hatte: dass keiner dort den anderen schützen konnte. Denn auch mein Vater musste uns wieder loslassen. Und die Geborgenheit dieser Sekunden hatte so unheimlich schnell ein Ende gehabt.

Danach warst du mit deiner Schwester ganz allein.

Ja, damit waren die ersten Tage vorbei. Und allmählich wurden wir zu namenlosen Würmern. Wir waren keine Menschen mehr. Wir hatten nur noch eins im Kopf: ein bisschen essen, ein bisschen trinken und irgendwie zur Ruhe kommen. Sehr viel mehr war nicht drin. Es war wie ein Nebel, in dem ich lebte.

Allmählich wurde es mir immer wahrscheinlicher, dass die Blockälteste vielleicht doch die Wahrheit gesagt hatte, dass vielleicht doch nur die Arbeitsfähigen am Leben geblieben waren, dass meine Mutter und meine Geschwister nicht mehr lebten. Ich sprach mit Edit darüber, aber ich ließ es nicht an mich heran. Sonst hätte ich gar keine Hoffnung mehr haben können. Ich lebte wie unter einer dicken Glasglocke; wenn ich die Augen schloss, sah ich nicht, was um mich herum geschah.

Aber holte euch nicht der Lageralltag immer wieder in die Realität zurück?

Man musste sich daran gewöhnen, in kürzester Zeit, wenn der Befehl kam, aufzustehen und sofort zum Zählappell zu erscheinen. Da mussten wir dann stehen, in aller Frühe, der Himmel war noch voller Sterne, es war eiskalt, in einem einzigen Kleidungsstück oder höchstens noch mit einem Hemd darunter. Man durfte sich gegenseitig nicht wärmen, man musste in Fünferreihen mit Abstand voneinander stehen. Dann musste man eventuell zur Toilette. Das war ein Problem. Was mache ich jetzt? Ich darf nicht aus der Reihe gehen. Ich darf nicht irgendwo draußen meine Notdurft verrichten. Was mache ich? Und was, wenn ich Durchfall bekomme?

So gab es Millionen von Problemen, die für einen normalen Menschen nicht vorstellbar sind; im normalen Leben hat man gar keinen Grund, länger darüber nachzudenken. Muss man, geht man zur Toilette. Ist man müde, legt man sich hin. Ist man krank, geht man zum Arzt. In Auschwitz war eine Krankheit die größte Gefährdung. Niemand wollte in die Krankenbaracke gehen. Nur in äußerster Not wagte man es. Denn dort waren die meisten Selektionen. Darüber wurde kaum gesprochen. Das wusste man, das fühlte man, danach richtete man sich.

Bei einem dieser Zählappelle passierte es, dass eine Frau, etwa zwei Reihen vor mir, das lange Stehen nicht mehr aushielt. Wir standen ja oft drei bis vier Stunden im Appell. Wir mussten stillstehen. Bevor wir uns bewegten, schauten wir uns um, ob Gefahr drohte. Und dann wechselten wir vom einen Fuß auf den anderen. Manche gingen kurz in die Hocke, wenn sie nicht mehr stehen konnten. Aber dieser Frau wurde es besonders schwer. Sie hockte sich immer wieder hin, hielt ihren Rücken, stöhnte, stand wieder für eine Weile auf. Ich fragte eine Frau neben mir, was mit ihr sei, und sie antwortete mir, dass diese Frau wohl bald entbinden würde. Bis dahin hatte ich es nicht bemerkt, dass sie hochschwanger war. Bei der ersten Selektion an der Rampe war sie wohl einfach so durchgerutscht in ihrem Mantel und lebte dann in der Baracke unauffällig mit. Beim Appell sahen die anderen

Frauen zu, dass sie immer in der Mitte stehen konnte, damit sie nicht so auffiel.

Aber dieses Mal stöhnte sie immer lauter und blieb immer länger hocken, und wenn dann die Blockälteste in die Nähe kam, ermahnte man sie, schnell wieder aufzustehen. Als sie gerade wieder am Boden hockte, kam eine SS-Frau, und sie schaffte es nicht schnell genug aufzustehen. Auf der linken Schulter hatte die SS-Frau eine Katze, in der rechten Hand eine Peitsche. Diese Peitsche hatte einen Holzgriff, der mit Leder umflochten war. Von dort liefen die Lederriemen offen aus. Das tat fürchterlich weh, wenn man damit einen Hieb bekam. Als sie sah, dass diese Frau am Boden hockte, brüllte sie ihr etwas entgegen, wahrscheinlich, dass sie aufstehen sollte. Aber die Frau am Boden konnte sich nicht mehr bewegen, sie befand sich wohl schon mitten in sehr starken Wehen. Die SS-Frau fing an, fürchterlich zu schreien, und schlug mit dieser Peitsche auf die Frau ein.

Wir standen alle machtlos da, wie erfroren. Plötzlich sah ich – eigenartig ist das in solchen Momenten: man nimmt alles auf, auch wenn man es nicht verarbeiten kann –, dass die Katze auf ihrer Schulter unruhig geworden war, und da streichelte sie mit der linken Hand die Katze, während sie mit der Peitsche in der rechten Hand weiter auf die Frau einschlug.

Dieses Bild hab ich immer noch so klar vor Augen, als hätte ich es gefilmt. Was aber bei diesem Appell weiter geschehen ist, ist mir total entfallen, ich weiß auch nicht, was aus der Frau geworden ist. Später konnte ich weder mit Katzen noch mit Hunden etwas anfangen. Ich konnte sie mit Futter versorgen, aber ich wollte und konnte sie nie streicheln. Ich wusste lange nicht, warum. Ich sagte nur immer: So bin ich eben. Ich weiß noch, als meine Tochter Rifka mit ihrem Tiermedizinstudium anfing, brachte sie von irgendwoher einmal eine kranke Katze mit, die sie aufpäppelte und gesundpflegte. »Mama, willst du sie auch ein bisschen streicheln?« Ich sagte nur: »Ich kann nicht. Ich kann nicht, ich mag nicht.« Da fing ich an nachzudenken, warum das eigentlich so war, und da fiel mir diese

SS-Frau wieder ein. Sie ist es wohl gewesen, die mich von Tieren seither ferngehalten hat. Bis heute. Nur weiß ich heute, warum.

Diese SS-Frau brüllte auf Deutsch. Und die Befehle kamen auf Deutsch …

Ja. Ich fühlte mich schrecklich ausgeliefert. Ich verstand die Befehle nicht. Ich hab erst viel später begriffen, dass ich im Lager eigentlich doppelt ausgeliefert war, weil ich die Sprache nicht verstand. Wenn die Deutschen einen Befehl gaben, verstanden um mich herum fast alle Ungarn nichts. Darum kümmerte sich aber niemand. Trotzdem musste man den Befehl sofort befolgen. Es gab keine Zeit zum Übersetzen, keine Zeit zum Nachfragen. Die Angst packte einen, dass man etwas versäumen und dafür bestraft werden könnte. Nur ein paar verstanden die Befehle. Und bis die das für uns übersetzt hatten und bis ich es endlich auch verstanden hatte, waren schon die Schläger da, und wir mussten uns schon in Bewegung gesetzt haben.

Half es, dass wenigstens diese Blockälteste Ungarisch sprach?

Nein, es gab keine Möglichkeit zu einem Gespräch, schon gar nicht mit der Blockältesten. Die Blockältesten hatten ihr eigenes Leben. Unantastbar, himmelhoch standen sie über uns. Direkt unter ihnen waren die, die das Essen holten und austeilten, etwa zehn Frauen, die im Block Dienst taten. Und unter denen standen wir Übrigen.

Die Blockälteste stand total allein. Sie hatte ein sehr hübsch eingerichtetes kleines Extrazimmer, mit einem richtigen Bett und einem kleinen Tischchen, mit Bildern und den Dingen, die ihre Liebhaber ihr brachten … Das waren andere Häftlinge, Kapos, die zu ihr kamen und sich mit ihr anfreundeten. Sie schliefen auch miteinander. Das wussten wir alle. Ihr Zimmer hatte ein kleines Fenster mit einem rot-weiß karierten Vorhang, den sie zuzog, wenn sie Besuch empfing. Das war das Zeichen, dass sie nicht gestört werden durfte.

Von diesen Männern bekamen die Blockältesten zusätzliches

Essen, auch schöne Kleidung. Sie waren die kleinen Göttinnen. Aber gegenüber den SS-Leuten waren sie auch nur winzige Dienerinnen. Ich hab's erlebt, als unsere Blockälteste einmal nicht schnell genug Meldung machte: Sofort bekam sie eins mit der Peitsche.

Das war die Rangordnung unter den Häftlingen; wir waren nicht alle gleich. Nur die Masse war zur Machtlosigkeit verurteilt. Und so tauschten sich die Häftlinge auch untereinander wenig aus. In der ersten Zeit setzte ich noch alles daran, eine Freundin von mir, die in einem anderen Block war, immer wieder zu treffen. Irgendwann gaben wir es auf. Es war zu riskant.

Wie war so etwas überhaupt möglich?

Es ging nur dann, wenn die Baracke eine Zeitlang offen war und man rausgehen durfte.

Wenn man von der Arbeit zurück war, aber noch nicht im Bett sein musste?

Wir, die Mädchen und Frauen in meiner Baracke, haben in Auschwitz nicht gearbeitet. Gar nicht. Es gab bloß Zeiten, in denen »Blocksperre« war, und Zeiten, in denen man rausdurfte. Dann konnte man sich ein bisschen bewegen. Da besuchte ich dann ab und zu diese Freundin. Schwierig wurde es, wenn man es nicht schaffte, rechtzeitig zurückzugehen, denn dann musste man versuchen, irgendwie ungesehen wieder in den eigenen Block zu kommen. Wenn die Blockälteste jemanden dabei erwischte, setzte es Prügel dafür, dass man zu spät war.

So brachen allmählich die Kontakte unter den Menschen ab; es war einfach zu gefährlich. Jede versuchte nur noch für sich selbst durchzukommen, und wenn man nicht rausdurfte, lag man auf der Pritsche und hoffte, den Tag zu überleben. Man dachte wenig nach, überlegte wenig, man schlief mehr, döste dahin, war von Hunger und Durst benebelt. Es herrschte eine fast totale Teilnahmslosigkeit.

Ich sehe eine gewisse Ähnlichkeit mit den Bildern von Hungernden in Afrika. Wie sie da so teilnahmslos sitzen, wie die Fliegen ihnen haufenweise übers Gesicht krabbeln, und sie nehmen nicht einmal die Hand, um sie zu verscheuchen, weil sie wissen: Die kommen wieder. Man sieht nur dann in diesen Gesichtern etwas Leben, wenn sie etwas zu essen bekommen. Dann sieht man plötzlich, das sind lebendige Menschen, mit einem lebendigen Ausdruck im Gesicht, in den Augen. So ähnlich war es in Auschwitz mit uns.

Da siehst du, weshalb das Zurückdenken für mich nie aufhört. Immer wieder stoße ich auf irgendwelche Bilder im heutigen Leben, im Fernsehen, in den Nachrichten, die in mir die Erinnerungen wachrufen.

Habt ihr denn im Lager etwas mitbekommen von außerhalb, vom Krieg?

Das Wichtigste, was wir mitbekommen haben, war das Attentat auf Hitler am 20. Juli 1944. Das war ein unglaublicher Jubel unter uns, ein ungeheures Aufatmen, aber ganz in der Stille. Im Flüsterton, als hätte ein starker Wind geweht, ging die Nachricht überall herum. »Hast du schon gehört? Hast du schon gehört?« Und eine schärfte der anderen ein: »Strahl nicht so, damit es nicht auffällt, wie wir uns darüber freuen.« Alle bemühten sich, sich nichts anmerken zu lassen, weil wir Angst hatten, dass es die Deutschen aufbringen könnte und sie sich noch an uns rächen würden. Diese ungeheure Vorsicht zeigt schon, wie sehr wir von der Angst um unser Leben beherrscht wurden.

Aber ich hoffte, dass nun alles bald zu Ende gehen würde, wenn Hitler umgekommen war. Ein derartig idiotischer Gedanke! Dass ich glaubte, alles hänge allein an Hitler, und dabei vergaß, dass seine Helfershelfer im Grunde genauso gefährlich waren. Sehr schnell hätte der Drache einen neuen Kopf bekommen. Aber ich war eben noch jung und unerfahren …

Dass Hitler das Attentat überlebt hatte, war nicht gleich bekannt geworden. Du weißt ja, wie Nachrichten herumgehen: Am einen Ende des Dorfes niest jemand, und am anderen Ende heißt es, der sei schon gestorben. Einige Häftlinge arbeiteten in der Schreibstube, wo die Deutschen manchmal Zeitungen liegen ließen, in die sie dann schnell einen Blick werfen konnten. So erfuhren sie manche Dinge. Nur: Bis diese Nachrichten zu uns durchgedrungen waren, waren sie schon ziemlich entstellt. Deshalb hörten wir zuerst nur, dass es ein Attentat auf Hitler gegeben hatte, aber nicht, dass er überlebt hatte. Es vergingen einige Stunden, bis sich auch diese Nachricht verbreitete. Und es war dann natürlich eine Riesen…, nein, nicht einmal eine Riesenenttäuschung. Irgendwo hatten wir vielleicht doch nicht so ganz daran geglaubt, dass wir so ein Glück haben könnten, dass es so einfach ginge.

Habt ihr euch in Auschwitz jemals gefragt, ob die Welt wusste, was da im Lager geschah?

Ja, das haben wir. Vor allem, wenn ausländische Militärflugzeuge über das Lager flogen. Die deutschen Flugzeuge konnten wir genau erkennen, aber die ausländischen flogen aus Sicherheitsgründen sehr hoch, und dadurch wussten wir, dass es ausländische Flugzeuge waren. Und da hegten wir immer die Hoffnung, die würden irgendwann einmal die Zugänge, die Gleise bombardieren …

Daran hast du im Lager gedacht?

Jaa! Ja. Das war eine große Hoffnung. Und jedes Mal eine Enttäuschung, wenn nichts geschah. Wir hofften auf die Flugzeuge wie Ertrinkende, die sich an einem Strohhalm festhalten. Heute weiß ich natürlich, dass taktische und politische Erwägungen für die Alliierten viel wichtiger waren als das Leben einiger Tausend halbtoter, ausgehungerter Menschen, noch dazu Juden. Gegen Hitler wurde der Krieg geführt, aber niemand rührte einen Finger, um die Juden zu retten. Die Haltung war eher: Wenn es so weit ist, werden sie auch mit befreit. Darum waren die Soldaten, die die Lager befreiten, so erschüttert, als sie sehen mussten, in welchem Zustand wir Gefangenen waren. Davon erfuhren sie erst, als sie uns befreiten. Vorher hatte man sie darüber nicht informiert.

Mich kritisierte einmal eine Journalistin in einer Diskussion, weil ich sagte: »Auf der ganzen Welt sind ähnliche Strukturen von Hass und Vorurteilen, bei den Amerikanern genauso; dort ist zum Beispiel der Hass auf die Schwarzen so stark.« Darauf fuhr mich die Journalistin an: »Wie können Sie über die Amerikaner so reden, wo sie Ihnen doch das Leben gerettet haben?« Das beschäftigte mich danach noch eine ganze Weile: Wie war das mit den Alliierten damals? Was taten sie eigentlich für unsere Befreiung? Ich kam auf die Antwort: Nichts! Sie hatten ihre Strategie für den Krieg, aber darin hatte die Befreiung der Lager keinen Vorrang. Sie hätten ihre Strategie auch nicht geändert, wenn sie dadurch ein Lager eventuell zwei oder drei Tage früher hätten befreien können.

Die Welt hat geschwiegen, die Alliierten kümmerten sich nicht um euer Schicksal. So wart ihr Häftlinge ganz auf euch selbst gestellt?

So kann man es auch ausdrücken, aber was heißt das: Wir waren auf uns selbst gestellt? Die Lagerordnung war wie ein Gerüst, das uns hielt, und innerhalb dieser Ordnung lief alles ab. Viel konnte man von niemandem erwarten. Jeder war sich selbst der Nächste. Die meisten gingen mit Ellenbogen durch die Menge, setzten sich über die anderen hinweg, wenn sie ein kleines Stück Brot ergattern konnten oder einen Schluck Wasser, einen Platz auf einer Pritsche mit kleineren Zwischenräumen zwischen den Brettern.

Mir passierte zum Beispiel die folgende Geschichte: Wir wurden immer wieder mal zur Desinfektion geschickt, blockweise. Wir hatten ja Läuse, irre viele. Wir mussten also unsere Kleider ausziehen und abgeben, damit sie desinfiziert werden konnten. Währenddessen schmierte man uns mit Desinfektionsmittel ein und schickte uns ins Bad zum Duschen. Danach bekamen wir die desinfizierten Kleider wieder zurück. In der ersten Zeit waren wir noch alle mit genügend Kleidungsstücken versorgt, aber vieles davon ging bei der Desinfektion kaputt. Es waren wahnsinnig scharfe Mittel, die sie gebrauchten. Einmal bekam ich ein Kleid und ein Hemd zurück – das war schon viel. Daraufhin sagte eine der Frauen, die ich von zu Hause kannte, zu mir: »Du hast ein Kleid und ein Hemd. Meine Tochter hat gar nichts zurückbekommen. Gib ihr doch dein Hemd! Dann hat sie wenigstens ein Hemd und ist nicht ganz nackt.« Selbstverständlich tat ich das. Es war völlig klar für mich, dass ich meine Kleider teilte.

Ich erinnerte mich noch daran, wie meine Mutter zu Hause einmal über diese Frau gesprochen hatte: »Die ist eine so anständige Frau!« Sie hätte wohl auch nie etwas Schlechtes über jemanden gesagt zu mir als Kind; ihre wahren Beobachtungen behielt sie für sich. Und so stieg ich in Auschwitz aus dem Zug, besser gesagt: so wurde ich reingejagt nach Auschwitz – mit der Vorstellung, dass alle Welt gut ist! Alle Menschen sind gut!

Aber bei der nächsten Desinfektion kam meine große Enttäuschung. Vor der Desinfektion hatte diese Frau mit ihrer Mutter das Hemd versteckt, bei der Kleiderausgabe bekamen beide Kleider, die Mutter wie die Tochter. Ich bin nackt geblieben, ohne Kleid und ohne irgendetwas. Also bat ich sie darum, mir das Hemd wiederzugeben. Doch sie antworteten mir: »Du wirst bestimmt irgendwann ein Kleid bekommen, weil du ja nackt bist. Wir retten dafür das Hemd.« So lief ich einige Tage völlig nackt herum. Als große Gnade wurde mir erlaubt, dass ich mich zum Zählappell in eine dünne Decke einschlagen durfte, wenn es besonders kalt draußen war. Ansonsten blieb ich nackt. Und die beiden hatten sowohl Hemd als auch Kleid.

Das war für meine märchenhafte gute Welt ein Bruch, ein absoluter Bruch. Es hat in mir dieses kindliche Vertrauen zerstört, das ich noch von zu Hause mitgebracht hatte.

Viele stellen sich vor, die Häftlinge in den Lagern seien eine Gemeinschaft gewesen …

Ich hab mich auch lange gefragt: Warum hielten die Menschen dort nicht besser zusammen? Heute würde ich es so sagen: In Auschwitz stand im Mittelpunkt die Erschütterung der Menschen, die spürbare Machtlosigkeit. Was draußen als moralisch galt, war im Lager untergegangen in einem Sumpf von unberechenbaren, dauernd wechselnden Zuständen, in denen es keine Orientierung gab. Kein Mensch konnte in Auschwitz dem anderen helfen – auch wenn er es gewollt hätte. Niemand konnte Fürsprecher für einen anderen sein. Unwillkürlich zog sich jeder auf die eigene Person zurück. Man versuchte, für sich selbst das Beste herauszuholen. Wenn man zum Beispiel ein Stückchen Brot oder eine Kartoffelschale gefunden hatte, versteckte man sie, damit man sie nicht teilen musste und damit sie niemand stehlen konnte. In solchen Situationen dachte man nicht weiter als bis zu der Grenze: Wie könnte ich mir selber die Lage ein bisschen erleichtern? Dass ich für meine Schwester Edit Verantwortung trug und mit ihr alles teilte, was ich hätte alleine essen können – das war wahrscheinlich schon das Äußerste, das möglich war.

Es gab zwar auch in Auschwitz besondere Menschen, die anderen wirklich Hilfe leisteten, obwohl sie selbst nicht viel hatten, Menschen, die sich heldenhaft verhielten – wie zum Beispiel die Ärztinnen, die bessere Möglichkeiten hatten, an Medikamente heranzukommen. Aber ihnen gelang das deshalb, weil sie eine gewisse Position in der Krankenbaracke innehatten; außerdem waren sie älter, erfahrener und konnten schneller eine Situation erfassen, um etwas daraus zu machen. Wir Übrigen, die als Masse zusammengepfercht waren, versuchten eigentlich nur, keine Läuse zu bekommen, einigermaßen mit dem Essen zurechtzukommen, schlafen zu können, durchzukommen. Das waren unsere Tätigkeiten, und das war schwer genug.

Außerdem erzählte man, dass wir mit dem Essen ständig Brom[16] bekamen. Das bewirkte erstens, dass die Frauen nicht mehr menstruierten, und zweitens, dass die Männer auch keinen Wunsch nach sexuellen Begegnungen hatten. Es war alles so flau, wie im Halbschlaf. Wir wurden ruhiggestellt damit. Das dämpfte unser Aufbegehren, aber womöglich hat es uns auch geholfen zu überleben, denn das Nachdenken, die Angst und der Schmerz wurden durch das Brom ebenfalls gedämpft …

Das erklärt ansatzweise, warum ein so riesiges Lager wie Auschwitz-Birkenau überhaupt funktionieren konnte.

Natürlich. Dazu kommen aber noch diese Rangordnungen, wie es sie auch heute noch in den Büros, in der Bürokratie gibt. Der Oberste erteilt seine Befehle an seine direkten Untergebenen. Die Untergebenen geben das weiter an die Abteilungen usw., bis es beim Letzten ankommt. Jeder hat Angst um seine Position, eventuell auch um seinen Arbeitsplatz, und überlegt: Was würde man sonst noch von mir erwarten? Und das erfüllt man dann auch schon im Voraus. Das ist ein Funktionieren, das ungeheuer ist. Ich hab das in dem Büro, wo ich später einige Jahre arbeitete, genauso erlebt. Und das war es gerade, was die Atmosphäre so abscheulich machte. Das ist für mich die Fortsetzung von Auschwitz gewesen. Ich erlebte, wie unfrei angeblich freie Menschen funktionieren.

Das Büro als Fortsetzung von Auschwitz? Ist das nicht übertrieben? Die Situationen sind doch nun wirklich total verschieden. Im Büro ist niemand ständig mit dem Tod bedroht …

Natürlich nicht. Ich sage ja nicht, dass es *dasselbe* ist. Ich sage, dass das Erzeugen von Angst und Gehorsam eine Fortsetzung gefunden hat. Die Menschen sind sehr zum Gehorsam vorgeprägt – von Kind auf. Und da braucht bloß ein Hitler zu kommen oder auch irgendein Politiker von heute, der gut lügen kann und ein gutes Auftreten hat – und sie folgen! Ohne Zwang!

Im Büro hab ich's noch eher verstanden als in der Politik, weil jeder ein bisschen Angst um seine Stelle hat. Ich hatte da eine Kollegin, die mich in meinem Zimmer ab und zu verstohlen besuchte und ein paar Worte mit mir wechselte. Als ich in Rente ging, kam diese Frau zum Abschied mit einem kleinen Geschenk. Ich fand das rührend. Doch als sie sich verabschiedete, bat sie mich: »Aber, bitte, sagen Sie das niemandem!« Sie hatte Angst, dass ihre Stellung gefährdet sein könnte, wenn jemand erführe, dass ich, diese Aufsässige, von ihr ein Abschiedsgeschenk bekommen hatte. Das schreit fast zum Himmel! Und dann frag ich mich: Was kann man erwarten von den Häftlingen in Auschwitz, in einer so riesigen Menschenmenge, wo zwar alle sich vormachten, dass sie überleben würden und dass die

Arbeit sie irgendwann wirklich frei machen würde, aber wo alle auch im tiefsten Inneren wussten, dass jede Sekunde das Leben zu Ende gehen konnte. Wegen einer Kleinigkeit. Eine gefundene Kartoffel konnte schon reichen, um sofort erschossen zu werden. Eine kleine Wunde, die vielleicht eiterte, konnte Grund genug sein, dass man ins Gas geschickt wurde. Wir lebten eigentlich in einem dauernden Zwiespalt. Wir versuchten uns einzureden: Es wird schon irgendwie. Und wir spürten gleichzeitig, dass es aussichtslos war. Und doch klammerten wir uns an das Leben.

Die Angst hat alle beherrscht, und so kümmerten sich alle nur um sich selbst?

Ja, so war es, meistens jedenfalls. Aber ich hab in Auschwitz auch erlebt, wie echte Liebe zu einem anderen Menschen jemanden alles vergessen lassen kann: die Gefangenschaft, das eigene Stück Brot – alles. Aber das ist keine romantische Geschichte. Ich hab gesehen, wie ein Mann fast blind vor Glück, seine Frau oder seine Braut endlich entdeckt zu haben im Frauenlager, von weit her, es müssen fünf, sechs Meter zwischen den Lagern gewesen sein, mit zwei elektrisch geladenen Drahtzäunen dazwischen, wie dieser Mann mit leuchtenden Augen sein Stück Brot in einen Fetzen Stoff eingewickelt und hinübergeworfen hat. Und mitten im Werfen merkte er nicht einmal, dass er ins Laufen geraten war, er lief gegen den elektrischen Draht und verbrannte dort in derselben Sekunde. Und die geliebte Frau, die Schwester oder Verlobte sah das mit an. Gerade noch war sie ebenso glücklich wie der Mann. Ein ganzes Leben lag in diesen paar Sekunden …

Was diese Frau dann durchmachte, bekam ich auch mit, denn wir mussten sie tagelang stützen. Dieses Erlebnis war für sie ein solcher Schock, bestimmt fürs ganze Leben. Wir mussten sie nicht nur stützen, sondern vor allem vor dem Selbstmord bewahren. Jedes Mal, wenn wir aus den Baracken raus durften, wollte sie an den Draht laufen.

Und du selbst? Hast du mit aller Kraft überleben wollen?

Ich kann mich nicht erinnern, dass ich das vorhatte. Meine Familie wollte ich wiederfinden. Da war das Überleben natürlich mit drin, aber meine Gedanken waren ganz bei meiner Familie. Ich lebte von einer Sekunde auf die andere und ließ mich mit dem Strom treiben. Ich versuchte nicht aufzufallen, nichts zu tun, was nicht erlaubt war. Ich achtete darauf, mich nicht zu verletzen, langsam zu gehen, damit meine Füße in diesen Schuhen heil blieben, um keine eitrige Wunde zu bekommen. Richtig darüber nachgedacht hatte ich aber nicht. Das ist das gleiche, was ein Tier macht, wenn es Angst hat: Es versucht davonzukommen, sich zu retten. Es denkt da wahrscheinlich auch nichts.

Manche aßen schmutzige Kartoffelschalen. Ich rührte sie nicht an, weil ich Angst hatte, mir irgendwelche Krankheiten damit zu holen. Ich würde das einen instinktiven Lebenserhaltungstrieb nennen. Das Einzige, was ich in Auschwitz vielleicht wirklich *dachte*, war: Es kann nicht ewig dauern, irgendwann einmal muss es zu Ende sein.

Und dann gab es ja noch deine Schwester Edit, für die du dich verantwortlich fühltest.

Ja, sehr, denn sie war zwei Jahre jünger als ich und wesentlich weniger entwickelt. Sie war noch ein Kind, ich war eine junge Frau. Ich sah etwas älter aus, als ich war. Aber meine Schwester war ständig in Gefahr, bei Selektionen herausgeholt zu werden für die Gaskammer.

Es war jedes Mal ein Martyrium, so eine Selektion, für uns beide. Das Ausgeliefertsein, die Angst um meine Schwester. Aber gleichzeitig auch diese vielen nackten Leiber, es gibt nichts Schlimmeres … Wir durften uns noch nicht einmal bedecken, die eine Hand musste mit der zusammengerollten Kleidung über dem Kopf gehalten werden, damit sie den ganzen Körper sehen konnten. So zogen wir nackt vor ihnen vorbei, während sie sich miteinander unterhielten, irgendetwas redeten, und nebenbei wurden wir begutachtet …

Es ist für mich heute noch entsetzlich, Bilder oder Filme von Selektionen zu sehen, diese nackten Körper zu sehen und zu wissen, genauso bin ich da auch gestanden und wusste nicht, sollte ich meine Brust oder lieber meine Schamteile mit meinen Händen bedecken? Oder wie sollte ich mich drehen? Das war für ein Mädchen aus einer orthodoxen Familie, das nicht einmal im Badeanzug mit anderen zum Baden gegangen war, nicht einfach zu verkraften. Das war die anerzogene Scham, das Gefühl, entwürdigt zu sein, ein Nichts zu sein, im gleichen Moment sah man, wie Angehörige voneinander getrennt wurden, und immer zitterte ich um meine Schwester … Zu schnell durfte man nicht gehen, manchmal haben die sogar mit der Peitsche auf einen gezeigt und irgendetwas gesagt, man merkte, das hieß: Stehen bleiben! Man war eigentlich gar nichts, man war kein Mensch, aber auch kein Tier. Man fühlte, aber man durfte die Gefühle nicht hochkommen lassen; man schämte sich, aber das wollte man auch nicht zeigen – also ein ganzes Knäuel im Kopf …

Wenn ich an diese Selektionen zurückdenke, läuft es mir heute noch kalt über den Rücken. Sobald Edit und ich in die Baracke zurückkamen, umarmten wir uns, als wären wir gerettet, weinten und konnten uns nicht loslassen. So groß war die Anspannung gewesen. Wir wollten uns trösten und spüren und die andere die Erleichterung spüren lassen … Ich hab lange nicht mehr daran denken können, aber wenn ich jetzt zurückdenke, fühle ich meine Schwester in meinem Arm.

Und bei einer der Selektionen wurdet ihr auseinandergerissen?

Nein. Es geschah anders. Eines Tages kam der Befehl, dass alle, die jünger als fünfzehn waren, in eine Extrabaracke kommen sollten. Ich beriet mich mit vielen Leuten, mit Bekannten aus dem Heimatort und mit meiner Schwester selbst. Und wir trafen alle zusammen die Entscheidung, dass es besser sei, wenn sie dem Befehl nachkam. So gab ich sie weg in die Kinderbaracke. Ich tat es auch deswegen, weil ich es nicht mehr aushalten konnte, ich konnte die Selektionen mit ihr nicht mehr durchstehen. Kaum war die eine Selektion überstanden, kam in mir panische Angst vor der nächsten auf, auch wenn wir nicht wussten, wann das sein würde.

Solange ich noch in Auschwitz war, ging ich jeden Tag zu ihr und brachte ihr ein Stück Brot, so schwer es oft auch war. Oder ich gab meine Brotration weg und kaufte dafür einen Löffel Zucker. Manchmal bekam ich welchen bei Frau Schwarz, die unter der Blockältesten als Bedienung arbeitete. Ich riss von meinem Kleid ein Stückchen ab, nähte daraus mit einer geborgten Nadel ein Säckchen und brachte meiner Schwester darin den Zucker. Und sie sagte immer. »Wie machst du das? Du gibst doch sicher deine Brotration weg!« Ich sagte: »Nein, die (und ich nannte irgendeinen bekannten Namen aus unserem Dorf) hat mir das für dich geschenkt.« Ich wollte, dass sie den Zucker aß. Ich hatte furchtbare Schuldgefühle. Ich hatte das Gefühl, ich ließe sie im Stich. Obwohl ich ahnte, dass ich sie nicht länger hätte bei mir halten können. Ich wusste es nicht besser.

Wie lange konntet ihr euch noch sehen?

Kurze Zeit später wurde ich für einen Transport in ein Arbeitslager ausgesucht. So kam ich von ihr weg, während sie in der Kinderbaracke in Auschwitz zurückblieb.

Eigentlich war ich für einen Transport von 3000 Häftlingen ausgesucht worden. Gleichzeitig wurde aber noch ein weiterer Transport mit 500 Frauen zusammengestellt. In der 500er-Gruppe war eine Tochter, die ihre Mutter in der 3000er-Gruppe hatte. Die Mutter fragte mich, ob ich jemanden in meiner Gruppe hätte. Als sie hörte, daß ich allein war, bat sie mich inständig, mit ihrer Tochter zu tauschen, damit sie zusammen sein konnten. So ging ich mit der Gruppe von 500 auf Transport. Später stellte sich heraus: Wir kamen nach Fallersleben und hatten es dort relativ gut. Die 3000er kamen in ein Lager nach Salzwedel, und denen ging es wesentlich schlechter. Aber es hätte genauso gut andersherum sein können. Daran kannst du wieder sehen, was damals Zufälle bedeutet haben. Darum traf niemand gerne Entscheidungen; man verhielt sich, wie das Schicksal es einem irgendwie möglich machte.

Und dann wurdet ihr geholt und weggefahren?

Zuerst wurden wir geduscht, dann bekamen wir andere Kleidung und sollten warten, bis der Befehl zum Abmarsch aus dem C-Lager gegeben wurde. Die anderen, die 3000, hatten das Lager schon verlassen. Wir standen in Fünferreihen aufgestellt und warteten. Aber stundenlang geschah gar nichts. Wir wussten nicht warum. Plötzlich kam der Befehl: Alles ausziehen! Kleider auf einen Haufen!

Ohne Kleider – das bedeutete immer Gefahr. Neue Kleider zu bekommen bedeutete: Jetzt sind wir wieder sicherer, wir gehen arbeiten. Ohne Kleider waren wir nichts mehr. Das zog sich wie ein roter Faden durch das Leben in Auschwitz. Sich nackt ausziehen zu müssen konnte Selektion bedeuten, aber auch, dass die ganze Baracke komplett an einen unbekannten Ort gebracht wurde. Es hieß einfach: Ausziehen! Und wenn dann SS-Männer kamen, war es schon sicher, dass selektiert werden würde.

Aber dieses Mal wurden wir nackt in eine nicht sehr große Baracke getrieben, mit Betonboden, ohne Pritschen. Es gab viele solcher Baracken, wo die Menschen nur auf dem nackten Beton lagen oder saßen. Frag mich nicht, wie kalt es war, frag mich nicht, wie hart es war und wie uneben es war. Ich weiß nicht, wie man das überstanden hat, ich weiß es nicht. Auf jeden Fall: Als wir da reingetrieben wurden, waren wir schon voller Angst, weil ohne Kleider in eine Baracke zu kommen, das bedeutete nichts Gutes. Und dann wurden die Türen von außen zugesperrt. Es waren nur einige leere Eimer und einige Eimer mit Wasser darin. Und später gab man uns wieder neue Eimer herein.

Wir waren zwei Tage in dieser Baracke. Diese Tage kann ich fast nicht schildern. Der erste war besonders schlimm. Es spielten sich dort Szenen ab – Ungeheureres kann ich mir nicht vorstellen. Wir sind in dieser Zeit tausend Tode gestorben. Dauernd, Tag und Nacht, hörte man Menschen in irgendeiner Ecke laut Kaddisch[17] sagen, oder Abschied nehmen von Freunden und Angehörigen – es war schrecklich. Bei 500 Leuten hörtest du immer wieder da und dort solche Dinge. Einer fing an, sich laut zu entschuldigen: »Du, das hab ich nicht so gemeint.« Ein anderer: »Wenn ich jetzt noch meine Eltern um Verzeihung bitten könnte …« Und noch ein anderer fing wieder an, Kaddisch zu sagen, einige stimmten mit ein, und es wurde daraus ein Riesengesang. Und jeder weinte, jedem rollten die Tränen herunter, wir fühlten uns, als würden wir unser eigenes Kaddisch sagen, an unserem eigenen Grab.

Und eigentlich sagt man ja Kaddisch für andere …

Natürlich. Aber immer wieder hörte man »Gott du einziger!« Dann wieder ein bisschen Stille, und dann ging es wieder los … Und ich war dazwischen. Ich kannte niemanden. Ich war wie gelähmt. Ich hab weder gebetet, noch irgendetwas gesagt. Wie jemand, der nicht verstand, was um ihn herum geschah.

Der zweite Tag war schon ruhiger. Die Menschen waren wie ausgelaugt, die Angst war nicht mehr so beherrschend. Man hörte eher: »Was auch mit uns passiert, es ist Gottes Wille.«

Man hatte sich ergeben, abgefunden?

Ja. Und der Hunger war größer geworden, wir bekamen aber nichts zu essen in dieser Zeit, zumindest hab ich das nicht in Erinnerung. Das Frieren war stärker geworden … Aber der Schmerz war schon so vielfach ausgesprochen worden, dass man das nicht mehr wiederholen wollte. Es war alles gesagt. Wenn ich zurückdenke, spüre ich nur diese immer schwächer werdende Hoffnung. Ob das Stunden oder Tage gedauert hat, kann ich nicht sagen, aber ich spür's noch jetzt, wie ich mich immer mehr damit abfand: »Das ist das Ende.« Ich war keiner Regung mehr fähig. Ich saß nur da, als wartete ich darauf aufzuwachen, und dann würde alles doch nicht wahr sein.

Am dritten Tag in der Früh öffnete sich das Tor, und draußen stand ein Lastwagen mit Kleidern. Man fing an, uns die Kleider zuzuwerfen: »Kommt raus! Kommt raus!« Jeder bekam wieder etwas zum Anziehen. Und wir jubelten, ohne Rücksicht darauf, ob es die SS hörte oder nicht. Die Kleider bedeuteten: Wir leben, wir gehen auf Transport, sonst hätte man uns keine Kleidung zu geben brauchen. Nicht nur, dass man jedem wieder Kleidung zuwarf, man befahl uns auch, wenn die Kleider zu klein oder zu groß waren, uns zu melden oder zu tauschen, damit die Kleidung allen einigermaßen passte. Denn wir sollten nach außen einen ordentlichen Eindruck machen. Das hat uns neue Hoffnung gemacht.

Hast du herausbekommen, warum ihr dann diese zwei Tage warten musstet?

Ja, später hab ich ähnliche Geschichten gelesen. Demnach war es so, dass bei solchen Gelegenheiten entweder die Züge nicht eingetroffen waren, die uns transportieren sollten. Oder es hatte unterwegs irgendwelche Bombardierungen gegeben.

Jetzt aber wurden wir aus dem C-Lager geführt, zu Viehwaggons gebracht und einwaggoniert. Jede erhielt ein ganzes Kommissbrot für unterwegs, und jeder Waggon bekam einen Eimer mit Trinkwasser und einen Eimer für die Toilette.

Und dann fuhren wir los.

4. Kapitel

Fallersleben

Von Auschwitz nach Fallersleben in Niedersachsen war es ein weiter Weg …

Ich hab keine Ahnung, wie lange wir gefahren sind von Auschwitz bis Fallersleben. Wichtig war nur, dass wir von Auschwitz wegkamen.

Die Ankunft in Fallersleben war dann eine große Überraschung. Das Lager gehörte zum Volkswagenwerk, und ein großer Teil des Werksgeländes war schon ziemlich zerstört durch Bombardierungen. Uns brachte man aber in einem Gebäude unter, das noch nichts von den Bomben abbekommen hatte. Ursprünglich war es wohl eine Unterkunft für die VW-Belegschaft gewesen. Als uns die Betten und Duschen gezeigt wurden, kam es uns vor, als seien wir im Himmel gelandet. Der Boden war gefliest. Die Betten waren dreistöckig, und auf jede Pritsche musste nur eine Person. Auf jedem Bett lagen zwei Decken für jede bereit. Und im Winter konnte der Raum sogar geheizt werden!

Das alles waren Dinge, die in diesem Lager außergewöhnlich waren. Wir wussten zwar noch nicht, was und wie viel wir arbeiten müssten und ob wir genug zu essen bekommen würden – das war noch überhaupt nicht die Frage. Erst mal die Glückseligkeit.

Obwohl ihr weiterhin Gefangene wart …

Das spielte in diesem Moment keine Rolle. Das war ungefähr so, wie wenn du einem schon lange, lange hungernden und durstigen Menschen die Möglichkeit gibst, sich satt zu essen und genug zu trinken. Solche Menschen kümmern sich um nichts anderes. Für den Moment ist nur das Eine wichtig. Und für uns stand an erster Stelle, dass wir uns waschen konnten.

Das war das Beste?

Huh! Ja! Nach der langen Eisenbahnfahrt ist jede gleich losgerannt. Erst mal auf die Toilette, und dann unter die Dusche. Warmes Wasser zum Duschen und Waschen! Seife! Man musste uns raustreiben aus der Dusche, sonst wären wir noch für Stunden dringeblieben. Danach wurden die Betten unter uns aufgeteilt. Und wir durften uns dann erst mal hinlegen und schlafen. Also es war ein neues Leben, wir fühlten uns wie neu geboren.

Also war es ein Glücksfall, dass du auf den 500er-Transport gekommen bist?

Ich hab wahnsinnig viel Glück gehabt, ich persönlich. Mir ging es da so gut, dass ich mir direkt schäbig vorkomme, wenn ich davon höre, was andere Menschen über Monate und Jahre durchgestanden haben in den KZs. In Fallersleben hatten wir eine geregelte Arbeit und verhältnismäßig genug zu essen, hatten nie ausgesprochen Hunger, wir hatten warmes Wasser, wir konnten uns duschen, wir konnten unsere Wäsche waschen. Und es war überschaubar: Wir waren nur 500 Frauen. Und alle waren wir ungarische Jüdinnen. Von meinem Dorf war zwar niemand dabei, die waren alle mit der 3000er-Gruppe auf Transport gegangen, zu der ich ja auch gehört hätte eigentlich. Aber wir konnten reden, wenigstens untereinander.

Die Arbeit war sehr erträglich organisiert. Die eine Hälfte von uns arbeitete tagsüber, die andere nachts, je zwölf Stunden in der Fabrik. Die tagsüber in der Fabrik arbeiteten, bekamen dort ihr Essen, und wir, die Nachtschicht machten, bekamen es in der Unterkunft.

Also uns ging's blendend – im Vergleich zu Auschwitz. Wir wurden auch kaum geschlagen. Zwar wurde ständig geschrien und »Zack, zack!« gerufen, Befehle wurden grundsätzlich nur gebrüllt, die Peitsche war in der Hand, aber sie wurde nicht gebraucht. Ich war die Einzige, die einmal zehn mit der Hundepeitsche bekommen hat.

Gerade du? Wie kam denn das?

Ich hatte nichts verbrochen. Es war wie überall, wo viele Menschen auf engem Raum zusammen sind: Jede versuchte, für sich einen Vorteil rauszuholen. So wurden jeder zwei Wolldecken ausgehändigt, aber sie waren von unterschiedlicher Qualität. Also versuchte man, eine bessere zu stehlen und die eigene, dünnere dafür loszuwerden. So ging es hin und her, es war eine dauernde Stehlerei. Irgendwann wurde der Hauptscharführer wütend und ließ alle Decken einsammeln und noch mal neu austeilen. Dann hieß es, wer noch einmal eine Decke vertausche, werde mit zehn Peitschenhieben bestraft. Eines Morgens kam ich von der Nachtschicht ins Lager zurück, da erwartete mich die Blockälteste. Sie sagte zu mir: »Du hast eine Decke vertauscht.« Ich fragte: »Wie denn? Ich komme gerade von der Nachtschicht.« Sie sagte nur noch einmal: »Du hast eine Decke vertauscht. Ich weiß zwar nicht, wie du das gemacht hast, aber schau her!« Und sie hob meine Decke auf und zeigte mir, dass dort mit einem Blaustift die Reihe und die Bettnummer draufgeschrieben war. Ich konnte nur sagen: »Ich war es nicht.« Ich wusste nicht, wie diese Decke auf mein Bett gekommen war. Ich wusste es wahrhaftig nicht.

Später dachte ich mir, dass jemand mit einer ähnlichen Decke die Aufschrift bemerkt und sie gegen meine, eine unbeschriftete Decke, ausgetauscht haben musste. Anders konnte ich es mir nicht erklären. Aber niemand glaubte mir. Den paar Frauen, die ich ein bisschen besser kannte, erzählte ich immer wieder, dass ich es nicht war, aber jede sah mich zweifelnd an, keine wollte mir so recht glauben. Ich hatte keinen Beweis für meine Unschuld, und so wurde beim Schichtwechsel festgesetzt, dass ich zehn Peitschenhiebe bekäme.

Natürlich hatte ich heftiges Herzklopfen, aber ich nahm mir vor, tapfer zu sein. Als der Abend kam, trat der Hauptscharführer herein. Ein hässlicher Säufer mit einer riesigen roten Nase im pockennarbigen Gesicht, aber ein Gang: »Was für ein Kerl bin ich!« Den würde ich heute noch auf der Straße erkennen. Zu dieser Zeit hatte er gerade eine kleine hübsche Aufseherin zur Freundin. Die begleitete ihn. Sie kam herein voller Erwartung und Vorfreude. Ich sah es in ihrem Gesicht: Sie wartete sehnsüchtig auf das Schauspiel. Ich dachte bei mir: Und wenn ich dabei verrecke – sie kommt nicht auf ihre Kosten! Sie wird von mir nichts hören.

Die 500 Frauen mussten sich um mich herum aufstellen. In der Mitte war eine lange Bank, darauf sollte ich mich auf den Bauch legen. Der Hauptscharführer fing an zu schlagen. Und ich fing an zu zählen. Zehn, neun, acht, sieben … Es hat höllisch wehgetan. Aber: kein Ton! Und als ich bei null angelangt war, war es für mich das Erste, nach dieser Aufseherin zu schauen. Die drehte sich mit einem wütenden Gesicht um und verschwand aus dem Raum. Das war meine Genugtuung. Es ist unglaublich, wie ein machtloser Mensch daraus Kraft schöpft, seine Würde um jeden Preis zu bewahren. Je machtloser man ist, umso mehr sehnt man sich danach, zumindest die Selbstachtung nicht zu verlieren.

Jedenfalls hat diese Aufseherin an dir keinen Spaß gehabt.

Sie war armselig. Sie war selber so abhängig, nur ein Rädchen. Sie genoss die Schmerzen von anderen als Rache für ihre eigene Abhängigkeit. Aber ich werde sie nie vergessen. Denn bis heute treffe ich immer wieder Menschen, bei denen ich spüre, was der kleinste Befehl in ihnen auslöst – sie sind hilflose Befehlsempfänger. Sie wandeln sich in null Komma nichts von Menschen zu Marionetten. Und das nimmt mir oft den Atem. Genau vor solchen Menschen hab ich Angst. Es gibt sehr viele, die mir nie etwas zu Leide getan haben, aber wenn ich spüre, dass sie nicht die geringste eigene Meinung haben und dass sie nur wiedergeben, was sie aus der Zeitung oder beim Frühschoppen von Freunden gehört haben – dann ist meine Angst schon da.

Die Geschichte ging aber dann noch weiter. Ich konnte etwa drei, vier Tage nicht sitzen. Mir hat alles wehgetan; aufgeplatzt war ich nicht, aber angeschwollen. Ich hab mich bei niemandem beklagt, ich ging an meine Arbeit, und sonst lag ich auf dem Bauch auf meiner Pritsche, ich war wie erschlagen. Aber am zweiten Tag kam die Blockälteste und fragte wieder: »Sag mal, warst du es?« Ich sagte »Nein.« – »Ja, warum sagst du denn nichts?« – »Na, was sollte ich sagen? Meine Schläge habe ich schon. Ich hab schon am Anfang gesagt, dass ich es nicht war. Mehr kann ich nicht sagen.«

Eine halbe Stunde später kam sie wieder zu mir mit dem Hauptscharführer. Sie dolmetschte. Damals konnte ich ja noch kein Deutsch. Er ließ mich fragen: »Warst du es?«, und ich sagte wieder: »Nein.« – »Wer war es dann?« – »Das weiß ich nicht. Meine Decke war genauso wie diese, die auf meinem Bett lag. Mehr weiß ich nicht.« Er war richtig wütend. Er drehte ab, aber nach ein paar Schritten kam er wieder zurück und ließ mir sagen: »Hör dich um, und wenn du die findest, die das getan hat, sag es mir, die kriegt dann das Doppelte.« Und jetzt kommt es: mein erstes Wagnis, offen zu widersprechen. Darauf bin ich heute noch stolz. Ich ließ ihm sagen: »Diejenige, die es mit angesehen hat, wie ich unschuldig geschlagen wurde, hat schon genug Strafe. Wenn sie damit leben kann, soll sie.« Und das hat die Blockälteste ihm übersetzt. Ich seh noch heute diesen hässlichen Menschen vor mir. Plötzlich war er wie versteinert und sah mich an. Dann sagte er: »Nächste Woche wird eine Stubenmädchenwahl sein. Melde dich!«

Von Zeit zu Zeit wurden welche von uns als Stubenmädchen ausgewählt, die dann die Unterkunft in Ordnung halten mussten, anstelle der anderen Arbeit. Die durften also im Lager bleiben. Besonders kleine, schwächere Mädchen wurden für diese Arbeit genommen, denn das war leichter als zwölf Stunden an der Maschine zu stehen. Und ich sah, wie schwach sie alle waren.

Die Wahl ging vorbei, und ich hatte mich nicht gemeldet, weil ich immer wieder in diesen schwachen jungen Mädchen meine Schwester sah, die ich in Auschwitz zurückgelassen hatte. Ich dachte mir: Das kann ich nicht machen, ich bin kräftiger, ich kann ihnen den Platz nicht wegnehmen. Es ist kein Heldenstück, was ich hier erzähle; es lief einfach so. Ich konnte in dem Moment nichts anderes denken. Dann ging der Hauptscharführer weg, doch von der Tür aus – das war ein langer Weg – kam er zurück und sagte etwas ganz laut zur Blockältesten. Und die rief nach mir und sagte: »Warum hast du dich nicht gemeldet, er hatte es doch befohlen!« Irgendwie hatte ich genügend Schneid zu sagen: »Wie kann ich denn diesen schwachen Mädchen den Platz wegnehmen? Ich kann doch arbeiten, ich hab mehr Kraft.« Darauf entschied er: »Die kommt zusätzlich in den Stubendienst.«

Diese Geschichte ist eine der Grundlagen für mein Leben. Denn damals hab ich gelernt: Wenn man etwas für richtig ansieht, dann kann man es auch sagen – an welchem Ort man auch ist. Zumindest muss man es probieren. Das hat mich in den späteren Jahren überall begleitet, so dass ich, wenn es notwendig war, bis zum Ministerium gegangen bin – und immer ohne Weiteres rein zu den Leuten. Ich sagte mir: Ich probier's, vielleicht gelingt es mir. Im KZ hab ich's schließlich auch geschafft, mich frei zu verteidigen, und ich hab damit was erreicht.

Was empfandest du denn für diesen Hauptscharführer? Verachtung? Hass?

Nein, gar nichts! Gar nichts. Er hat im Grunde genommen nur konsequent gehandelt. Er hat gesagt, dass diejenige, die wieder eine Decke stiehlt, bestraft wird. Ich wusste damals schon, dass er dazu nicht den nötigen Überblick hatte. Ich konnte hundertmal sagen, dass ich es nicht war, aber ich hatte keinen Gegenbeweis; also hat er konsequent gehandelt.

Gegen ihn hatte ich gar nichts. Gegen die Aufseherin aber schon. Ihr vergesse ich das nie. Das hat mich erschüttert. Und heute noch, wenn ich Menschen sehe, die sich so ergötzen am Schmerz anderer oder anderen Schmerzen zufügen – ob mit Worten oder anders, ist egal –, vor diesen Menschen ekelt es mich. Und es gibt so viele davon, so wahnsinnig viele.

Der Hauptscharführer war nur konsequent. Und er hat versucht, die Schläge wieder gutzumachen. Er hatte sogar eine gewisse Achtung vor mir. Das spürte ich.

Aber gleichzeitig war er doch auch einer, der das Ganze mit am Laufen hielt. Er gehörte doch zu denen, die euch gefangen hielten! Er war doch eigentlich ein Feind.

In diesem kleinen Lager waren sie nicht ausgesprochen böse oder brutal zu uns. Man kannte sich untereinander, auch die Bewacher. Anders war es in Auschwitz, wo ich in den Menschenmassen steckte, wo ich überhaupt keinen Kontakt finden konnte, wo ich das Gefühl hatte, ein winziger Niemand zu sein in dieser Menge, und persönlich wurde man von niemandem angesprochen und wahrgenommen, weder von den Blockältesten noch von den Mitgefangenen, außer vielleicht von ein paar auf der gleichen Pritsche, aber das war auch nicht aus Freundschaft oder Zusammenhalt. In Auschwitz war man total allein, jeder für sich. Wie man so sagt: Jeder stirbt für sich allein.

Weil es uns aber in Fallersleben so viel besser ging als in Auschwitz, waren für mich auch die Aufseher nicht der Feind. Ich war zwar Gefangene, aber nicht eine Gequälte, nicht eine schlecht Behandelte. Nach Auschwitz mit diesen überfüllten Baracken, den Latrinen, dem Hunger, dem Elend, der Angst, den vielen Unglücklichen um mich herum, die entweder wahnsinnig geworden waren oder an den elektrisch geladenen Zaun gelaufen sind, war für mich Fallersleben eine Erlösung von diesem schrecklichen Zustand. Und in Fallersleben kannte ich keinen Durst! Es war genügend zu trinken da. Ich werde es nie vergessen, wie ich mich in Auschwitz einmal in meinem Durst in eine Pfütze gelegt habe und daraus geschleckt habe, dabei war es wahrscheinlich, dass da jemand seinen Urin gelassen hatte, aber das war mir in diesem Moment egal …

Also war eigentlich Fallersleben ein Aufstieg aus der Hölle. Es war sogar gut, arbeiten zu dürfen und nicht nur so herumliegen zu müssen.

Aber zwölf Stunden am Stück zu arbeiten war doch auch hart?

Nein, eigenartigerweise nicht. Wir durften in der Arbeitszeit zur Toilette, wir durften auch Wasser trinken zwischendurch. Und dann gab es eine Pause zu Mittag und in der Nacht ebenfalls eine, da bekamen wir dann Essen, und es gab, je nach Schicht, auch noch eine Pause fürs Frühstück oder fürs Abendessen.

Was musstest du arbeiten?

Wir fabrizierten Teile von Tellerminen. Am Anfang wusste ich das gar nicht, ich verstand ja kein Deutsch. Man hatte mir die Handgriffe gezeigt, die ich auszuführen hatte, und das tat ich dann auch. Die anderen wussten mehr, denn sie konnten mit den Kriegsgefangenen sprechen, die uns anlernten, die sozusagen die Meister in der Fabrik waren. Da hatte ich es viel schwerer, im KZ und auch hinterher, weil ich die Sprache nicht verstand. Ich schwamm völlig hilflos mit.

Heute frage ich mich: Warum hab ich eigentlich im KZ nicht versucht, ein paar Worte Deutsch zu lernen? In Auschwitz war ich nur zwei Monate, aber in Fallersleben war ich ganz in die Lagergesellschaft integriert, ich bin auch in der Arbeit aufgegangen. Warum hab ich nicht die Sprache gelernt? Ich kann mir nur eines denken: dass ich mich innerlich doch geweigert hab, das als endgültigen Lebensabschnitt anzuerkennen. Deutsch zu lernen hätte geheißen zu akzeptieren, dass ich jetzt im KZ lebe, dass das jetzt mein Platz ist.

Wie ging die Arbeit vor sich?

Ich arbeitete an einer Metallfräse. Ich musste Metallringe auf Greifer setzen und dann mit der Fräse die scharfen äußeren Kanten glattschleifen, die vom Schneiden noch drangeblieben waren. Das Ganze musste am Ende glänzend und glatt sein. Die Fräse musste ich so führen, so dass sie den Ring von innen wie von außen abgerundet hat. Feine Metallspäne flogen in alle Richtungen davon. Ich machte das sehr gerne, von Anfang an. Damit war endlich das untätige Herumsitzen und Warten von Auschwitz, die Hilflosigkeit zu Ende. Ich konnte etwas beherrschen, etwas erlernen, etwas schaffen! Und das war eigentlich ein Halt. Ich dachte mir auch, durch diese Arbeit helfe ich, meine Familie zu ernähren. Immer dachte ich an meine Familie, die ganze Zeit. Sie erfüllte mich mit einem gewissen Pflichtbewusstsein.

Ich arbeitete mich zuerst nach der Anweisung in die Sache ein und gab mir größte Mühe, dass fast alle meine Ringe ohne Beanstandung bei der Überprüfung durchgekommen sind. Da war ich natürlich sehr stolz – ein blödes siebzehnjähriges Mädchen, das gar nicht kapierte, was es da herstellte! Die anderen sagten irgendwann zu mir: »Was bist du so stolz darauf? Wir machen Tellerminen.« Aber es gefiel mir einfach, an dieser Maschine zu arbeiten. Mit der Zeit war ich darauf gekommen, wenn ich bei laufender Maschine den Hebel langsam nach vorne zog, blieb die Maschine stehen, ohne dass ich abschalten musste, und wenn ich geschickt genug zog, fiel der Ring vom Greifer einfach herunter, wenn er fertig war, und ich konnte ihn auf den Hänger tun. Ich nahm den nächsten Ring und platzierte ihn so, dass die Greifer ihn nicht verfehlen konnten. Jetzt ging es umgekehrt: Ich zog langsam den Hebel wieder an. So, dass der Ring gut gesessen hat, und die Maschine lief weiter. So vergeudete ich kaum Zeit und produzierte die meisten Ringe. Das sah nur die Frau, die die Ringe kontrollierte. Sie sagte mir immer: »Hör auf damit, mach nicht so viel! Sonst wird man von allen anderen auch so viel verlangen.« Damit stieß sie bei mir aber auf taube Ohren. Ich war wie berauscht von dieser Arbeit, so viel Freude hat sie mir gemacht. Du musst dir vorstellen: ein falscher Griff, und meine Hand wäre weg gewesen! Die Maschine hatte eine ungeheure Geschwindigkeit. Aber mir machte das riesigen Spaß. Es ist widersinnig, aber du siehst, was es ausmacht, wenn ein Mensch an etwas Spaß hat, das er macht. Ich hab es eigentlich sogar bedauert, dass ich später als Stubenmädchen in der Unterkunft bleiben musste. Mir war die Fabrikarbeit lieber.

Und was hattest du als Stubenmädchen zu tun?

Als Stubenmädchen mussten wir die ganzen Räume, den Schlafraum, den Waschraum, die Toiletten, den Duschraum, nass wischen und saubermachen. Einige wurden dazu bestimmt, auch bei der SS sauberzumachen, aber das waren immer die gleichen. Ansonsten hatten wir eigentlich nichts zu tun. Nur kamen irgendwann einige Aufseherinnen darauf, dass sie ein hübsches Kleid oder etwas anderes brauchen konnten. Und unter uns waren einige sehr geschickte Schneiderinnen, die fingen dann an, für die Aufseherinnen zu schneidern. Und eine, die zu Hause eine Kunststickerei gehabt hatte, bestickte dann das fertige Kleid mit schönen Motiven. Ich verfolgte mit Bewunderung, wie so etwas entstand, und lernte dabei sehr viel. Außerdem haben wir für die Aufseherinnen viel gestrickt. Das war dann für mich so ein bisschen ein Ersatz für die Fabrikarbeit, aber da hielt man mir auch wieder vor: »Mach nicht so schnell, und mach es nicht so schön!« Darauf hörte ich dann und strickte tatsächlich ein bisschen weniger schön – damit die anderen nicht so schlecht dastanden.

Außerdem war es unsere Pflicht, die Thermosbehälter mit dem Essen hereinzuholen, wenn sie draußen abgeladen wurden. Das waren sehr schwere Dinger, sie fassten 50 Liter. Wir schleppten zu dritt an zweien, ich als größere immer in der Mitte. Davon hab ich Sehnenscheidenentzündungen bekommen, die bis heute noch nachwirken. Wenn ich schwer hebe, entzünden sich meine Sehnen im Arm bis zum Ellbogen. Heute ist es zwar nicht mehr so schlimm, aber in den ersten Jahren nach der Gefangenschaft kam es immer wieder vor, dass ich einen ganzen Tag und eine ganze Nacht weinend irgendwo saß und wartete, dass die Entzündung wieder nachließ. Das sind Schmerzen, die sind verheerend …

Die Aufseherinnen gaben in dieser Zeit auch das, was von ihrem Essen übrig blieb, an uns Stubenmädchen weiter. Und wenn jemand für sie strickte, dann gab es eine besondere Zugabe. Die verteilte ich immer an vier junge Mädchen, die sehr zart waren und oft sehr erschöpft. Sie waren froh über jede Zulage. Ich hatte dabei immer die Vorstellung: Vielleicht kriegt meine Schwester in Auschwitz auch irgendwo Hilfe. Ich fühlte mich später noch lange Zeit schuldig.

Schuldig?

Weil ich nicht so selbstlos gehandelt habe, wie meine Eltern versucht hatten es mir beizubringen. Ich dachte an meine Schwester, wenn ich ihnen etwas gab. Diese gemischten Gefühle hab ich erst viel später verstehen können.

Aber es war doch trotzdem eine gute Sache, diese Mädchen ein bisschen mitzuversorgen.

Es war keine große Sache, zusätzliches Essen weiterzugeben. Und mich versetzte es nach Hause zurück, wo ich mich immer um meine jüngeren Geschwister gekümmert hatte. Aber einmal wurde eines von diesen Mädchen krank und bekam hohes Fieber. Sie hatte Angst davor, nicht zur Arbeit gehen zu können. Da bot ich ihr spontan an: »Bleib du in deinem Bett, das wird sowieso niemand merken, denn die von der Nachtschicht schlafen ja auch tagsüber, und ich zieh deine Sachen an und gehe an deiner Stelle zur Arbeit.« Und da hab ich zwei Tage lang Tag und Nacht gearbeitet. Meine Schicht und ihre Schicht. So ist das Mädchen bald wieder auf die Beine gekommen, weil sie ihre Krankheit auskurieren konnte. Darüber war ich sehr glücklich, das war mal eine wirkliche Hilfe.

Ihr wart ja dort auch im Winter. Und das war ja wohl ein Glück, dass ihr den Winter über in diesem kleinen Lager wart.

Absolut! Die Räume waren nicht zugig, sie waren gut geheizt. Das Einzige war, dass wir auch Ratten hatten. Oben in der Decke des Raums waren große Löcher, und da hausten sie. Wenn alle schliefen, kamen sie runter. Einmal wurde ich auch wach davon, dass meine Fußspitze so schön warm war und mollig. Und als ich den Fuß bewegte, husch! lief eine Ratte davon. Dagegen konnte man natürlich gar nichts tun.

Von anderen KZs gibt es ja Berichte von Weihnachtsbäumen etc. Die Nazis lebten ihre Sentimentalität aus und benutzten den Tannenbaum zugleich als zynische Kulisse für Auspeitschungen und dergleichen. Gab es so etwas bei euch auch?

Nein, gar nicht. Aber wir haben Chanukka[18] gefeiert! Wir waren ja alle Jüdinnen! Die Blockälteste hatte mittlerweile ein ganz gutes Verhältnis zu den Aufseherinnen, und die beschafften uns dann Kerzen, so kleine Stückchen. Und da wurde dann jeden Tag eine Kerze mehr angezündet.

Jüdisches Brauchtum in einem KZ? War das keine Provokation für die Aufseherinnen?

Nein, das war völlig anders. In dieser überschaubaren Gruppe, wo menschliche Begegnungen möglich waren, hatten die Aufseherinnen auch keine Angst, alles im Zaum halten zu können. Es war eher wie ein unausgesprochener Vertrag: Wir hielten uns an ihre Anweisungen, und sie ließen uns dafür einen gewissen Spielraum. Nicht offiziell natürlich, mehr so unter der Hand.

Spielte es vielleicht auch eine Rolle, dass schon klar war, dass die Deutschen den Krieg nicht mehr gewinnen würden?

Das könnte ich mir gut vorstellen. Aber ich hab dafür keine genauen Anhaltspunkte. Ich war in dieser Hinsicht wie ein ahnungsloses Schaf. Die meisten konnten Jiddisch und haben die Deutschen und ihre Befehle einigermaßen verstanden, weil die Sprachen ja doch verwandt sind. Auch die Blockälteste hat mehr Jiddisch gesprochen als Deutsch. Aber die Verständigung klappte. Bloß ich stand immer da und fragte: Was haben sie gesagt? Das war natürlich ebenfalls ein Grund, warum ich mich so gerne in die Arbeit stürzte: Das war etwas, das ich verstand.

Wenn man in Fallersleben sogar Chanukka feiern konnte, dann gab es wohl auch nicht diese ständige Todesangst wie in den Vernichtungslagern?

Unter uns nicht mehr. Aber eines Tages hieß es, wir sollten von den zwei Räumen, die wir bewohnten, den kleineren frei machen, es kämen noch Leute dazu. Und dann kamen so ungefähr 200 Frauen aus irgendeinem anderen Lager zu uns. Mich hat unheimlich beeindruckt, wie abgemagert und verängstigt sie aussahen. Um sie registrieren zu können, wollte man sie erst mal in einen Luftschutzraum bringen. Da hob ein ungeheures Geschrei unter diesen Frauen an; sie wollten auf keinen Fall da hinein. Die Aufseherinnen fingen an zu schlagen, die Blockälteste versuchte, ihnen auf Ungarisch zu erklären, dass ihnen nichts passieren würde, und wir, die Alteingesessenen, schauten erstaunt zu. Uns war diese entsetzliche Angst ja nicht unbekannt, es waren Szenen dabei, die wir alle selbst auch erlebt hatten: Manche beteten und weinten, manche verabschiedeten sich von ihren Freundinnen. Aber auch wir konnten sie nicht überzeugen, dass ihnen hier nichts geschehen würde. Und je mehr die Aufseherinnen zuschlugen, umso mehr Angst hatten die Frauen und klammerten sich aneinander. So konnten sie tatsächlich verhindern, in den Luftschutzraum hineingedrängt zu werden. Das Ende war, nach einer qualvollen Stunde, dass die Blockälteste, eine sehr kluge Frau, den Hauptscharführer dazu überredete, die Neuen lieber in den Raum mit den Betten zu schicken und sie zu registrieren, während sie auf den Betten saßen.

Und irgendwann wurde das Lager aufgelöst und ihr wurdet nach Salzwedel evakuiert?

Ja. Das erfuhren wir ein paar Tage vorher. Die Blockälteste sagte uns, wir sollten langsam unsere Sachen zusammenpacken. Viel hatten wir ja nicht: eine zweite Garnitur Unterwäsche, Kleidung, die wir zum Wechseln bekommen hatten, und ein bisschen Seife – das war alles. Aber im Grunde waren wir mit dieser Ausstattung schon auf dem Wege, wieder wie Menschen zu leben. Damit war es dann in Salzwedel wieder vorbei – das war eine schlimme Überraschung. Wir kamen wieder in Verhältnisse wie in Auschwitz.

5. Kapitel

Salzwedel

Im Lager Salzwedel warst du dann bis zur Befreiung?

Ja, ich war dort noch etwa vier Wochen, bis zur Befreiung am 14. April 1945. Und in diesem Lager hat sich noch einmal bestätigt, dass es uns in Fallersleben verhältnismäßig gut gegangen ist – wenn wir auch nicht frei waren. Denn dort traf ich die Menschen aus der 3000er-Gruppe wieder, die zur gleichen Zeit von Auschwitz aus auf Transport gegangen und direkt nach Salzwedel verbracht worden waren. Sie hatten seit Monaten in den fürchterlichsten Verhältnissen gelebt und waren in einem ganz elenden Zustand; ich weiß nicht, wie sie das so lange hatten durchhalten können. Sie sahen aus wie heute die Hungernden in Äthiopien.

Nun kamen wir 700 Frauen aus Fallersleben also noch zusätzlich nach Salzwedel und mussten uns den Platz und das Essen mit den Frauen dort teilen. Wir waren natürlich lange nicht so ausgehungert wie sie, wir waren sogar verhältnismäßig kräftig und bei relativ guter Gesundheit. Aber diese letzten vier Wochen dort gaben mir den Rest. Ich verlor die letzte Kraft.

Es gab nicht mehr genug zu essen?

Kaum. Warme Mahlzeiten wurden nur noch selten ins Lager gebracht, und zu trinken gab es auch kaum etwas. Ich hatte wieder Hunger. Und Durst. Riesigen Hunger und riesigen Durst. Und waschen konnte man sich auch nicht. Bald kamen die Läuse wieder. Ich bekam Furunkel, solche fiebrigen und eitrigen Entzündungen, die typisch sind bei Vitaminmangel. Ich hatte sieben oder acht Stück an verschiedenen Körperteilen. Nicht auf einmal, sondern mal da und mal dort. Am Kreuzbein saßen zwei; ich konnte nicht liegen, ich konnte nicht gehen, ich konnte nicht sitzen. Bis die endlich aufplatzten, schmerzten sie immer mehr und mehr.

Salzwedel war ein Außenlager des KZ Neuengamme. Musstet ihr dort noch arbeiten?

Nein, nicht mehr. Wir warteten nur noch und fragten uns immer wieder, ob wir tatsächlich das Ende erleben oder ob sie uns noch vorher umbringen würden. An diese letzten Wochen hab ich nur sehr wenig Erinnerungen. Ich war wie betäubt, denn mir war ein schlimmer Gedanke gekommen: Also hatten wir, dachte ich, es in Fallersleben besonders gut gehabt. Wie wird es wohl meine Mutter mit den kleinen Kindern haben? So wie ich in Fallersleben? Oder so wie die anderen in Auschwitz und Salzwedel? Oder stimmte es doch, was diese Blockälteste bei der Ankunft in Auschwitz gesagt hatte, dass meine Familie in Rauch aufgegangen war? Ich hörte dann auch von den Italienern – Kriegsgefangenen, die irgendwo in der Nähe in einer Großküche arbeiteten und das Lager mit Essen belieferten –, dass in Auschwitz wirklich Massenmorde stattgefunden hatten. So musste ich mich langsam mit dem Gedanken vertraut machen, dass es wahrscheinlich wahr war, und ich hab es eigentlich – es hört sich widersinnig an, aber so war es – ich hab es bejahen können. Ich dachte, wenn sie umgebracht worden sind, dann sind sie wenigstens schnell gestorben. Und waren nicht dem langsamen Dahinsterben ausgeliefert. Das ist das Widersinnige daran. Wenn du einfach nicht fertig werden kannst damit und dir sagen musst, so war es besser für sie … Und dann wieder die Gewissensbisse: Du wünschst dir, dass deine Mutter und deine Geschwister tot sind? Natürlich wünschte ich es ihnen nicht, aber ich wünschte ihnen auch nicht diese qualvolle Zeit voller Hunger, Durst und Krankheiten …

Diese Wochen waren für mich voll mit solchen Gedanken. Ich beschäftigte mich so tief damit, dass ich immer wie in Trance war, von außen fast nicht mehr erreichbar. Alles andere interessierte mich kaum noch.

Auch nicht die näher kommenden alliierten Truppen?

Die schon. Wir bekamen immer wieder Nachrichten von den Kriegsgefangenen, die ab und zu noch Essen ins Lager brachten. Die flüsterten uns manchmal zu, dass die Front näher komme, oder sie ließen einen Zeitungsausschnitt fallen. Und dann war die Frage: Wie heb ich ihn auf, ohne dass die SS das sieht? So etwas war eine Kostbarkeit, jede wollte den Ausschnitt sehen. »Geht auseinander, ich sag euch dann, was drin steht.« Wir hatten Angst, dass plötzlich jemand in die Baracke kam und sah, dass wir mit einem Zeitungsartikel beschäftigt waren. Das war furchtbar nervenaufreibend.

Die Italiener warnten uns dann auch vor der großen Gefahr, dass uns die Deutschen eventuell im letzten Moment in die Baracke sperren und sie anzünden könnten. Es gab daraufhin eine große Besprechung unter uns. Wir überlegten fieberhaft, was wir tun könnten. Schließlich beschlossen wir, einige Bretter von den Wänden unserer Baracke zu lösen, ohne dass die SS es sehen konnte, damit wir bei Gefahr schnell von innen die Wände rausschlagen und ins Freie könnten. Wir waren uns einig, dass wir auf Teufel komm raus massenweise rausdrängen würden. Irgendwer würde so noch am Leben bleiben, auch wenn sie auf uns schössen. Das wäre immerhin besser, als bei lebendigem Leibe in der Baracke zu verbrennen.

Es waren aufgeregte Gespräche, bis wir das alles geklärt hatten unter uns: Wie würden wir es rechtzeitig merken, wenn es losging? Weil wir ja kein Werkzeug hatten, um Gucklöcher zu machen, suchten wir in den Bretterwänden nach Astlöchern, die wir rausdrücken konnten, um durchsehen zu können. Für diese Astlöcher teilten wir dann Späherinnen ein, zwei an den Längsseiten und je eine an den Schmalseiten, also insgesamt sechs, die beobachten sollten, ob sich draußen irgendetwas tat. Sie wurden stündlich abgewechselt, weil sie dauernd ins Nichts schauen mussten, was ja sehr schläfrig macht. Aber natürlich durften sie auf keinen Fall einschlafen oder etwas übersehen. Wir hatten sehr große Angst. Doch wir hielten diese Wache in den letzten drei oder vier Tagen eisern durch.

Aber zu einem solchen Anschlag ist es nicht mehr gekommen?

Nein. Stattdessen merkten wir, dass die SS-Leute in den letzten Tagen immer unruhiger wurden. Es freute uns schon zu sehen, wie ihre Selbstsicherheit schwand; wir wussten nur nicht, was das zu bedeuten hatte. Sie liefen mal in Uniform mit Koffern aus dem Lager und kamen in Zivilkleidung zurück, dann zogen sie wieder die Uniform an … Sie schlugen uns auch nicht mehr so oft. Anscheinend waren sie sich nicht schlüssig, ob sie davonlaufen oder weiter Dienst tun sollten. Wie würden sie am besten davonkommen?

In den letzten Tagen hatten wir schon das Gefühl, dass es nicht mehr lange dauern konnte. Wir fingen an zu hoffen, vielleicht doch noch lebend davonzukommen. Aus diesem Gefühl heraus erlaubten wir uns sogar kleine Frechheiten: Bis dahin hatten wir einen weiten Bogen um die SS-Leute gemacht, wenn wir draußen sein durften; jetzt wagten wir uns schon mehr in ihre Nähe. Und wunderten uns darüber, dass sie nicht mehr mit der Peitsche herumgingen und nicht überall zuschlugen.

Heute ist mir klar, dass sie ganz andere Sorgen hatten, als uns noch auszupeitschen. Sie hatten unsagbare Angst. Die sahen wir damals natürlich nicht, weil wir unsere eigene hatten. Sie wussten wohl auch nicht, wohin sie hätten davonlaufen können. Und manche fragten sich sicher, wie sie ihre Sündenregister löschen konnten.

Sie blieben dann bis zum Schluss?

Es waren bis zum Schluss welche da. Aber wie viele geblieben waren, kann ich nicht sagen. Da hatten wir natürlich keinen Überblick. Wir aus Fallersleben waren ja noch ziemlich neu in Salzwedel. Und wir waren oft in den Baracken eingesperrt und konnten nicht genau sehen, was sich draußen tat.

Und eines Tages kamen die Amerikaner …

Es war der 14. April. Der Moment blieb mir sehr genau in Erinnerung, als eine losgeschrien hat: »Die Befreier kommen!« Und da liefen wir wie Wahnsinnige raus aus der Baracke und sahen, wie Tanks an das Tor heranfuhren und es umkippten und hereinfuhren. Ein großes Jubelgeschrei brach los, und wir rannten ihnen entgegen, fast hätten wir uns gegenseitig zertrampelt. Ich war damals noch völlig entkräftet, weil ich tagelang Fieber hatte von den Furunkeln.

Du hattest keine Kraft mehr zu jubeln?

Doch, ich hab mitgejubelt, o ja. Glücklich war ich sogar, das kann ich auch sagen. Aber es war eine Mischung, ohne klare Grenzen: glücklich sein, es nicht glauben können, dann wieder sehen, dass es wahr war, und gleichzeitig immer die Angst, dass es doch nur ein Traum sein könnte. Plötzlich meinte ich, dass die Sonne ganz anders schien. Es war wohl einfach die Fähigkeit in dem Moment, überhaupt wieder etwas zu empfinden. Dadurch leuchtete die Sonne anders. Sie war mit Freiheit gemischt.

Und dann übernahm die US-Armee das Lager?

Es war ein Wirbel von Ereignissen. Alles war in Bewegung. Die Tanks fuhren herein, hielten auf dem Hof des Lagers. Lange Zeit wurden sie bejubelt von uns; sie verteilten Zigaretten und Schokolade, und schon entstand eine Rauferei unter uns um die Sachen. Dann aber drängte es die Leute raus, raus aus der Gefangenschaft. In Gruppen strömten sie durch das Tor hinaus, in die Freiheit. Gleichzeitig fingen die amerikanischen Soldaten an, Jagd zu machen auf die SS-Leute, und die wurden einer nach dem anderen gefangen genommen. Ein paar in Uniform, ein paar in Zivil. Einige von uns haben mitgeholfen, indem sie sagten: »Der war dabei« oder »Der war auch einer« und »Der ist ein SS-Mann in Zivil«. Das war selbstverständlich. Diejenigen, die schon in Zivilkleidung waren, konnten ja von den Amerikanern nicht erkannt werden, aber wir kannten sie. Vor dem Lager bildeten die Soldaten auf einem freien Gelände einen Ring, dort wurden dann die eingefangenen SS-Leute erst mal festgehalten.

Ich beobachtete das alles in meinem Fieber, und immer wieder fragte ich mich: Träum ich oder ist das wirklich wahr? Es war so unvorstellbar. Wenn die Leute wieder jubelten, dachte ich: Es muss wahr sein. Und als ich dann vor dem Lager diese gefangenen SS-Leute sah, dachte ich: Also das kann doch kein Traum sein!

Sind auch noch welche geflüchtet?

Einer ist davongelaufen, auf Englisch wurde ihm etwas nachgerufen, aber er lief weiter, und dann wurde er erschossen. Als ich sah, er liegt da erschossen, verspürte ich zuerst Freude darüber, denn er war ein schrecklicher Schläger. Er war nur kurze Zeit da gewesen, doch er war immer durchs Lager getobt und hatte wahllos um sich geschlagen. Aber bald kam im Anschluss an dieses freudige Gefühl in mir die Frage auf: Wer wird wohl auf diesen Mann zu Hause warten?

Vielen anderen unter uns ging es genauso. Vielleicht liegt es daran, dass Menschen, die so tief gedemütigt und kaputt gemacht worden sind, die Sinnlosigkeit von Rache und Hass schon kennen, wenn sie sich wieder aufrichten.

Mit dem Tod des SS-Mannes verschwanden alle Hassgefühle?

Nein, das war nur ein Gefühl für einen kurzen Moment. Ich hatte sogar einen ganz anderen Vorsatz. Schon Tage vorher war mir der Gedanke gekommen: Wenn wir frei sind, werde ich das erste deutsche Kind, das ich erwische, umbringen – als Rache für meine jüngste Schwester. Und dieses Gefühl deckte alles andere zu. Es wurde immer stärker; und als wir frei waren, wusste ich, dass die Zeit gekommen war.

Warum gerade ein Kind? Die Kinder hatten doch keine Verbrechen begangen.

Die deutschen Kinder waren natürlich unschuldig. Aber meine Schwester war genauso unschuldig. Und für sie wollte ich ein unschuldiges Kind umbringen.

Ich hab ja schon erzählt, wie meine jüngste Schwester Márta unter meiner Pflege aufgewachsen war. Meine Mutter hatte zwar immer ein Auge auf uns gehabt, aber ich war doch für sie verantwortlich. Ich hatte richtig mütterliche Gefühle für Márta entwickelt. An Márta hing deshalb auch für mich die Frage:

Wenn diese Zeit in den Konzentrationslagern eine Strafe Gottes gewesen sein soll für unsere Sünden, was hat denn dieses Kind verbrochen, dass es so grausam umgebracht worden ist? Sie war fünf Jahre alt, als wir nach Auschwitz kamen. Sie hat doch noch keine Sünden gehabt, das *kann* nicht sein. Wenn es einen Gott gibt, dann kann das nicht sein Wille sein. So hat sich das in mir aufgeschaukelt. Je mehr ich an Márta zurückdachte, umso mehr kam in mir die Rachlust hoch. Ich hatte mich teilweise mit dem Gedanken abgefunden, die Familie verloren zu haben – bis auf den Vater und eventuell meine nächste Schwester, die vielleicht noch irgendwo am Leben waren. Aber mit dem Tod dieses Kindes konnte ich mich nicht abfinden, dafür hatte ich keine Erklärung. So wuchs in mir dieses Gefühl: Ich muss sie rächen.

Also machtest du dich auf die Suche nach einem Kind, das du ermorden könntest?

Ja! Als alle rausdrängten aus dem Lager, lief ich auch mit raus, gleich nach der Befreiung. Ich sonderte mich dann von den Leuten ab und ging alleine weiter. Aber nicht ich war es, sondern der Hass hatte von mir Besitz ergriffen, der Hass trieb mich. Ich war aber nicht allein auf der Straße, manche Häftlinge kamen mir schon entgegen aus der Stadt, mit Ballen von Stoffen und allem Möglichen, was sie so zusammengeplündert hatten überall. Sie waren gleich losgezogen, um Sachen zu organisieren – wie sie's im Lager gewohnt waren. Aber mich interessierte das alles nicht. Ich hielt nur Ausschau nach einem Kind. Und dann sah ich – vielleicht hundert Meter vor mir – eine Mutter mit einem etwa dreijährigen kleinen blonden Mädchen an der Hand.

Da ging es in mir so richtig los. Ich war wie blind, ich sah nur noch dieses Kind. Und nur den Hals des Kindes – das ist das Eigenartige. Meine Hände verkrampften sich richtig. Hundert Meter entfernt war ich schon darauf vorbereitet, den Hals des Kindes zu packen. Das ist ein Zustand, ich glaube, der nächste Schritt ist der Wahnsinn. Ich hatte mich nicht mehr in der Gewalt, nicht ein bisschen. Ich konnte nichts denken, ich stellte nichts in Frage, ich ging nur noch vorwärts wie ein Golem[19], wie ein Automat, in die Richtung dieser Mutter mit ihrem Kind. Und meine Hände waren die ganze Zeit wie eine Klammer.

Ich war noch etwa zehn, fünfzehn Meter von ihnen entfernt, vielleicht auch weniger, als irgendetwas, ich weiß nicht was, mich hat abdrehen lassen. Das war schon am Stadtrand, es gab da schon Häuser mit Gartenzaun, und ich ging zu einem Gartenzaun und krallte mich daran fest. Diese Kraft, die sich in mir aufgestaut hatte, hab ich an diesen Gartenzaun abgegeben. Ich umklammerte ihn, ich spüre heute noch diesen Griff. Und da fing ich an zu weinen. Lange, lange hab ich nur noch geheult. Erst danach kamen mir die Gedanken: Was hab ich tun wollen! Was hätte es geholfen? Meine kleine Schwester würde dadurch nicht wieder lebendig. Dann kamen Gedanken an meine Eltern: Was würden sie dazu sagen? Dass ich überhaupt so etwas vorhatte!

Es war unheimlich … Ich war ganz für mich, niemand störte mich. Es ging um mich herum vieles vor sich, aber das kümmerte mich nicht. Ich war mit meinen Gedanken allein; irgendwie ließ ich sie jetzt hochkommen. Wie lange das dauerte, kann ich nicht sagen.

Hinterher, als ich den Gartenzaun wieder losgelassen hatte, sah ich mich nach der Frau um. Sie war längst weg. Wahrscheinlich hatte sie von der ganzen Sache gar nichts gemerkt. Ich drehte mich um und ging ins Lager zurück. Und fürs Erste dachte ich nicht mehr an diese Geschichte. Sie war wie weggewischt.

Ich weiß nur, dass ich über lange Jahre nicht begründen konnte, warum ich mich immer so sehr gegen Hass oder Rache wehrte. Erst viel später, bei meinem ersten Gespräch mit einer Schulklasse, bin ich draufgekommen, dass das ein Schlüsselerlebnis für mich war. Mittendrin in dieser Mordlust hat mich etwas von innen her abdrehen lassen. Das war nicht ich. Das war auch keine höhere Macht. Ich war zurückgekehrt zu dem, was meine Eltern mir als Weg vorgegeben haben. Ich hatte Glück; es hätte ja auch anders laufen können. Es hätte ja sein können, dass ich die Tat ausgeführt hätte. Dann wär ich fürs Leben mit dieser Schuld behaftet gewesen.

So kehrtest du ins Lager zurück …

Ja. Ich reihte mich ein unter die Wartenden, die sich von einem Arzt wegen ihrer Krankheiten untersuchen ließen. Mein Fieber wurde gemessen, und meine Furunkel wurden untersucht. Dann schickte man mich zur Krankenstation, wo gleich zwei Furunkel, die schon reif waren, aufgeschnitten und versorgt wurden. Unheimlich viel Eiter ist da herausgekommen.

Und da bliebst du für ein paar Tage in der Krankenstation?

O nein, die hatten dort keine Liegeplätze in der Krankenstation, es gab nur einen Behandlungsraum, den sie schnell eingerichtet hatten. Dort arbeiteten ein paar Ärzte und Sanitäter.

Aber nach der Befreiung waren wir erst einmal aus den Lagerbaracken umgezogen in die angrenzende Kaserne, wo wir endlich wieder eigene Pritschen hatten und einigermaßen menschlich leben konnten. Die ersten Tage dort habe ich durch das Fieber und durch die Schmerzen, die die wachsenden Furunkel von innen her bereiteten, noch nicht viel vom Leben mitbekommen. Diese Furunkel wachsen ja tief unter der Haut; man muss warten, bis sie groß genug geworden sind, dass man sie aufschneiden kann. Das schmerzt und spannt; es ist scheußlich. Ich versuchte, so viel wie möglich zu schlafen.

Erst allmählich wurde das wieder besser, als wir mit frischem Wasser versorgt wurden und genügend frische Lebensmittel bekamen – wenn wir auch vieles davon anfangs wieder erbrachen, weil unsere Mägen noch keine normale Nahrung vertragen konnten. Aber ich kam zu Kräften und wurde langsam gesund.

Und so kamst du allmählich ins Leben zurück.

Es brauchte Zeit, andere waren da viel schneller. Als ich wieder auf dem Damm war, wunderte ich mich, dass andere schon neue Kleider hatten; manche nähten schon, weil sie Stoffe organisiert hatten; man lebte und tat und machte – ich hatte das alles verschlafen. Ich hatte nur die Kleider, die an uns ausgegeben worden waren. Auch bei der Essenszuteilung drückten sich oft welche vor mir in die Reihe, da dachte ich, ich werd schon noch was kriegen, aber manchmal kriegte ich nichts mehr. Ich war nicht ganz von dieser Welt, immer etwas verträumt, ich war da und gleichzeitig im Geiste schon auf der Suche nach meiner Familie. Sollte ich hoffen oder nicht? Nein, gib die Hoffnung nicht auf, sagte ich mir. Immer wieder überlegte ich, welche Gründe dafür sprachen, dass der Vater überlebt haben konnte, der doch so kräftig war und Feldarbeit machen konnte und, und, und ... Das war für mich wichtiger als alles andere.

Irgendwann fing das Rote Kreuz an zu arbeiten. Nachrichten wurden übermittelt, man konnte sich in Suchlisten eintragen und Auskünfte einholen. Sie fragten mich: »Wo ist der Vater, wo ist die Mutter?« Aber ich wusste es doch nicht. Der letzte Ort, wo ich sie gesehen hatte, war die Rampe von Auschwitz. Man konnte mir nicht helfen, denn es gab nur klar nach Lagern getrennte Informationen, wer sich wo aufhielt. Und man hatte auch noch längst nicht alle Namen und Aufenthaltsorte beieinander.

Mit solchen Fragen verbrachtest du nun deine Tage?

Wir verbrachten auch sehr viel Zeit damit, nur so in den Tag hinein zu leben, von einer Essensausgabe zur andern. Einfach leben! Und einfach verdauen, dass wir nicht mehr gefangen waren, dass wir keine Angst mehr haben mussten.

Manche verkürzten sich die Zeit auch noch auf andere Weise. Da war beispielsweise ein junger Mann, der in der Küche arbeitete, ein polnischer Jude. Ich hatte schon bemerkt, dass er mich immer ganz genau beobachtete, aber ich hatte mir nichts dabei gedacht. Als ich dann einmal in der Küche ein Messer schleifen lassen wollte, ging ich, ohne mir etwas dabei zu denken, ganz vertrauensselig direkt zu ihm hin ... Da kam er gleich auf mich zu und wollte mich packen und festhalten. Ich warf ihm voller Schreck das Messer vor die Füße und lief davon. Er war allein in der Küche, es ist durchaus möglich, dass er mich vergewaltigt hätte – warum nicht? Dass er ein Jude war und ich auch, spielte da keine Rolle. Er war ein hungriger junger Mann und ich war eine hübsche junge Frau. Und Engel waren wir auch nicht alle.

Wie lange warst du nach der Befreiung noch in Salzwedel?

In Salzwedel waren wir noch einige Wochen, bis in den Juli hinein. In den letzten zwei Wochen wurde das Lager von der Roten Armee übernommen.

Als das besiegte Deutschland in Zonen der Siegermächte eingeteilt wurde.

Weshalb und wieso, weiß ich nicht. Die Amerikaner und Briten waren schon abgerückt, nur ein paar waren dageblieben und leiteten gemeinsam mit den Russen das Lager. Wir hatten vor den Russen fürchterliche Angst. Das war auch berechtigt. Die vergewaltigten auch ehemalige Häftlinge. Abends trauten wir uns nicht, alleine die Baracken zu verlassen, wir gingen immer nur in Gruppen raus und nach Möglichkeit gar nicht. Unsere Räume betraten sie nicht, aber wenn sie draußen jemanden alleine erwischten, dann zögerten sie nicht. Sie gingen gnadenlos auf alles los, was weiblich war.

Sie nahmen uns auch von unseren Sachen vieles weg, was sie für sich brauchen konnten. Was unsere Leute irgendwo gestohlen hatten, nahmen sie uns zum Teil wieder ab. Heute ist mir klar, dass das kein Wunder war. Die meisten Sowjetsoldaten waren schon Jahre oder mindestens Monate von zu Hause weg. Und je weiter Menschen von ihrer vertrauten Umgebung entfernt sind, besonders als Soldaten, desto unberechenbarer sind sie. Nach einiger Zeit sind sie zu allem fähig. Man kann sie auch schlecht unterscheiden, denn alle tragen Uniform. Alle sehen gleich aus. Dadurch spüren sie eine gewisse Freiheit, denn diese Uniform ist wie eine Maske. Die Uniform deckt das Persönliche zu. Was man sich in Zivil nie erlauben würde, erlaubt man sich in Uniform.

Ein ehemaliger KZ-Häftling, der in der Schreibstube seines Lagers gearbeitet hatte, erzählte mir einmal, wie er dabei war, als die Uniform des Kommandanten gerade gereinigt wurde. Der Kommandant stand in seiner Unterwäsche da, frierend, und war wie jeder normale Mensch. Als er dann die Uniform wieder anzog, mit Stiefeln und Mütze, wurde aus dem frierenden Menschen wieder der gefürchtete Beherrscher des Lagers, der keine Gnade kannte.

Bei sämtlichen Soldaten der Welt kann man diese Verwandlung beobachten. Da sind nicht nur die russischen Soldaten so. Mit einem Unterschied: Die russischen Soldaten hatten selber nichts und nahmen sich daher alles, was sie gebrauchen konnten. Die amerikanischen Soldaten waren viel besser versorgt und ausgestattet, deswegen waren sie auch nicht so brutal und so anspruchslos. Und sie vergewaltigten die Häftlinge wenigstens nicht, sie versuchten eher, die Mädchen zu überreden, mit ihnen zu schlafen. Auch die deutschen Frauen vergewaltigten sie nicht, sie versuchten lieber, sie zu kaufen, um sie zu werben mit Geschenken – das war der Unterschied. Und das ist schon ein großer Unterschied.

Das müssen beklemmende Tage gewesen sein …

Wir waren froh, als es irgendwann hieß, wir würden nach Bergen-Belsen überführt. Ich empfand es wie eine zweite Befreiung.

Es gab eine Vereinbarung unter den Siegermächten, dass die überlebenden Häftlinge von derjenigen Besatzungsmacht nach Hause transportiert würden, die sie befreit hatte. Und weil wir von den Amerikanern befreit worden sind, sollten wir zuerst einmal nach Bergen-Belsen gebracht werden. Dort war ein DP-Lager, ein Lager für »Displaced Persons«[20], und von dort aus sollte unsere Heimkehr organisiert werden.

Wie seid ihr dorthin gekommen?

Das war eine längere Prozedur, bis alles vorbereitet war, schließlich waren wir ja ein paar tausend Leute. Am Ende wurden wir auf Militärlastwagen verladen und in großen Kolonnen nach Bergen-Belsen gebracht. Das dauerte einige Tage.

6. Kapitel

Bergen-Belsen

Wie fandet ihr Bergen-Belsen vor, als ihr dort ankamt?

Vom Konzentrationslager war dort schon nicht mehr viel übrig. Es hatte ja zuletzt Typhus im Lager gegeben, mit unglaublich vielen Toten. Also waren gleich nach der Befreiung die Baracken abgerissen und das ganze Holz verbrannt worden. Uns brachte man in einer Kaserne unter, die für die SS als Mannschaftsunterkunft gedient hatte.

Bergen-Belsen wurde ja zu einer Art Zentrum für die Verteilung der DPs in die Heimatländer. Da müssen dann ja Tausende von Leuten zusammengekommen sein?

Es war sehr groß und sehr mörderisch. Es gab noch ungeheuer viele Kranke und immer noch ein furchtbares Sterben. Auch nach der Befreiung starben die Menschen dort wie die Fliegen im Herbst, denn viele Krankheiten hatten so lange in den Menschen gewütet, dass es einfach keine Heilung mehr gab. Viele waren so abgemagert, so kraftlos, dass sie längst dem Tod geweiht waren. Am Anfang teilten die Amerikaner auch noch ziemlich kräftiges Essen aus; sie hatten nicht daran gedacht, dass das für uns ausgehungerte Gestalten gar nicht zu verkraften war. Und einige von uns langten auch ziemlich maßlos zu, was dazu führte, dass manche an Durchfällen zugrunde gingen.

Und du? Du warst ja wieder einigermaßen gesund. Was hast du dort getan?

Ich fing natürlich sofort wieder an, mich nach Landsleuten umzuhören, wie schon in Fallersleben und Salzwedel. Sprach jemand Ungarisch? Waren Ungarn hier? Aus welcher Stadt? Ich fragte immer nach zwei Städten: nach Vásárosnamény und nach der Ortschaft meiner Tante, Nagykároly in Rumänien. Denn im Frauenlager in Auschwitz hatte ich auch meine Cousine Magda getroffen, die aus Nagykároly kam.

Nach einigen Tagen traf ich dann eine Frau, die mir sagte: »Ich war zusammen mit einem sehr schönen Mädchen aus Nagykároly.« – »Hieß sie Magda Rosenberg?« – »Ja.« – »Was ist mit ihr?« – »Sie war hier. Zwei Tage vor der Befreiung ist sie gestorben an Typhus.« Die Frau zeigte mir einen Platz im Lager und sagte: »Hier war eine große Menge von Toten, ein ganzer Berg; da lag sie noch drei oder vier Tage.«

Die Frau war so sehr mit dem Erzählen beschäftigt, dass sie gar nicht bemerkte, wie mich diese Nachrichten fast zerrissen. Ich war tief erschüttert. Das kann man gar nicht schildern, was man empfindet, wenn man so etwas hört.

Ich hatte Magda immer sehr bewundert. Sie war lange mein Vorbild gewesen. Ich hatte davon geträumt, so zu werden wie sie. Sie war drei Jahre älter als ich, so hatte sie immer einen Vorsprung, und ich konnte sie nie erreichen. Als ich sie in Auschwitz traf, hörte dieser Wettbewerb für mich auf. Jetzt waren wir gleich.

Sie musste irgendwo in diesem Berg von Toten am Rande gelegen haben, bis zur Unkenntlichkeit abgemagert. Ich konnte nach diesem Gespräch diesen Platz nicht mehr betreten. Es waren längst keine Toten mehr dort. Der ganze Berg war natürlich abgeräumt, alle waren in einem Massengrab bestattet worden, und Magda irgendwo mit darunter.

Ich sah lange Zeit immer wieder dieses schöne blonde Mädchen vor mir, wie ich sie in Erinnerung hatte. Und ich musste mir immer wieder vorstellen, wie sie wahrscheinlich als Tote ausgesehen hatte – obwohl ich gleichzeitig wie wahnsinnig gegen diese Vorstellung ankämpfte. *Das* war Bergen-Belsen für mich. Bis heute zieht sich mir das Herz zusammen, wenn ich daran denke, weil ich sie noch immer dort sehe.

Das war eigentlich meine allererste persönliche Trauer, weil ich zum ersten Mal eine sichere Nachricht vom Tod eines Familienmitglieds hatte. Die andern waren alle im Ungewissen verschwunden; ich wusste nicht genau, was mit ihnen war. Das ist ein großer Unterschied.

Ja, Magda war die Erste … Ich war richtig froh, als wir aus Bergen-Belsen endlich wegfuhren, denn dort verfolgte mich immer ihr Bild.

Wie lange wart ihr denn dort?

Wir waren dort bis Ende August, Anfang September ungefähr. Bis die Transporte in die Heimatländer und die Auswanderungen losgingen.

Und bis dahin suchten alle nach Angehörigen?

Das Rote Kreuz ergänzte immer weiter seine Listen, Namenslisten mit den Befreiten aus allen Lagern. Anhand dieser Listen konnte man nach seinen Angehörigen suchen. Und wenn irgendwelche Neuen im Lager ankamen, erkundigte man sich natürlich gleich. Sprichst du Ungarisch? In welchen Lagern warst du? Mit wem warst du zusammen? Von welcher Ortschaft kamen die Leute? Waren welche von Vásárosnamény dabei? Kannst du dich erinnern, wer das war? Ist nicht mein Vater, Hugo Mandel, dabei gewesen?

So ging das alle Tage. Deshalb hielten wir uns die meiste Zeit über an unseren Stammplätzen auf, weil wir erreichbar sein wollten, falls jemand eine Nachricht für uns hatte.

Einmal tauchte ein Junge aus meinem Heimatort auf. Wir waren zusammen aufgewachsen, zur Schule gegangen. Er war irgendwo anders befreit worden, und natürlich bestürmte ich ihn sofort mit meinen Fragen. Aber er sagte nur: »Weiß ich nicht, hab nicht von ihnen gehört, keine Ahnung. Ich hab noch niemanden getroffen, der irgendwo die Familie wiedergefunden hätte.«

Heute ist mir klar, dass die Auskünfte, die ich bekam, oft auch wissentlich nicht richtig waren. Denn nicht alle haben es fertig gebracht, mir, die so unschuldig als Kind ins Lager gekommen war, zu sagen: »Du, die leben alle nicht mehr.« Viele sind über diese Frage hinweggegangen oder antworteten nur so wie dieser Junge.

Da war es natürlich schwer, Klarheit zu bekommen.

Ja, aber nach meiner heutigen Einschätzung war es so besser für mich, denn dadurch konnte ich mich der Wahrheit langsam nähern und mich langsam daran gewöhnen. Die anderen merkten ja, dass meine Fragen so unschuldig, so unwissend waren, so stark mit Hoffnung vermischt. Einem solchen Mädchen konnte man doch nicht sagen, dass die meisten vernichtet worden sind. Also werden sie gedacht haben: »Lassen wir sie noch ein bisschen in der Unwissenheit. Sie erfährt es noch früh genug.«

Ihr habt euch also die meiste Zeit an eurem Platz aufgehalten und gewartet?

Ja, das war das eine. Das andere war das Essen. Endlich konnte man sich satt essen, endlich sich frei bewegen. Ich fühlte mich wie in Trance. Man konnte essen, soviel man mochte. Sie kochten genug für alle. Wenn wir wollten, bekamen wir von der Küche auch zwei oder drei Portionen. Aber mir es hat nicht gereicht, trotz allem. Es war ein Heißhunger in mir, eine regelrechte Sucht nach Essen. Ich war durchaus fähig, *ständig* etwas zu essen. Zweimal oder dreimal füllte ich bei den Mahlzeiten meine Schüssel in der Küche, bis dort das Essen ausging. Und für meine Zigarettenration – jeder bekam ein Päckchen Zigaretten pro Tag, aber ich rauchte damals nicht – kaufte ich dann Würstchenkonserven, so große Kilodosen mit Wiener Würstchen. Die machte ich gar nicht erst warm, sondern aß die Würstchen gleich kalt aus der Dose, eins nach dem anderen, die ganze Dose. Das ging alles wunderbar rein. Aber dann fehlte mir noch eine Nachspeise. Dafür rührte ich mir dann aus einer Halb-Kilo-Dose Milchpulver mit Wasser und Zucker eine Creme an und verspeiste die zum Nachtisch. Das war nicht unbedingt Hunger, das war mehr eine Esslust. Und das machte ich eine ganze Weile jeden Tag so! Hinterher war ich für ein paar Stunden ein bisschen befriedigt. Mich wundert, dass mein Magen das überhaupt mitgemacht hat und ich nicht alles wieder erbrechen musste.

Und wahrscheinlich war das nicht die einzige Art von Heißhunger, die es nach der Gefangenschaft gegeben hat, vor allem bei euch jungen Leuten …

Allerdings! Ich erinnere mich zum Beispiel an die Geschichte mit einem schönen Italiener, der Kriegsgefangener war. Er umwarb mich leidenschaftlich. Ich war ihm aufgefallen, ich weiß nicht warum; vielleicht hatte er mich einfach ausersehen … Wir konnten aber nicht miteinander sprechen, er sprach nur Italienisch, ich nur Ungarisch. Trotzdem tat er sehr verliebt, und einige Tage lang ging er immer wieder vor meinem Fenster auf und ab, und einmal hat er mir am Abend sogar ein Ständchen gebracht; er konnte wunderschön singen. Und es ist nicht so, dass mir das nicht geschmeichelt hätte! Aber mir fiel nicht im Entferntesten ein, irgendwie darauf zu reagieren. Es waren die lieben Freundinnen, die fragten: »Warum gehst du nicht mal zu ihm?« – »Ich kann mit ihm nicht reden.« – »Ja wieso? Man muss doch nicht reden, man kann doch trotzdem miteinander spazieren gehen. Siehst du nicht, wie verliebt er ist? Warum schenkst du ihm nicht ein bisschen Hoffnung?«

Die lagen mir also ständig in den Ohren, und einer Freundin, die mit ihm gebrochen Deutsch reden konnte, sagte er dann, er wolle mit mir nur spazieren gehen. Dagegen hatte ich nun keine Argumente mehr; ich war auch einfach zu unerfahren. Also gingen wir los. Er war mindestens so eineinhalb Köpfe größer; ich war die Kleine und schaute zu ihm hinauf. Ein schöner Mann war er schon. Wir gingen und gingen, bis wir zu einem Wald kamen. Auf mich wirkte das schon ein bisschen beklemmend; in den Wald wollte ich eigentlich lieber nicht. Aber ich konnte es ihm ja nicht sagen! Ich zeigte auf einen anderen Weg, doch er sagte nein, und dann ging er in den Wald und drängte mich so in diese Richtung. Ich wusste nicht, was ich tun sollte.

Ich kann mir gut vorstellen, dass viele junge Mädchen auf diese Weise zu Dingen gebracht werden, die sie eigentlich gar nicht wollen. Weil sie einfach ahnungslos sind, sich genieren und so hineingeraten in die Sache. Und nie gelernt haben, nein zu sagen.

Nach kurzer Zeit waren wir schon ziemlich tief inmitten der Bäume, und er ging zum Angriff über: Er umarmte mich und wollte mich küssen. Da holte ich aus, gab ihm eine Ohrfeige und rannte davon.

Im Lager haben mich meine Zimmerkameradinnen für völlig verrückt erklärt: »Was willst du denn? Hast du Angst, dass du dadurch ein Kind bekommst? Warum bist du davongerannt?« Ich sagte nur: »Ich will nicht geküsst werden; ich kenn ihn doch noch gar nicht.« Mehr konnte ich gar nicht sagen.

Ich hab den schönen jungen Mann nie mehr gesehen. Ich weiß nicht, wo er wohnte oder wo er sich aufhielt. Auf jeden Fall war ich für ihn erledigt. Aber ich war sehr froh, dass die Geschichte zu Ende war.

Das war ja nun mitten in Deutschland. Hast du davon eigentlich etwas mitbekommen? Hast du das DP-Lager ab und zu mal verlassen?

Ab und zu organisierten ein paar Jungen einen Wagen. Das waren so offene Lastwagen. Damit fuhren wir dann manchmal nach Celle, das war die nächstgelegene Stadt. Dort bummelten wir herum, kauften ein bisschen ein, trafen andere Leute und schauten, wie es sich da lebte – so eine Art Ausflug war das eben.

Hast du daran noch Erinnerungen?

Nein, überhaupt nicht. Wahrscheinlich deshalb, weil die anderen alle Jiddisch sprachen – oder wenigstens die meisten von ihnen. So konnten sie sich orientieren, da und dort auch etwas verstehen. Ich verstand nichts, ich konnte nur schauen und mit den anderen mitgehen.

Aber im Grunde war ich auch noch zu benommen damals –

das Leben war so richtig raus aus mir. Mich beschäftigte eigentlich nur die Frage, wie ich mich entscheiden sollte: Sollte ich nach Hause fahren? Oder irgendwohin auswandern? Manche gingen nach Australien, andere setzten sich auf Listen nach Kanada, nach Amerika. Sollte ich das auch? Es gab welche, die zur Erholung nach Schweden geschickt wurden. Es bildeten sich Gruppen, die nach Palästina wollten. Sollte ich mit ihnen gehen? Oder vielleicht doch lieber nach Haus, weil mich sonst mein Vater nicht finden könnte, wenn er noch lebte? Das waren so die Gedanken, die in mir hin und her gingen.

Darüber habt ihr auch untereinander gesprochen?

Weniger. Also ich war schon eine Einzelgängerin dort. Die anderen hatten bald da oder dort eine Liebschaft, Freunde, Freundinnen, gingen miteinander spazieren; manche organisierten auch Tanzveranstaltungen ... Es gab Menschen, die ganz schnell ins Leben zurückfanden. Ich konnte das nicht. Ich konnte es einfach nicht. Ich trage auch heute noch schwerer daran als manche. Ich kann nicht so leicht die angenehme Seite suchen; eher such ich danach, was ich tun könnte, damit so etwas nie wieder kommt. Das ist noch immer das Uhrwerk, das in mir schlägt und arbeitet. Alles andere kommt danach.

So ist es heute. Damals kreisten deine Gedanken ...

... um die Familie. Schließlich entschloss ich mich deshalb auch, nach Hause zu fahren. Das war mir irgendwann klar. Ich setzte mich auf die Liste nach Ungarn. Inzwischen hatte ich gehört, dass in Budapest manche Familien komplett am Leben geblieben waren, weil es zur Deportation der Stadt nicht mehr gekommen war. Ich versuchte mich zu erinnern: Wie hieß die Straße in Budapest, wo die Schwester meines Vaters wohnte? Ich war nie dort gewesen; meine Mutter hätte es auch nicht zugelassen, sie zu besuchen, weil ihr die Familie nicht religiös genug war. Aber plötzlich fiel mir der Straßenname ein, wo sie wohnten – oder gewohnt hatten. Das war in der Vezseny Utca,

Haus Nummer vier. Plötzlich wusste ich das genau. Und so hatte ich mit einem Mal eine Zieladresse. *Da* würde ich suchen! So malte ich mir, Baustein auf Baustein, in Gedanken aus, wie ich vorgehen würde. Vielleicht lebten sie! Und wenn sie lebten, würde sich vielleicht auch mein Vater dorthin verirren. Je länger ich seit der Befreiung darüber nachdachte, umso stärker war in mir das Gefühl: Er lebt, er muss leben, er *kann* nicht verloren gegangen sein!

Du warst dann also auf der Heimreiseliste nach Ungarn, und eines Tages hieß es: »Es geht los«?

Ja, ja! Wir wurden nicht gezwungen, wir hätten noch bleiben können.

Die Transporte wurden immer über Lautsprecher angekündigt. Es hieß dann, ein Transport nach Ungarn gehe bald los für soundso viele Leute, vielleicht so 1000 oder 1500 Leute, je nachdem wie viele Waggons organisiert werden konnten. Wer mitwollte, sollte sich bereit machen. Es wurde auch gesagt: »Sammelt eure Zigarettenration, denn ihr braucht sie unterwegs.« Die Russen konfiszierten nämlich öfter mal die Lokomotiven, da musste man unterwegs wieder eine Lokomotive organisieren, damit man weiterfahren konnte. Und dafür brauchte man Zigaretten.

Wie bitte?

Ja! Wenn die eine Lokomotive brauchten, nahmen sie sich einfach die nächste. Basta! Da wurden Maschinengewehre auf uns gerichtet, und die Lokomotive wurde abgekoppelt. Das wusste man alles vorher, damit mussten wir rechnen. Wir sollten auch nicht zu viel Gepäck mitnehmen, denn je mehr wir dabeihatten, umso mehr konnte uns wieder abgenommen werden.

Aber ihr hattet ja sowieso nicht so viel …

Mittlerweile hatte sich doch schon manches angesammelt. Wir bekamen einiges an Kleidung von den Amerikanern, was diese wiederum in deutschen Haushalten beschlagnahmt hatten.

Vorher hatten die Deutschen den Juden alles weggenommen; jetzt ging es ein bisschen umgekehrt, so war das.

Und dann ging irgendwann dein Zug nach Budapest?

Na ja, das war so eine Prozedur. Es wurde ausgerufen, dass man sich melden konnte. Und wenn sich nicht genügend gemeldet hatten, wurde wieder durch Lautsprecher ausgerufen: »Für den Transport fehlen noch dreißig Leute. Wer will noch mit? Es gibt noch Platz.«

Das waren keine Viehwaggons diesmal, sondern normale Personenzüge. Die hatten an den Seiten früher überall Türen; jedes Abteil hatte so seinen eigenen Ausgang. Wenn der Zug irgendwo anhielt, öffneten sich gleich alle Türen, und die Leute strömten raus und setzten sich ein bisschen ins Freie.

Tag und Nacht ging die Fahrt, ich weiß nicht wie lange. Mehrmals standen wir ein, zwei Tage irgendwo, weil wir keine Lokomotive hatten. Es war ja nicht so leicht, wieder eine andere zu organisieren. Diejenigen, die den Transport leiteten, waren so richtige Draufgänger. Die hatten dafür zu sorgen, dass dann wieder irgendwo etwas organisiert wurde. »Wer hat noch Zigaretten?«, hieß es dann immer. An Essen war kein Mangel, davon hatten wir genug auf den Weg mitbekommen, aber Zigaretten waren Valuta. Damit bezahlten wir gewissermaßen für die Reise.

7. Kapitel

Budapest

Schließlich kamt ihr in Budapest am Bahnhof an …

Die Freude darüber, dass mir die Adresse von Tante Elza wieder eingefallen war, hatte einer großen Beklommenheit Platz gemacht, je näher wir Budapest kamen. Die ganze Zugfahrt über hatte ich mich immer wieder gefragt, ob die Tante am Leben geblieben war oder nicht. Ich wollte nur, wenn ich schon in Budapest war, diese Chance nicht ungenutzt lassen und wenigstens nachschauen, ob sie noch lebte.

Als wir aus dem Zug ausstiegen, erkundigte ich mich nach dem Weg und ging los. Den größten Teil ging ich zu Fuß; damals fuhren noch nicht wieder überall Straßenbahnen.

Tatsächlich fand ich das Haus. Tante Elza öffnete die Tür. Sie war sehr schön gekleidet, und ich sah in ihre elegant ausgestattete Wohnung. Ich stand vor ihr in der armseligen Kluft, mit der ich tagelang im Zug gesessen hatte, noch dazu ungewaschen. Ich kam mir vor wie eine Bettlerin. Am liebsten hätte ich mich in Luft aufgelöst. Das war meine erste Empfindung, als ich sie sah.

Meine Tante war kein besonders herzlicher Mensch, aber immerhin sagte sie: »Na! Noch eine ist zurückgekommen!« Und nach hinten in die Wohnung rief sie: »Die Hanna ist da!«

Deiner Tante ging es also gut?

Ja. Zu meiner großen Überraschung war ihre ganze Familie am Leben geblieben. Erst später hab ich verstanden, warum. Wenn man sich anschaut, wie das geplant war – das war ein teuflischer Plan. In Budapest war das Hauptquartier der SS für Ungarn. Dort saß auch Eichmann. Die Deportationen aber begannen an den Grenzen von Ungarn, rundherum. Als würden sie sich vom Tellerrand her langsam bis zur Mitte durchfressen. Für Budapest war am Ende keine Zeit mehr. Und so sind viele Budapester Familien davongekommen.

Das heißt nicht, dass alle Juden aus Budapest überlebt hätten; es war nur prozentual ein größerer Teil. Denn es kam immer wieder vor, dass manche mit dem Judenstern auf der Straße oder auf andere Weise auffielen und verhaftet wurden. Von denen wurden dann viele in die Lager deportiert. Und einige Ungarn denunzierten Juden, um deren Wohnungen und Möbel in Besitz zu nehmen. Diese Juden wurden dann auch in Budapest in ein Ghetto eingewiesen. Dieses Spiel gab es überall. Man nahm ganz gerne jüdisches Vermögen an sich, und hinterher erzählte man, man habe nichts mitbekommen oder nichts gesehen. Man sei nicht beteiligt gewesen.

Und es gab die ungarischen Faschisten, die Pfeilkreuzler[21] *…*

Genau. Also ich bin ja, wenn das überhaupt möglich ist, auf diese Leute noch ein paar Grad böser als auf die deutschen Nazis. Denn in Deutschland hat die Anlaufzeit lange gedauert; die Menschen hatten jahrelang mit Hitler gelebt und wurden Schritt für Schritt an immer mehr Unterdrückung gewöhnt. So wurden sie allmählich blind für die Sache und konnten aus den Klauen der Macht nicht mehr heraus. Aber in Ungarn ist es nach der Annexion unheimlich schnell gegangen. Eine Handvoll Pfeilkreuzler übernahm die Kontrolle des öffentlichen Lebens, und ein großer Teil der Bevölkerung stellte sich sofort darauf ein und setzte ihre Anordnungen in die Tat um. Offenbar war der Antisemitismus so stark und so tragfähig, dass die deutschen Verhältnisse in Ungarn in null Komma nix durchgesetzt werden konnten.

Es gab einen Spruch – ich weiß nicht, wie authentisch –, der angeblich von Horty, dem ungarischen Führer damals, stammte: »Ich liebe die Juden nicht, ich brauch sie hier nicht, ich lasse sie auch raus aus Ungarn, aber mit dem Morden will ich nichts zu tun haben.« Was mich dabei so erschüttert, ist diese Einstellung: Du kannst mit denen machen, was du willst; ich will nur nichts damit zu tun haben. Ich halt mich raus.

Unter den Juden in Ungarn kursierte ein Witz, der die Situation ziemlich genau trifft: Zwei Grafen treffen sich und unterhalten sich über die Juden. Der eine sagt: »Meiner ist sehr anständig, und immer wenn ich Geld brauche, borgt er es mir auch. Und wenn ich es ihm schuldig bleibe, sagt er auch nicht viel.« Worauf der andere sagt: »Ich hab auch so einen.« Dann schauen sich die beiden Grafen an, und der eine sagt: »Aber Hitler hat doch recht: Die Juden soll man totschlagen.« Worauf der andere Graf sagt: »Also ich könnte meinen nicht erschlagen.« Sagt der andere: »Stimmt, ich könnte meinen auch nicht umbringen. Aber weißt du was? Du erschlägst meinen, und ich erschlag deinen.« So war die allgemeine Meinung, und so haben wir es auch empfunden. Deswegen ist dieser Witz von Mund zu Mund gegangen.

Aber deine Tante hatte mit ihrer Familie überlebt.

Ja, und wie ich da so armselig vor ihr stand, sagte Tante Elza: »Komm rein!« Die nächste Frage war: »Hast du Hunger? Setz dich hin!« Sie gab mir zu essen; es war kurz nach dem Mittagessen, und es gab noch Reste. Außer ihr war gerade nur mein Onkel Moriz zu Hause; beide setzten sich zu mir, während ich aß. Und ich erfuhr, dass sich bei ihnen tatsächlich der Rest der Familie sammelte: Ervin und Tibor, zwei Brüder, und meine Cousinen Hedy und Eva waren gekommen – und jetzt ich. Das war alles. Von den 113 Personen, die aus der Familie Mandel deportiert worden waren, sind, mich mitgerechnet, fünf zurückgekommen.

Und wussten sie etwas von deiner Familie?

Sie sagten, sie hätten keine Ahnung; bisher hatten sie von niemandem etwas gehört. Das war natürlich der erste Schock. Aber Onkel Moriz sagte: »Du musst dir vorerst noch nichts denken, denn es kommen immer noch Leute zurück.« So hat er mir wieder ein bisschen Hoffnung gemacht. Aber diese Hoffnung hielt nicht lange an. Denn je mehr ich von anderen hörte, die zurückgekommen waren, umso gedrückter wurde meine Stimmung. Ich fiel in ein tiefes Loch. Die Hoffnung auf die Rückkehr meines Vaters war nur ein Schimmer am obersten Rand dieses Lochs. Mehr nicht. Und ich saß in diesem Loch mit dem lähmenden Gefühl: Wozu noch? Was soll ich noch?

Das Ganze hatte etwas Unwirkliches. Denn es war nicht das, was ich gesucht hatte. Ich spürte sehr stark, dass das hier zwar meine Verwandten waren, aber nicht meine Familie. Ich war noch nicht zu Hause.

Hat die Tante dir dann vorgeschlagen, dass du erst einmal bei ihnen wohnen bleibst?

Das war ganz selbstverständlich; darüber sprach man gar nicht. Alle fünf von uns Übriggebliebenen waren eine Zeitlang bei ihr. Ervin und Tibor wanderten aber bald nach Amerika aus, und ich hab nie wieder von ihnen gehört. Hedy schloss sich bald einer Organisation an, in der man auf die Auswanderung nach Palästina vorbereitet wurde, und Eva traf einen zwei Grad entfernten Cousin wieder, in den sie sich verliebt hatte, und zog mit ihm zu dessen Familie. Bald danach heirateten sie.

Ich blieb am allerlängsten bei der Tante, insgesamt wohl zwei Monate.

Was hast du dann dort die ganze Zeit getan?

Fast nichts. Ich war wie gelähmt. Ich saß die meiste Zeit auf meinem Platz, einem Schemel in der Ecke beim Kachelofen, und stand nur dann auf, wenn ich merkte, dass meine Tante Hilfe brauchte.

Eine peinliche Sache war in den ersten zwei Tagen, dass ich so schrecklich verlaust war. Ich wollte es so gut wie möglich verstecken, aber es ging nicht; ich war *voll* mit Läusen. Die Läuse liefen auf meinem Kopf hin und her, meine Haare waren noch immer ziemlich kurz. Verstohlen ging ich immer wieder ins Badezimmer, wo es so einen feinen Kamm gab. Mit dem kämmte ich die Läuse ins Waschbecken und spülte sie fort. Aber die übrigen vermehrten sich weiter! Ich konnte sie nicht loswerden, bis Tante Elza es dann ansprach: »Da hilft nur Petroleum. Schmier dich ein damit, dann werden sie alle abgetötet.« Danach war ich tatsächlich befreit.

Meine Tante verließ sich immer mehr auf meine Hilfe; immer mehr Arbeiten übertrug sie mir – vom Einkaufen übers Saubermachen bis zur großen Wäsche für fünf bis sechs Leute, mit Bettwäsche und allem. Alles von Hand natürlich, damals gab es ja noch keine Waschmaschinen. Allmählich führte ich den ganzen Haushalt. Die anderen hielten sich raus, aber ich fühlte mich verpflichtet, etwas zu tun, weil ich ein Dach überm Kopf und etwas zu essen hatte.

Aber das Arbeiten tat mir gut, denn so hatte ich eine Aufgabe. In den freien Momenten saß ich in meiner Ecke und tat gar nichts. Wenn ich da so regungslos auf meinem Schemel saß, stellte sich Onkel Moriz manchmal neben mich und streichelte still meinen Kopf. Das war die einzige Wärme, die ich in dieser Zeit bekommen hab.

Hat dich irgendjemand nach deinen Erlebnissen gefragt?

Nein, niemand. Ich weiß gar nicht, ob das aus Rücksicht geschah oder weil man schon genug davon gehört hatte … Vielleicht war es eine Mischung aus allem Möglichen; sicher spielte auch dieses hilflose Gefühl eine Rolle: »Wir sind am Leben geblieben, und die sind alle umgekommen.«

Und du? Hättest du gern etwas erzählt? Oder warst du froh, dass niemand gefragt hat?

Ich dachte überhaupt nicht ans Erzählen. Ich war innerlich wie tot. Ich hatte keine Kraft. Ich war zu sehr in meiner Trauer, in meiner Hilflosigkeit versunken, in der Ausweglosigkeit. Vor mir sah ich nichts und hinter mir nur Grausames. Also schaltete ich ab und wollte nichts sehen. Ich war ja auch erst achtzehn, ein Kind eigentlich, dem der Lebensweg zerstört worden ist. Zerbrochen war ich …

Deshalb gab es auch keine Klarheit in meinen Gedanken: Was tue ich? Was denke ich? Was empfinde ich? Ich kann nur vermuten, was ich da dachte und empfand. Wahrscheinlich gar nichts. Ich war leer. Wenn ich zurückdenke an diese Zeit, spüre ich einen Hohlraum, wie wenn jemand am Grab von einem geliebten Menschen steht: In einem solchen Moment denken die meisten Menschen nichts, sondern stehen nur da und machen das, was allgemein üblich ist. Bei mir war das noch stärker. Ich war ja meiner ganzen Familie beraubt worden, meiner Vergangenheit und auch meiner Zukunft, wie sie hätte sein sollen. Das zu verkraften – das geht nicht in ein paar kurzen Wochen.

Ich stelle mir vor, dass es ein großer Schritt war, nach der Zeit in den verschiedenen Lagern wieder in der sogenannten zivilisierten Welt zu sein.

Wenn man überlegt, was so elf Monate in einem zurücklassen – das ist ungeheuerlich. Und wie lange es dauert, bis man wieder zivilisiert ist! Bis man sich die Angewohnheiten aus den Lagern wieder abgewöhnen kann! Man braucht Zeit, um wieder frei atmen zu lernen. Ich weiß noch, wie ich das erste Mal in Budapest bei Bekannten zu Besuch in ihrer Wohnung war. Als die Hausherrin einmal kurz rausging, um etwas zu holen, schaute ich wie gebannt den Kristallaschenbecher auf dem Tisch an. Der war gerade so groß, dass ich ihn in der Tasche hätte verschwinden lassen können. Ich war fasziniert von dem Gedanken: Wie leichtsinnig diese Frau ist! Lässt mich mit so einem kostbaren Stück da allein. Und ich kämpfte mit mir: Soll ich, soll ich nicht? Ich war so gewöhnt, alles, was irgendwie greifbar und mitnehmbar war, zu »organisieren« – ob es für mich einen Wert hatte oder nicht. Das war das Denken vom KZ. Im Lager war es so wichtig, eine herumliegende Kartoffel zu schnappen oder ein Stück Brot, auf das gerade niemand aufpasste – das war ein Stück Leben. Man raffte alles zusammen, alles, auch die Dinge, die man selber nicht brauchte; denn eventuell konnte man sie eintauschen gegen etwas anderes. Das nahm in den Gedanken einen großen Platz ein; es war wichtiger als das Nachdenken darüber, was geschehen war, was weiter geschehen sollte, wann man frei sein würde … Wichtig war, was sich hier und jetzt an Möglichkeiten bot.

Das hielt sich nach der Befreiung noch eine ganze Zeit lang, bestimmt noch drei Jahre … Wenn ich in einer fremden Wohnung irgendwelche hübschen Gegenstände sah, konnte ich nicht anders als überlegen, ob ich sie nicht schnell einstecken und mitnehmen könnte. Danach schämte ich mich immer sehr für solche Gedanken. Denn in diesen Momenten merkte ich, was diese Zeit aus mir gemacht hatte. Es ist furchtbar schwer, sich in die Normalität des Lebens wieder hineinzufinden, in das, was wir als normal empfinden.

Mir fällt dazu eine Bemerkung von Ben Gurion, dem ersten Ministerpräsidenten Israels, ein. Er sagte so ungefähr: »Die im KZ waren, die können wir vergessen, die taugen nicht mehr, um ein Land aufzubauen.« Darüber regten sich damals viele Leute auf, aber eigentlich hatte er nicht einmal unrecht; wir waren alle zerstört.

Das muss man aber in einem größeren Zusammenhang betrachten. Mir wird immer klarer, warum wir Zurückgekommenen überall so kalt empfangen worden sind. Viele hatten Angst vor den Rückforderungen des uns geraubten Eigentums; viele hatten Angst zu entdecken, dass wir nicht nur Ungeziefer waren; viele hatten Angst, weil sie uns nicht geholfen hatten; viele hatten ein schlechtes Gewissen – und tausende andere Gründe. Auf jeden Fall spürte ich etwas, was ich erst nachträglich richtig aussprechen kann: Wir waren unter den Menschen nirgends – nicht nur in Deutschland nicht – willkommen. Wir waren wie ein Fleisch gewordener Vorwurf. Das ist leider die Wahrheit, bis heute.

War also deshalb diese Zeit in Budapest so ein merkwürdiger Zwischenzustand: noch nicht richtig aus der Lagerwelt, aus Tod und Vernichtung, zurückgekehrt, nicht wirklich willkommen und noch nicht richtig angekommen im »normalen« Leben?

Ich war überhaupt noch nicht zurück im Leben. Das Einzige, was ich in dieser Zeit tun konnte, war, dass ich immer wieder, wenn ich beim Einkaufen Bekannte traf, mich erkundigte, ob sie nicht irgendetwas von meinem Vater wüssten oder wenigstens von jemandem, der mit ihm zusammen gewesen ist. Das war meine einzige wirkliche Tätigkeit. Bis mich eines Tages Tante Elza fragte: »Warum fährst du eigentlich nicht nach Vásárosnamény? Vielleicht ist dort jemand, der etwas von deinem Vater weiß. Und wenn dein Vater überlebt hat, dann wird er wahrscheinlich auch nach Vásárosnamény gegangen sein.«

Das war's! Dafür segne ich sie heute noch, dass sie mir damals diesen Rat gegeben hat. Ich selbst war einfach nicht in der Lage, solche Dinge zu überlegen und Entschlüsse zu fassen. Aber daraufhin machte ich mich dann tatsächlich auf die Reise.

Also nahmst du den Zug nach Vásárosnamény?

Ach nein, es war doch Nachkriegszeit! Es gab noch gar keinen regelmäßigen Zugverkehr. Ich musste erst einmal herausfinden, wie ich dort hinkommen könnte. Ich erfuhr, dass von Budapest ein Zug bis zur nächsten Großstadt fuhr. Von dort aus musste man dann versuchen, mit dem Autobus oder per Anhalter weiterzukommen, und für die letzte Teilstrecke gab es wieder eine Zugverbindung.

Es war nur eine Entfernung von ungefähr 300 Kilometern, aber die Reise dauerte fast zwei Tage. Ich schlief im Zug, ich hatte ja kaum Gepäck und auch nicht viel Geld. Ich hatte mir nur ein bisschen Brot von der Tante mitgenommen. Wenn der Zug irgendwo hielt, rannten alle los und holten sich Wasser aus der Wasserleitung.

Die Fahrt war entsetzlich. Je näher ich dem Ziel kam, umso tiefer und größer wurde meine Angst. Was würde ich dort vorfinden? Ich bestand nur noch aus Angst. Und dazwischen aus einer ganz leisen, unwirklichen Hoffnung: Vielleicht finde ich doch meinen Vater?

Kannst du noch sagen, was dein erster Eindruck war, als du dort ankamst?

Gar nicht. Als ich in Vásárosnamény aus dem Zug stieg, war ich wie betäubt. Ich war voll von den Erlebnissen, die ich nicht aussprechen konnte, an die ich nicht einmal denken konnte. Ich schleppte sie mit mir wie einen schweren Stein – aber diese Worte treffen alle nicht. Das kann man nicht beschreiben, es ist ein Zustand, der mit Worten nicht verständlich gemacht werden kann ... Zugleich stürzten die Erinnerungen aus der Zeit davor auf mich ein.

Wie ein Schlafwandler ging ich in die Richtung unseres Hauses. Ich konnte absolut nichts denken. Ich beachtete nicht einmal das Haus meines Großvaters, an dem ich vorbeikam. Ich ging nur auf unser ehemaliges Haus zu. Ich sah keine Häuser, keine Menschen, nichts. Nur den Weg vor mir. Ich war wie gelähmt, meine Füße haben mich nicht richtig getragen, atemlos, als wäre ich neben mir gegangen, ich war nicht in mir ... Ein solcher Wirrwarr war in mir, Erinnerungen, an die ich nicht zu rühren wagte ... Wie gerne wäre ich gelaufen, um schneller bei meinem Elternhaus anzukommen, und wie lange dauerte dieser Weg, wie langsam kam ich voran – meine Gefühle hielten mich zurück, ich war voller Angst: Was würde ich dort finden? Es ist so furchtbar, wenn ich darüber spreche – es reißt mich heute noch in Stücke.

Auf dem Weg traf ich diese Lehrerin, die unsere jüdische Klasse übernommen hatte, als man uns von den anderen Kindern getrennt hatte. Ich erinnerte mich auch noch bitter an die Herzlosigkeit, mit der sie vor unserem Abtransport mit meiner Mutter gesprochen hatte. Wenn sie mich nicht angesprochen hätte, hätte ich niemanden gesehen, niemanden wahrgenommen. Aber sie erkannte mich sofort und riss mich aus meinem Zustand, halb Trance, halb Traum, heraus und begrüßte mich. Sofort fragte sie mich: »Bist du alleine zurück?« Ich sagte: »Ich glaube, ich hab alle verloren.« Darauf sie: »Was glaubst du, was wir hier Schreckliches mitgemacht haben! Die Russen haben uns überfallen, und ich musste zuschauen, wie meine älteste Tochter vergewaltigt wurde von fünf Russen hintereinander.«

Ich weiß nicht mehr, war es Rache von mir, war es Verzweiflung – ich hab diese Frau ja nicht gemocht, ich hab ihr auch manches nicht vergessen. Jedenfalls antwortete ich ihr: »Ihre Tochter tut mir leid, Sie nicht.«

Das war das erste Mal, und es gehört zu den wenigen Fällen, wo ich so herzlos und direkt jemandem meine Meinung gesagt habe, ohne zu überlegen, was ich damit anrichte. Es kam aus der Verbitterung – und aus einem gewissen Gerechtigkeitssinn.

Ein paar Monate zuvor waren wir ja auch unter der Herrschaft der Roten Armee gewesen; die Angst der Tochter hatte ich also selbst vielfach durchlebt. Auch ich hätte vergewaltigt werden können. Aber die Mutter … Danach habe ich niemals mehr jemandem so eine harte Antwort hingeworfen. Ich hab immer versucht, meine Meinung oder mein Gefühl zu verbergen – um die anderen nicht noch stärker in die Verbitterung zu stoßen. Aber damals hab ich's getan. Ich drehte mich um und ließ sie stehen. Meine Rache war angekommen, ganz und gar. Ich hab es auch nicht bereut.

Je näher ich unserem Haus kam, umso stärker wurde in mir der Wunschtraum wach, dass ich dort meine Familie fände und dass alles, was ich erlebt hatte, nur ein böser Traum gewesen wäre.

Ich wagte nicht, durch das Hoftor zu gehen. Ich blieb draußen am Gartenzaun stehen, hundsallein. Das Haus war noch beinahe unverändert. Ich schaute durch ein Fenster; es war noch ein Küchenschrank von uns darinnen. Ich hatte das Gefühl, jetzt müsste gleich jemand von meiner Familie erscheinen! Und dann kam eine fremde Frau aus dem Haus. Ich stand da und starrte sie an. Da erst wusste ich, dass der böse Traum Wirklichkeit war.

Ich hatte das Gefühl, ich müsste jetzt weggehen. Weil ich nicht mehr hier zu Hause war. Aber ich konnte nicht. Es kamen mir Bilder von unserem Leben in diesem Haus in den Sinn, wie ein Film, den ich rückwärts sah. Mir liefen die Tränen, ich weinte sehr, und nacheinander kamen mir alle, meine Eltern, meine Geschwister, in Erinnerung. Seltsamerweise wusste ich in diesem Augenblick, dass ich niemanden mehr treffen würde.

Ich weiß nicht, wie lange ich dort stand.

Du hast niemanden aus dem Haus angesprochen?

Nein. Ich konnte nicht. Ich war wirklich nicht in der Lage, etwas zu tun. Es war zu viel hinter mir. Ich hatte auch zu viel Angst, jemand könnte mir ein böses Wort sagen. Auch mit den anderen Menschen im Ort, von denen ich nicht hundertprozentig wusste, dass sie mir wohlgesonnen waren, wechselte ich später höchstens ein paar belanglose Worte, wenn sie mich ansprachen, aber nichts Näheres. »Bist du zurückgekommen?« – »Ja, ich bin zurückgekommen.« – »Deine Geschwister nicht?« – »Nein.« Auf diese Weise. Ich wollte mir auf keinen Fall wehtun lassen. Es war genug.

Aber da am Zaun konntest du ja nicht bleiben …

Ich schaute immer wieder zum Haus der Familie Kis rüber. Das war direkt nebenan. Doch dort sah ich niemanden. Aber dann fiel mir ein: Nur ein paar Schritte weiter, schräg gegenüber, wohnte die Familie Fejes. Dort, dachte ich, finde ich Leute, die meine ganze Familie gekannt haben, die wirklich echte Freunde waren. Das gab mir dann die Kraft, mich nach einer Weile doch von diesem Zaun zu lösen und zu den Fejes zu gehen.

Und die empfingen mich so, als wären sie meine Verwandten. Sie freuten sich. Sie freuten sich wirklich. Wir setzten uns an den Tisch, und sie wollten mir gleich zu trinken und zu essen geben. »Ach, du isst ja nichts bei uns!«, sagten sie, als ihnen einfiel, dass wir ja früher immer nur koscher gegessen hatten. Aber ich sagte: »Doch, ich esse alles jetzt. Ich musste auch im Lager alles essen.« Da gaben sie mir zu essen und fragten: »Wo sind die andern?« – »Ich weiß es nicht. Wahrscheinlich leben sie nicht mehr.« Daraufhin fingen sie an, die jüdischen Namen meiner Geschwister aufzuzählen, mit ein bisschen Ungeschicklichkeit zwar, denn für sie waren die hebräischen Namen schwer auszusprechen. Aber sie zählten alle auf, die ganze Reihe von Kindern, ohne ein einziges zu vergessen. Ich staunte damals, dass sie die Namen noch wussten, weil es mir vorkam, als sei ich Ewigkeiten weg gewesen. Aber es war ja nur ein Jahr! Als ich diese Namen hörte, fühlte ich mich plötzlich wie in meinem alten Leben, mit meinen Lieben zusammen. Das war der einzige Ort, wo alle noch ihre Namen kannten.

Dann erzählten sie, wie sie meinen Vater in Erinnerung hatten und was die Leute über ihn gesagt hatten, wie er als Arbeitgeber beliebt war und geachtet wurde, wie meine Mutter in der Umgebung eine Anlaufstelle war, zu der viele um Rat kamen, weil sie so vieles wusste. Sie wussten auch noch so kleine Geschichten von meinen Geschwistern, z.B. wie die Jüngste, wenn sie rüberkam, immer »Mama Fejes« gesagt hatte, und das hatte Frau Fejes so gut gefallen.

Das ging so einige Stunden, wie wir da so zusammensaßen, mit Weinen, mit Lachen. Das war wie bei solchen Zusammenkünften nach Beerdigungen, wo man über den Verstorbenen spricht und einander die Erinnerungen an das, was man zusammen erlebt hat, erzählt. Zum ersten Mal konnte ich trauern. Das muss man mit jemandem teilen können, anders geht es nicht.

Bei ihnen blieb ich dann auch, solange ich in Vásárosnamény war.

Die Fejes haben euch also die Treue gehalten ...

Weißt du, ich bin nicht einmal hundertprozentig sicher, ob sie nicht auch irgendetwas aus unserem Haus herausgeholt haben. Manchmal denk ich mir: Warum nicht? Vielleicht haben sie einige Sachen. Ich hab da manche Fragezeichen. Zum Beispiel kam es mir eigenartig vor, dass die verheiratete Tochter Marika mich nie in ihr Haus mitnahm, obwohl es nicht weit entfernt war. Wenn sie von dort etwas holen musste, ging sie immer alleine rüber. Ob da vielleicht noch Möbel von uns standen? Aber wenn sie sich etwas genommen hatten, dann war es mir immer noch lieber, dass *sie* es waren und nicht andere. Das Haus dieser Familie ist der einzige Ort, wo ich mich bis heute zu Hause fühle.

So zwiespältig kann man über die Dinge denken. Nichts ist gerade, nichts ist nur schwarz oder weiß. Ich vergesse es ihnen nie, dass sie mir damals die Möglichkeit gaben, irgendwo ein winziges bisschen Heimat zu haben. Ich war so verloren.

Daran fällt mir auf, dass Worte wie »Heimkehr« hier überhaupt keinen Sinn haben. Eine wirkliche Heimkehr gab es ja für dich gar nicht.

Nein, nein, die gab es nicht. Das war keine Heimkehr. Das war ... ein Suchen. Vielleicht fände ich ein Blatt von den Herbstblättern, die der Wind aufgewirbelt und zerstreut hat.

Ich weiß seither auch nicht mehr, was das ist: Heimat. Welchen Wert hat es eigentlich, etwas zu besitzen? Was ist ein Haus wert? Alles kann man verlieren, ganz schnell kann man alles verlieren. Es gibt keine Sicherheit, es gibt keine Heimat. Ich hab es erlebt.

Die Hoffnung, wenigstens deinen Vater wiederzufinden, hat sich bei eurem Zusammensitzen und Miteinanderreden auch aufgelöst?

Nein, mein Vater war für mich ausgenommen von dieser Trauer. Bei ihm hatte ich immer noch ein Fragezeichen. Vielleicht lebte er noch. Darüber sprachen wir dann auch. Irgendjemand hatte gehört, dass zwei Dörfer weiter ein Mann zurückgekommen war, der mit meinem Vater seit der Schulzeit befreundet gewesen war. Den hab ich dann aufgesucht.

Als ich ihm sagte, wer ich war, verfinsterte sich sein Gesicht. Wütend schrie er mich an: »Ich weiß nichts! Lass mich in Ruhe! Geh weg!« Ich drehte mich wortlos um und ging die drei Kilometer zurück nach Vásárosnamény. Den ganzen Weg über beschäftigte mich dieses Erlebnis. Wenn er nichts wusste, warum musste er mich so wütend anschreien? Mir wurde immer klarer, dass er etwas wissen musste. Aber er wollte mir nichts darüber sagen, weil die Wahrheit für ihn selbst schwer zu ertragen war und weil er nicht wusste, wie er es mir sagen sollte. Das kannte ich auch von mir. Mich hatte kurze Zeit zuvor jemand nach seiner Schwester gefragt, und ich wusste, dass sie in Auschwitz totgeprügelt worden war. Aber ich sagte: »Ich weiß nichts von ihr.«

Mit diesen Gedanken kam ich zur Familie Fejes zurück und erzählte ihnen davon. Auch sie waren überzeugt, dass hier noch etwas zu klären war.

Am nächsten Morgen, nach einer schlaflosen Nacht, ging ich in aller Frühe wieder los in dieses Dorf. Den halben Weg über sah ich noch Sterne am Himmel, aber ich wollte den Mann auf keinen Fall verpassen, deshalb wollte ich bei ihm sein, bevor er aus dem Haus gehen konnte.

Dieses Mal war der Empfang wesentlich freundlicher. »Was

willst du noch? Ich sagte dir doch, dass ich nichts weiß.« Darauf war es mir leicht, ihm zu sagen, dass ich trotzdem glaubte, dass er etwas wisse, sonst hätte er mich am vorigen Tag nicht so wütend abgewiesen. Er dachte kurz nach, und dann bat er mich ins Haus.

Am Tisch, ihm gegenüber, bot er mir einen Platz an. Seine Augen waren zwar auf mich gerichtet, doch sein Blick ging irgendwohin in die Ferne. Ich wartete still, doch eine böse Vorahnung würgte immer stärker in mir. Als er anfing zu weinen, wusste ich, dass ich meine letzte Hoffnung begraben konnte …

Sein Kopf sank auf seine Hände; sein Weinen wurde krampfartig. Ich schaute ihn an und weinte mit. Nach langer Zeit begann er, einzelne Sätze zu sagen. »Weißt du eigentlich, was du für einen Vater hattest? … Seine Hilfsbereitschaft war einzigartig in der Baracke! … Er hatte im Lager mit dem Pferdefuhrwerk verschiedene Lieferungen zu machen, und er verteilte alles, was er von seinen Lieferungen mitbringen konnte, in der Baracke … Ich habe ihn nicht nur voller Hoffnung erlebt; er konnte diese Hoffnung auch anderen weitergeben … Lange ging es so, bis eines Tages dein Vater ganz grau im Gesicht ankam. Er schaute niemanden an, antwortete auf keine Fragen. Er ging zu seinem Platz, legte sich hin und starrte zur Decke. Wir, seine Freunde, waren um ihn und fragten, ob er Hunger habe oder etwas zu trinken wolle oder eine Zigarette. Aber er blieb ohne eine Regung. Doch wir fragten ihn immer wieder, was mit ihm sei. Auf einmal brach aus ihm ein Satz hervor: ›Wenn meine Familie so zugrunde gegangen ist, dann will ich auch nicht mehr.‹ Das war der letzte Satz, den er gesprochen hat. Zum Essen und Trinken haben wir ihn nicht bewegen können. Das Einzige, was er annahm, waren Zigaretten. So ging er, ohne dass wir etwas dagegen tun konnten, aus dem Leben. Wie wenn man vor einer brennenden Kerze sitzt und zuschaut, wie sie herunterbrennt.«

Nun wusste ich es … Ich erfuhr, dass er bis zum Schluss kein besonderes Martyrium durchmachen musste. Er wurde nicht geschlagen, und er wurde nicht in eine Strafzelle gesteckt. Er blieb im Kreis der Mitgefangenen und Freunde in dem Block, wo er gelebt hatte. An dem Tag, als er die Wahrheit erfahren hatte, was mit den Menschen geschah, die bei den Selektionen nach links gehen mussten, verlor er alle Hoffnung, und daran starb er.

Ich war froh, dass ich diesen Mann gefunden hatte. Dass er mir das erzählt hatte. Das war ein Glück für mich. Sonst würde ich noch heute nach meinem Vater suchen. Seither weiß ich, dass er tot ist. Und ich denke mit einem ruhigen Gefühl an ihn, weil er nicht in einem zerschundenen Zustand gestorben ist. Er war ja bis zum Schluss unter Freunden, gestützt, nicht allein. Und das ist für mich gewissermaßen doch ein Trost.

Das half dir, dich mit seinem Tod abzufinden?

Ja. Es ging nicht leicht, nicht schnell, es hat Wochen gedauert, aber ich konnte mich damit abfinden. Den letzten Ruck, um mich abzufinden, um es akzeptieren zu können, gab mir dann eine Begegnung, als ich ein paar Tage später wieder zurück in Budapest war. Beim Einkaufen traf ich einen Mann, der aus Vásárosnamény war. Er war der Vater einer Mitschülerin, er hatte vier oder fünf Töchter. Ich lief ihm entgegen, als ich ihn gesehen hatte, rief seinen Namen und sagte gleich, wie es damals üblich war: »Ich bin die Tochter vom Mandel Hugo, und ich heiße Hanna. Und ich war mit der Erszike in einer Klasse.« So konnte ich ihn auch gleich fragen: »Haben Sie jemanden von meiner Familie gesehen?« So redete ich auf den Mann ein, aber plötzlich fragte er mich: »Bist du die Erszike?« Dann kam der nächste Name von seinen Töchtern, und der nächste und wieder der nächste. Währenddessen, als ich immer mit nein auf seine Fragen antwortete, konnte ich sein Gesicht beobachten, vor allem die Augen: die waren leer. Die hatten kein Leben mehr. Und er redete immer wirrer, immer mehr durcheinander. Da begriff ich plötzlich, dass er den Verstand verloren hatte.

Ich ging schließlich nach Hause, erzählte auch meiner Tante von der Begegnung, und immer wieder musste ich denken: So wäre mein Vater wahrscheinlich auch herumgegangen, wenn er am Leben geblieben wäre. Er hätte es nicht mit heilem Verstand überleben können, diesen schrecklichen Verlust seiner Familie. So konnte ich mich nach dieser Begegnung besser mit seinem Tod abfinden.

Damit war für mich die Suche nach meinem Vater zu Ende. Natürlich ist es kein endgültiges Ende, denn ich werde ihn nie vergessen können, nie. Seine Hände fehlen mir heute noch, diese warmen, streichelnden, liebevollen Hände. Und ich spüre auch heute noch, wie ich ihm zum letzten Mal begegnet bin in Auschwitz, wie er plötzlich vor mir und meiner Schwester stand, uns in seine Arme schloss und sein ganzer Körper von einem Weinen bebte – bis man uns auseinandertrieb.

Du bliebst dann weiter in Budapest?

Ja, aber jetzt natürlich in einem anderen Zustand. Jetzt suchte ich meinen Vater nicht mehr. Jetzt war auch diese letzte Hoffnung vergangen. Ich wusste jetzt, dass ich kein Zuhause mehr hatte in Vásárosnamény und dass ich dort auch nicht mehr leben könnte. Zu viele Menschen dort hatten die Freundschaft verspielt bei unserer Deportation. Aber bei Tante Elza in Budapest konnte ich auch nicht ewig bleiben. Was also sollte ich anfangen?

Ich hatte nach der Befreiung ein paar Freunde gewonnen. Wir waren zusammen im selben Rücktransport von Bergen-Belsen nach Ungarn gekommen. Ein paar von ihnen wohnten in Budapest; die besuchte ich manchmal. Andere waren so übers Land verteilt. Unter denen war einer, ein junger Mann, der in einem Nachbardorf von Vásárosnamény lebte, ungefähr dreißig Kilometer entfernt. Auf der Zugfahrt waren wir miteinander bekannt geworden, und es hatte sich herausgestellt, dass ich seine Familie von früher kannte. Er war so ein kräftiger, robuster Mensch und gefiel mir sehr gut, weil ich mich so beschützt fühlte bei ihm.

Als ich dann nach Vásárosnamény fuhr, um nach meinem Vater zu suchen, hatte ich ihm das vorher geschrieben. Und kaum dass ich dort war, war er schon mit dem Fahrrad rübergekommen. Und da fragte er mich gleich, ob ich ihn heiraten wolle. Da ich mir so sehr ein neues Zuhause wünschte, sagte ich sehr schnell ja, innerhalb von ein paar Tagen.

Er kam dann nach Budapest, wo er eine verheiratete Schwester hatte. Da sahen wir uns wieder, und er stellte mich seiner Schwester vor. Als er aber wegen irgendetwas kurz rausging, sagte die Schwester zu mir: »Der passt doch nicht zu dir. Du bist zu fein für ihn.« Schlicht und einfach. Diese Worte blieben bei mir hängen, weil ich inzwischen selbst auch unsicher war, ob das gutgehen konnte mit ihm. Daraufhin dachte ich erst einmal so richtig nach über alles. Ich merkte: Ich wollte eigentlich noch nicht gleich heiraten, aber er drängte darauf. Mir ging das zu schnell. Ich wusste nicht, ob ich ihn wirklich liebte oder nicht.

Kurz entschlossen brachte ich die Geschenke, die er mir schon gemacht hatte, zu seiner Schwester zurück und sagte ihr, ich hätte mich entschieden, ihn nicht zu heiraten. So löste ich die Verlobung wieder auf. Ich hatte aber nicht die Kraft, ihm das ins Gesicht zu sagen.

Damit war also das auch keine Aussicht mehr …

Ja, aber dann kam mein Cousin Hersi aus Nagykároly in Rumänien zu Besuch. Er hatte manchmal geschäftlich in Budapest zu tun, und als er gehört hatte, dass ich bei Tante Elza sei, schaute er vorbei. Wir saßen eine Weile zusammen und unterhielten uns, doch als ich ihn danach noch hinausbegleitete, fragte er mich, feinfühlig wie er war, wie es mir bei der Tante gehe, ob ich zufrieden sei, ob ich alles hätte, was ich brauchte.

Zu der Zeit war ich schon ein bisschen unglücklich über die Lieblosigkeit von Tante Elza und fühlte mich von ihr auch ausgenutzt. Das erzählte ich ihm. Er sah mich an und sagte: »Und in diesem armseligen Mantel läufst du herum? Der Winter kommt, es wird langsam kalt.« Ich sagte: »Ich hab nichts anderes, ich weiß nicht, woher ich etwas bekommen könnte.« – »Ja, vielleicht kauft dir Tante Elza einen Mantel?« – »Ich mag sie darum nicht bitten.« Da lud er mich ein, mit ihm durch die Stadt zu gehen, er sagte nicht wozu, und plötzlich kaufte er mir einen Mantel und ein paar Schuhe.

Von da ab sagte meine Tante, wenn ich etwas brauchte: »Geh zu deinem Cousin, der wird es dir schon kaufen.« Aber das wollte ich auch wieder nicht. Es reichte doch, was er schon für mich getan hatte.

Nach einigen Wochen besuchte uns Nahum, der jüngere Bruder von Hersi, in den ich als Vierzehnjährige so verliebt war, und lud mich auf einen Spaziergang ein. Er wusste schon von seinem Bruder, dass man mit mir in der Wohnung von Tante Elza nicht offen sprechen konnte. Auf der Straße fragte er mich: »Brauchst du was? Fehlt dir was? Wir können für dich etwas tun, uns geht es gut.« Sie verdienten gut damals, sie schmuggelten Zigaretten, Gold und was nicht alles.

Ein paar Tage später kam er wieder und wollte mit mir spazieren gehen. Dieses Mal machte er mir einen Vorschlag: »Hersi und ich haben darüber gesprochen, dass du eigentlich zu uns kommen könntest, wenn du möchtest. Wir haben in Nagykároly das Haus voll junger Leute, die zurückgekommen sind aus den Lagern, manchmal fünf, manchmal zehn, manchmal auch fünfzehn, und wir bräuchten eine, die für alle kocht. Im Moment führt eine entfernte Verwandte, Tante Juliska, das Haus, aber sie hat eine große Familie und lässt sich von uns aushalten. Ich könnte sie in das zweite Haus umquartieren, und du könntest für uns den Haushalt führen.«

Als Nahum und ich so über diese Dinge sprachen, flammte meine frühere große Liebe zu ihm wieder auf. Ich fand meine Gefühle von damals völlig berechtigt. Er schien mir solide, sehr ruhig, fein im Benehmen. Und als ich ihn mit meinem ehemaligen Verlobten verglich, war der Unterschied unaussprechlich groß. Denn Nahum war ein ausgesprochen wohlerzogener junger Mann.

So ging ich dann mit ihm nach Nagykároly in Siebenbürgen, nach Carei Mare, wie es auf Rumänisch heißt. Damals waren die Grenzen noch ziemlich leicht zu überqueren.

8. Kapitel

Nagykároly

Was war das für ein Haus in Nagykároly, wo ständig Leute waren, die aus den Lagern zurückgekommen waren?

Es war das ehemalige Haus der Familie meiner Cousins.

Und dieses Haus wurde zu einer Institution, die Rückkehrer betreute?

Nein, keine Institution! Das war etwas Selbstverständliches, Normales: Überall zogen die übriggebliebenen Familien und Freunde zusammen. Jeder war auf der Suche nach einem Platz zum Wohnen, nach Menschen, mit denen man sprechen konnte. Einfach um nicht allein zu sein. Um wieder ein bisschen Geborgenheit zu erleben. So war es eben auch im Haus meiner Cousins.

Und du solltest da nun den Haushalt führen …

Ja! Ich sollte mich um das Haus kümmern und das Essen für alle machen. Aber ich konnte gar nicht kochen. Ich hatte zu Hause ja nie selbständig gekocht; das hatte immer meine Mutter gemacht. Also fragte ich diese Tante Juliska um Rat, die bis dahin für die Leute im Haus gekocht hatte. Sie war aber sehr wütend, weil sie aus dem Honigtopf gefallen war mit ihrer Familie. Denn sie glaubte, dass *ich* sie aus dem Haus gedrängt hätte. Sie hatte fünf oder sechs Kinder und einen Mann, der nichts verdiente; er betrog jeden, brachte aber nie richtig Geld ins Haus. So lebten sie auf Kosten meiner Cousins, aber als ich kam, wurden sie in ein Nebenhaus umquartiert.

Tante Juliska zeigte mir dann immerhin, wie ich ein paar einfache Mahlzeiten zubereiten konnte. Aber es stellte sich heraus, dass sie bei allen Rezepten etwas weggelassen hatte, damit mir die Speisen oder die Kuchen nicht gelängen. So rächte sie sich wegen des erzwungenen Auszuges.

Und die anderen Leute im Haus? Fühltest du dich mit ihnen wohl?

Es gab ganz unterschiedliche Fälle. Manche hatten nur Sinn für sich selbst. Sie suchten aus dem Obstkorb den schönsten Apfel für sich heraus, die schönsten Kirschen. Andere wieder haben auch auf die anderen geachtet, miteinander geteilt. Ich fing an, das alles zu beobachten – das waren vielleicht meine ersten richtigen Erfahrungen mit Menschen. Als Kind hatte ich vielleicht auch solche Beobachtungen gemacht, aber mit der Deportation war dieser Teil von mir abgefallen. Nun kam es wieder. Ich fing an zu leben, zu sehen, nachzudenken.

So ging dann dieser Zustand, dass du dich innerlich wie tot fühltest, vorbei?

Es mischte sich so langsam mit anderen Stimmungen. An manchen Tagen war ich sogar fröhlich, wenn mir etwas gelungen war oder wenn ich gelobt wurde für das Essen oder so. Aber meistens hab ich geschaut, dass die Zeit irgendwie vorüberging. Ich war noch immer in einem traumähnlichen Zustand. Manchmal fragte ich mich: Wie komme ich eigentlich hierher? Was mache ich hier? Also ganz normal war ich noch nicht. Ich konnte die Wirklichkeit noch nicht richtig erfassen.

Und Nahum? Lief das so gut mit ihm weiter?

O ja! Das war das andere, was die Zeit ausfüllte. Meine Liebe zu ihm wuchs und wuchs und wuchs. Allmählich konnte ich das nicht mehr steuern; es war nicht mehr in meiner Macht. Ich war ganz und gar eingenommen für ihn, und alles sprach für ihn: Er war immer ordentlich, er war immer sauber angezogen und benahm sich den Menschen gegenüber so fein. Und er sagte niemandem ein böses Wort …

Und irgendwann fragte er dich, ob du ihn heiraten möchtest?

Ja, das tat er, aber aus eigenem Antrieb hätte er es wohl nicht getan. Als Nahum einmal in Budapest zu tun hatte und dort seinen Bruder Hersi traf, hat der ihn wohl gefragt: »Wie geht es bei euch zu Hause?« Nahum erzählte ihm von mir, wie bescheiden ich war, dass ich für mich selber nie etwas kaufte, obwohl ich den Schlüssel zur Kasse hatte und mich bedienen konnte. Ich hatte mir nur eine Bluse und einen Rock gekauft; die Bluse wusch und bügelte ich abends, damit ich am nächsten Tag wieder etwas Sauberes anzuziehen hatte. Und er sagte immer zu mir: »Kauf dir was, ich hab nichts dagegen!« Das hat er alles Hersi erzählt, und der fragte ihn dann: »Wie wäre es, wenn du sie heiratest? Sie wäre doch die richtige Frau für dich.«

Als mir Nahum das später einmal erzählt hat, war ich sehr gekränkt, dass er nicht aus eigener Liebe und eigenem Entschluss um meine Hand angehalten hatte, sondern auf den Rat seines Bruders hin. Aber ich hatte natürlich sofort ja gesagt. Es ging ja ein Wunschtraum für mich in Erfüllung.

Und dann wurde auch bald geheiratet?

Zuerst stellte ich eine Bedingung. Weil wir Cousin und Cousine waren, wollte ich zuerst ein paar Ärzte fragen, ob es Probleme geben könnte mit dem Kinderkriegen. Wir fuhren in die nächste größere Stadt und suchten Kinder- und Frauenärzte auf. Die stellten alle als erste Frage: Wie häufig sind Verwandtschaftsehen in der Familie? Da konnten wir sagen, dass es außer uns keinen anderen Fall gebe. Und so meinten sie, dass unsere Heirat ohne Weiteres zu vertreten sei. Es dürfte keine Probleme geben, jedenfalls nicht mehr als bei jeder anderen Ehe auch. Wir gingen wieder nach Hause, und da erst teilten wir den anderen mit, was sie schon geahnt hatten: dass wir uns verlobt hatten.

Aber für mich es gab noch ein trauriges Kapitel dabei: Nach jüdischem Brauch hätte ich Nahum nicht heiraten können, wenn die Eltern noch gelebt hätten. Denn ich heiße Hanna und seine Mutter hieß Hanna. Ein jüdischer Mann darf keine

Frau heiraten, die den gleichen Namen hat wie seine Mutter. Aber auch Nahums Eltern waren im Holocaust umgekommen. Deshalb hatte ich immer das Gefühl, meine Tante musste sterben, damit ich meine große Liebe heiraten konnte. Obwohl ich daran unschuldig war. Aber trotzdem war dieses Gefühl da.

Aber das war kein Hindernis für die Hochzeit.

O nein, ich *wollte* ihn doch heiraten! Nahum sagte dann: »Nächste Woche muss ich wieder nach Oradea Mare, und dann bring ich dir einen schönen Verlobungsring mit.« Darauf entgegnete ich ihm spontan: »Wenn du den Ring kaufst, dann such dir auch eine Braut dazu! Ich brauche keinen Ring. Ich hab gesehen, was mit Ringen geschieht im KZ. Ich will keinen Schmuck. Ich heirate dich nicht wegen eines Rings, sondern wegen dir.«

Da war er total überrascht. Das passte nicht in seine Vorstellung vom üblichen Weg. Aber ich hatte doch gesehen, wie Menschen alles hergaben, in der Hoffnung, ihr Leben zu retten, wie sie kostbare Schmuckstücke eintauschten für ein Stück Brot, eine faulige Kartoffel oder eine schon braun werdende Wurstscheibe. Und daraus entstand mein Gefühl: So sollte es niemals wieder gehen. Ich hätte das noch nicht mit Worten ausdrücken können, aber mein Gefühl war eindeutig. Man kann nicht Auschwitz überleben und einfach weitermachen. Man *muss* einen neuen Weg suchen.

Daran wurde mir zum ersten Mal bewusst, dass ich meine eigenen Gedanken hatte! Natürlich hab ich am Anfang noch bei vielem mitgemacht, auch wenn ich mich darin schon nicht mehr zu Hause fühlte. Es gab viele alte Gebräuche, denen ich noch keine eigenen Gedanken entgegensetzen konnte. Das geht nicht von heute auf morgen. Man kommt nicht aus dem KZ und weiß, dass man alles anders machen muss. So etwas entwickelt sich erst allmählich. Äußerlichkeiten wie Schmuck oder sich zu schminken waren mir als Erstes fremd geworden. Trotzdem trug ich zur Hochzeit ein weißes Brautkleid. Und eine große Feier gab es natürlich auch. Alle im Ort kannten uns ja und wollten mitfeiern.

Wann habt ihr geheiratet?

Geheiratet haben wir im April 1948 in Nagykároly. Da war ich 21.

Nach der Befreiung aus den Konzentrationslagern haben sehr viele der überlebenden Juden bald Familien gegründet und Kinder gezeugt …

Es stimmt, nach dem Holocaust wurden wahnsinnig viele Kinder geboren. Kinder zu bekommen gab einem das Gefühl, dass man, zerschunden wie man war, noch lebte und Leben hervorbringen konnte. Und man wollte auch Ersatz schaffen für das Verlorene. Ein Kind zu haben bedeutete neues Leben, neue Hoffnung. Und wieder eine Familie zu haben!

Ich hab diese Geborgenheit wirklich gesucht. Ich glaubte, an einen Mann könnte ich mich als Frau anlehnen, er würde mich beschützen. So war eben der anerzogene und teilweise auch angelesene Traum einer jungen Frau: Der Mann ist klug, der Mann kann alles. Ich dachte nicht mehr an dieses letzte Auschwitzer Zusammentreffen mit meinem Vater, wo ich so schrecklich genau gespürt hab: Er kann mich nicht mehr schützen, er kann das Grauen auch nicht abwenden …

Aber der Wunsch nach einem Kind bestand für mich schon von klein auf. Als meine jüngste Schwester Márta auf die Welt kam, war ich zwölf. Ich hab ja schon erzählt, wie ich mir wünschte, dass die Leute, wenn sie mich mit ihr auf dem Arm sahen, mich für die Mutter hielten. Das war ein alter Wunsch von mir. Als ich meine erste Periode bekam, dachte ich: Jetzt ist mein Körper bereit, Mutter zu werden. Ich konnte mit meiner Mutter nicht darüber sprechen, aber dieser Gedanke stand für mich im Vordergrund. Und was das Heiraten anging, dachte ich immer: je schneller, desto besser – damit ich ein Kind haben konnte.

Aber natürlich hatte ich überhaupt keine Ahnung, was das alles bedeutete und was es da alles zu überlegen gab. Als ich mit 21 Jahren heiratete, hatte ich vielleicht den Verstand und das Aufklärungswissen einer Vierzehnjährigen. Es lag nicht nur daran, dass ich als Mädchen nicht genügend Bildung bekommen hatte. Auch die Deportation spielte eine große Rolle, der Verlust der Familie, die Todesängste, das Nicht-verstehen- und Nicht-verarbeiten-Können: Ich konnte mich mit einem Mal nicht mehr frei weiterentwickeln, nicht mehr lesen, mir keine Gedanken darüber machen – nichts, nichts. Es war ein Loch. Und aus diesem Loch heraus war ich hungrig nach Liebe, hungrig nach Familie, voll verzweifeltem Hunger nach Geborgenheit. So ging ich in die Ehe. Ich könnte sagen: Meine Ehe war auf Auschwitz gebaut.

Als wir über deine Schulzeit sprachen, erzähltest du, dass du unter der Schulbank immer Liebesromane gelesen hast. Dahinter steckte doch sicher auch der Wunsch, über diese Dinge mehr zu erfahren?

Aber natürlich! Und später, im Geheimen, las ich die Courths-Mahler-Romane. Alle! Es hat sich so schön geheult darauf! Es waren immer solche rührenden Geschichten. Unlängst sah ich so eine Courths-Mahler-Verfilmung im Fernsehen. Da dachte ich mir: Herrgott noch mal, was für ein Blödsinn! Aber so hatte ich mir die Liebe damals vorgestellt! Ganz romantisch.

Und dann fiel ich in diese absolut unromantische und verängstigte Manneshand. Nahum hatte ja Angst vor der Ehe. Er – nicht ich. Ich vertraute mich ihm an, er wusste aber nicht, was er mit mir anfangen sollte, er hatte Angst. In dem streng religiösen Haus, in dem er aufgewachsen war, war es nicht üblich gewesen, mit Mädchen auszugehen. Da ging man in die Talmudschule und lernte, wenn man Zeit hatte, oder man half dem Vater. So hatte er nie Erfahrungen sammeln können und verhielt sich unheimlich scheu gegenüber Frauen.

Das hat schon den Beginn der Ehe nicht leicht gemacht?

Zumindest war die Romantik schnell dahin. Darum wollte ich mit allen Mitteln ergründen, was mit ihm war. Später, als wir Rumänien wieder verlassen hatten, fragte ich in Budapest seine Tante Ili, wie es bei ihm zu Hause war, wie er gelebt hatte, wie man ihn behandelt hatte. Tante Ili erzählte, dass er es als zweiter

Sohn der Familie besonders schwer gehabt hatte. Nahum war dreizehn Monate jünger als sein Bruder Hersi, der als sehr klug galt. Und er war ein bisschen langsamer. So wuchs er neben dem großen Bruder auf, der immer alles schnell verstanden hat, und später neben dem jüngeren Bruder, der ebenfalls leichter begriff. Nahum wurde abgestempelt als schwer von Begriff. Dazu kam die religiöse Strenge in der Familie. Sie ging vor allem vom Vater aus.

Beispielsweise vermied es der Vater, die Mutter auf der Straße an der Hand zu nehmen; denn das hätte bedeutet, dass sie gerade berührbar war. Fasste er sie nicht an, hieß das, dass sie unberührbar war, weil sie gerade ihre Periode hatte. Und weil man weder das eine noch das andere zeigen wollte, vermied man grundsätzlich jede Berührung in der Öffentlichkeit.

Seine Kinder fragte der Vater an jedem Schabbat ab, was sie in der Thoraschule[22] gelernt hatten. Wenn Nahum nicht genügend Kapitel in der Thora gelernt hatte, bekam er Prügel. Er durfte nicht sagen: »Ich hab mich nicht wohlgefühlt« oder: »An dem Tag hab ich nicht lernen können«, denn er *musste* können – aus, basta. So wurde er von klein auf seelisch zertrümmert, so kleingemacht, dass er nicht einmal fähig war, wenigstens im Geheimen etwas Eigenständiges zu tun. Denn die Angst, entdeckt zu werden, war zu groß. Er war sogar dann folgsam, wenn ihn keiner sah. Er war so mit Angst zugepflastert, dass er später zögerte, seinen Kindern zu erlauben, am Schabbat zu Musik vom Plattenspieler zu tanzen. Denn vielleicht war es ja nicht richtig. Also verbot er es lieber. Alles war verboten, wenn er nicht hundertprozentig wusste, dass es erlaubt war. Es war Angst, nicht böser Wille.

Einmal sagte er mir, es sei immer sein großer Traum gewesen, endlich erwachsen zu sein, eine Frau zu haben und als gleichwertig anerkannt zu werden. Lange hatte er sich gesagt: »Wenn ich erst erwachsen bin, wenn ich mal meine eigene Familie habe – dann bin ich auch wer, dann bin ich das Oberhaupt der Familie.«

Als Tante Ili mir von Nahums Kindheit erzählte, erinnerte ich mich auch wieder an diesen Onkel, der später mein Schwiegervater wurde. Ich war als Kind einmal bei der Familie zu Besuch.

Mein Onkel lächelte mich nett an und küsste mich auf die Stirn; aber mehr hatte ich mit ihm nicht zu tun. Ich saß beim Essen mit am Tisch, es war ein voller Tisch mit sieben Kindern und den Eltern. Da war eine Ordnung, eine Ruhe, eine Folgsamkeit! Jedes der Kinder achtete genau auf die Eltern, und die brauchten nur mit einem Blick etwas zu sagen, und schon wurde es gemacht. Das hat mich erschreckt.

Bei uns zu Hause war immer ein Geschnatter, wie in einer Gänseherde, und mein Vater machte bei allem mit. Wir spielten mit ihm Verstecken oder wir jagten gemeinsam die Ziege, und meine Mutter stand in der Haustür und rief: »Vater, Vater, du bist das größte Kind unter deinen Kindern.« Sie freute sich darüber, dass er so mit uns umging. Trotzdem konnte er auch sehr hart sein, wenn etwas bestraft werden musste. Aber es war nicht diese ewige, klare, eintönige Härte, die ich in Nahums Elternhaus erlebt habe.

Mit all diesen Dingen kann ich eigentlich erst leben, seit ich angefangen habe zu verstehen, wie sie entstanden sind, wo ihre Wurzeln sind. Und wenn ich etwas nicht verstehe, sage ich mir: Gut, da ist ein Punkt, für den ich noch keine Erklärung habe, irgendetwas wird schon dahinterstecken, ich werde weitersuchen. Wenn aber ein Mensch gar nichts versteht und mit seinen Fragen überall gegen Wände stößt, kann er nur schlecht leben und sich weiterentwickeln.

Deutsche Kinder, die von ihren Eltern etwas über die Vergangenheit wissen wollen, aber spüren, dass man darüber nicht redet, stoßen auch überall gegen solche Wände. Trotzdem wollen sie erfahren, woher sie stammen, sie wollen normale Familiengeschichten haben, also stellen sie sich vor, wie es gewesen sein könnte. Später kommt das dann mit Wucht zurück, wenn sie da oder dort entdecken, dass ihre Eltern oder Großeltern vielleicht in mancher Hinsicht nicht ganz unschuldig waren. Das muss furchtbar für sie sein. Und keiner begleitet sie dabei.

Wie lange habt ihr in Rumänien gelebt?

Gemeinsam waren wir ungefähr drei Jahre dort.

Und dann wolltet ihr das Land verlassen?

Ich wollte es. Nahum war sehr unentschlossen. Bald nach unserer Heirat fing es an, dass man immer wieder Fabrikanten oder Besserverdienende zur Polizei bestellte und sie von dort gleich abführte in ein Gefängnis.[23] Und wenn die Angehörigen nachfragten: »Warum ist er in Haft? Was hat er verbrochen?«, und versuchten, die Verhafteten wieder rauszukriegen mit einem Rechtsanwalt, dann erging es denjenigen noch viel, viel schlimmer. Also wagte man nicht einmal mehr, nach solchen Leuten zu fragen, um ihnen nicht zu schaden.

Aber ich tobte. Es gab zwei Ziegelfabriken und zwei wertvolle Häuser im Vermögen der drei überlebenden Brüder. Mein Mann war mittlerweile der letzte, der noch in Rumänien war. Seine beiden Brüder waren schon in Wien. Ich sagte ihm nur: »Ich bleib nicht hier.« Er antwortete: »Ich muss doch auf den Familienbesitz aufpassen.« Darauf sagte ich ihm: »Na, dann pass eben auf den Besitz auf – ich gehe.« Da rief er: »Wir sind doch verheiratet! Dort, wo ich bin, musst du sein!« – »Nein, dafür bin ich nicht aus den Lagern zurückgekommen. Wenn ich schon lebe, dann will ich auch frei sein.« Und ich redete ihm so lange zu, bis ihm allmählich klar wurde, dass wir lieber alles zurücklassen und das Land verlassen sollten, bevor auch er verhaftet würde und ins Gefängnis käme.

Konnte man denn noch ungehindert ausreisen?

Nein, die Machthaber wollten die Leute schon nicht mehr aus dem Land lassen. Die Grenzen waren von einem tiefen Graben umgeben und wurden bewacht. Und wenn die Grenzposten einen Flüchtling anbrachten, lebend oder tot, bekamen sie vier Wochen Urlaub und, wenn ich mich richtig erinnere, eine Prämie von 2000 Lei, umgerechnet ungefähr etwa 1000 Euro. Dazu kam noch, dass diese Wachposten Angst hatten, die festgenommenen Flüchtlinge könnten fliehen, und dann wären ihr Geld und ihr Urlaub dahin. Also erschossen sie die Menschen aus nächster Nähe, wenn sie sie erwischt hatten.

Irgendwann, es war im Spätsommer des Jahres 1948, hatte Nahum jemanden gefunden, der uns schwarz über die Grenze bringen wollte. Eines Nachts brachen wir auf, mit doppelt so vielen Kleidern am Leib wie gewöhnlich, mit Geld in der Kleidung und dazu noch mit einer kleinen Aktentasche mit unserem restlichen Geld. Wir schlossen die Wohnung hinter uns und gingen einfach los. Niemand wusste davon, auch die besten Freunde nicht. Am Rand der Stadt warteten wir auf diesen Schleuser, doch als er kam, war er völlig besoffen. Da sagten wir beide: »Nein, das kommt nicht in Frage. Wenn du dein Geld verdienen willst, dann ein anderes Mal, aber ohne dass du vorher säufst.« So gingen wir zurück in unsere Wohnung. Zum Glück hatten wir noch den Schlüssel.

Dort lebten wir wieder, als wäre nichts gewesen. Etwa drei Tage später kam der Schleuser wieder und sagte: »Heute Abend ist es günstig.« Er versprach, vorher nichts zu trinken. Also gut. Wir trafen uns am Abend, und tatsächlich gingen wir los. Es ging viele Kilometer über Felder und Feldwege, ein ewig langer Marsch. In Eile. Denn wir mussten zur Grenze kommen, bevor es hell wurde.

Irgendwann standen wir vor einem langen, tiefen Graben. Plötzlich sagte er: »Da müsst ihr hinuntergehen und auf der anderen Seite wieder hinauf. Auf der anderen Seite ist schon Ungarn. Die Grenzposten sind bestochen. Beeilt euch!« Wir erschraken. Er kam nicht mit uns rüber. Wir hatten nicht gewusst, dass er es nicht tun würde. Aber jetzt waren wir schon so weit, also los. Er bekam sein Geld, und wir liefen los. Eine Ewigkeit ging es diesen Hang hinab, bis wir unten waren, und dann atemlos wieder hoch. Und dauernd das Gefühl: Jede Sekunde können wir entdeckt und erschossen werden. Ich würde heute so etwas nicht wieder wagen. Es war wahnsinnig gefährlich.

Aber wir hatten Glück, wir kamen heil rüber, und nichts war passiert. Wir ließen uns auf den Boden fallen und schöpften Atem; denn vor lauter Eile und Aufregung hatten wir kaum Luft gekriegt. Nach einer Weile krochen wir weiter durchs Gebüsch, bis wir schließlich aufrecht gehen konnten. Der Schleuser hatte uns gesagt, in welcher Richtung ungefähr die nächste ungarische Siedlung sein musste.

Auch vor den ungarischen Polizisten hatten wir Angst, vor allem davor, dass sie uns zurückschicken würden. Und wir waren inzwischen schrecklich dreckig. Also baten wir in einem Haus um ein bisschen Wasser, um uns zu waschen. Die Leute dort wussten schon, dass immer wieder Leute aus Rumänien über die Grenze kamen, die fürchterliche Angst hatten. Sie baten uns herein. Kaum waren wir ausgezogen und hatten die Uhren abgelegt, um uns zu waschen, schrie einer von den Leuten in diesem Haus: »Schnell in den Keller! Die Polizei kommt!« Doch als wir wieder aus dem Keller kamen, war keine Uhr mehr da, kein Geld, und die zusätzliche Kleidung, die wir getragen hatten, war auch verschwunden. Als wir uns danach umsahen, sagten sie uns glatt: »Wenn ihr nicht den Mund haltet, dann holen wir die Gendarmen und sagen ihnen, ihr seid in unser Haus gekommen und habt uns bestehlen wollen.« So hatten wir den letzten Rest verloren, den wir noch besaßen.

Unser Glück war nur, dass die Brüder von Nahum schon in Wien waren. Und wenn wir bis Budapest kämen – etwas Geld für die Zugfahrt hatten wir gerade noch am Leib –, dann hätten wir es geschafft. In Budapest lebten auch noch zwei Tanten von meinem Mann mit ihren Familien und eine von mir. Irgendwo würden wir also Hilfe bekommen.

So endete unsere Flucht über die Grenze.

Und ihr kamt gut nach Budapest?

Ja, wir hatten dann irgendwann einen Zug genommen. In Budapest angekommen, erfuhren wir, dass das *Joint*[24], eine jüdische Hilfsorganisation, Garantien für die Situation der Juden in Ungarn durchgesetzt hatte. So war es mit der ungarischen Regierung verabredet, dass jüdische Flüchtlinge aus Rumänien, die ehemalige KZ-Häftlinge waren, automatisch drei Monate Aufenthaltsrecht in Ungarn hatten. Niemand wurde nach Rumänien zurückgeführt. Selbst wenn wir von den ungarischen

Gendarmen festgenommen worden wären, hätte es nur einen Telefonanruf bei Nahums Bruder gekostet, und er hätte uns sofort auslösen können. Aber das hatten wir nicht gewusst; und darum hatten die Leute in dem Ort an der Grenze unsere Angst vor den Gendarmen so schamlos ausnutzen können.

Bliebt ihr dann erst einmal da?

Ja. Wir blieben für drei Monate in einem Zimmer zur Untermiete, um zu klären, wie es für uns weitergehen könnte.

Während dieser Zeit lernte ich auch Nahums Tante Ili kennen, von der ich ja schon gesprochen habe. Das war ein außergewöhnliches Erlebnis für mich. Sie war die erste erwachsene Frau, die mit mir von gleich zu gleich sprach. Sie war sehr belesen, sie führte mich an gute Literatur heran; wir sprachen viel miteinander, auch über Nahum, über die Ehe, über ihre Kinder ... Ich hab wenige Menschen wie sie kennengelernt: so klug, so lebenserfahren. Über alles machte sie sich Gedanken. Sie war eine ganz großartige Frau.

Sie hatte zwei Söhne gehabt. Der ältere war herzkrank und war eines Tages von den Nazis auf offener Straße verhaftet worden. Aus Angst und Sorge um ihn, erzählte sie, lebte sie monatelang in größter Anspannung und kümmerte sich kaum noch um ihren kleineren Sohn. Bis der eines Tages zu ihr sagte: »Aber, Mami, ich bin auch noch da.« Tante Ili sagte mir dazu: »Das hat mich wie ein Blitz getroffen. Plötzlich bin ich wach geworden und hab gesehen, dass ich für ein Kind, das wahrscheinlich nicht mehr lebte, ein anderes vernachlässigt habe.« So konnte sie reden, von sich, von ihren Söhnen und – von ihren Fehlern.

Nach den genehmigten drei Monaten musstet ihr Ungarn verlassen?

So war es. Aber wir konnten mit Autobussen des *Joint* ganz problemlos nach Wien weiterfahren. Zwei Jahre nach uns kamen dann Tante Ili und ihr Mann ebenfalls nach Wien, bevor sie ein paar Jahre später nach Brasilien auswanderten.

9. Kapitel

Wien

Nach Wien kamt ihr als Flüchtlinge …

Das war im Januar 1949, und wir hatten gar nichts, als wir ankamen. Aber uns erwarteten die beiden Brüder meines Mannes. Sie waren in Wien schon einigermaßen etabliert und unterstützten uns fürs Erste. Außerdem bekamen wir Kleiderpakete vom *Joint*, das die jüdischen Flüchtlinge auch in Wien versorgte. Wir mieteten ein Zimmer mit Kochnische; so hatten wir gleich wieder unser Privatleben und waren nicht auf Flüchtlingssammelunterkünfte angewiesen.

Nahum fühlte sich schuldig gegenüber seinen Brüdern, weil er das gemeinsame Erbe in Rumänien, die zwei Häuser und Ziegeleien, verlassen hatte. Er sprach gleich beim ersten Zusammentreffen mit seinen Brüdern davon. Darauf meinte Hersi, der ältere Bruder, aber nur: »Na, ich bin froh, dass du nicht dort geblieben bist. So hab ich dich lebend. Wenn ihr dort geblieben wärt, wer weiß …«

Und dann musstet ihr euch Arbeit suchen?

Nahum ist gleich ins Geschäft seiner Brüder eingestiegen. Hersi, der ein guter Kaufmann war, war ja als Erster nach Wien gegangen und hatte schon ein kleines Importgeschäft gegründet. Da arbeiteten sie dann zu dritt. Sie handelten hauptsächlich mit Kakao und Schokolade. Die große Sache war damals die Schokolade von Bensdorff und vor allem von Cadbury, eine englische Schokolade. Die wurde waggonweise gekauft und schachtelweise weiterverkauft an Händler oder, mit weniger Verdienst, direkt im Waggon weiter abgesetzt – je nachdem, wie es gerade kam.

Und du?

Na, ich versorgte den Haushalt, kochte, machte die Einkäufe und die Wäsche, bügelte die Hemden der drei Männer ... Und im Januar 1950 kam ja dann auch meine erste Tochter, Eszter, zur Welt, mit der ich dann beschäftigt war – das hat genug Arbeit gegeben.

Fingst du nebenbei an, die Stadt zu erkunden?

Das war nicht drin, weil ich die Sprache nicht sprach. Ich war da am Anfang ziemlich hilflos und ganz auf die ungarischen Kreise beschränkt. Das Einkaufen und alle diese Dinge waren für mich äußerst schwierig. Am Anfang machte Nahum die Einkäufe und nahm mich mit, aber nach zwei Wochen gab er es auf und sagte: »Jetzt kannst du das allein. Ich hab anderes zu tun.« Und gehorsam, wie ich erzogen war, musste ich es dann irgendwie alleine schaffen. Ich suchte mir aus dem Wörterbuch raus, was ich brauchte, und las es dann im Laden von meinem Zettel ab, aber es verstand mich niemand. Wahrscheinlich war meine Aussprache so ungarisch, dass man nichts verstand, wenn ich sagte: »Ich möchte ein Kilo Zucker.« Schließlich fing ich an, einfach den Zettel abzugeben.

Also das waren unheimlich schwierige Zeiten für mich. Als ich schwanger war, konnte ich nicht einmal zum Frauenarzt gehen, weil ich mit dem Arzt nicht hätte sprechen können. Erst später fand ich dann einen Ungarisch sprechenden Professor.

Irgendwann bot mir ein Freund, der meinen Mann noch von Ungarn her kannte, an, einmal mit mir in die Stadt zu gehen und zu dolmetschen. Als wir von den Besorgungen nach Hause kamen, blieb er noch eine Weile da. Endlich konnte ich mit jemandem länger sprechen! Und Fragen stellen! Aber dann kam Nahum nach Hause und sah uns da sitzen ... Wochenlang hat er mit mir nicht geredet. Schweigend trug er seine Eifersucht mit sich herum. Ich spürte das natürlich, aber wenn ich ihn fragte, ob etwas sei, hat er nur »Nein, nichts« geantwortet.

Dann lebtest du insgesamt ziemlich isoliert?

Im Lauf der Zeit hab ich doch ein paar Menschen gefunden, mit denen ich reden konnte, einige ungarische Freunde, die wenigstens abends manchmal bei uns vorbeikamen. Und allmählich hab ich auch ein paar Worte Deutsch dazugelernt. Ich gewöhnte mir an, dauernd das Radio laufen zu lassen, nicht um Musik zu hören, sondern wegen der Sprache. Und ich kaufte mir diese billigen Romanheftchen, hauptsächlich Liebesromane. Die konnte ich schon bald lesen, weil sie so eine einfache Sprache haben. Wenn ich nur jedes zehnte Wort verstand, bekam ich schon ungefähr mit, was die Handlung war. Und das wurde dann immer mehr; ein Wort brachte das andere. Manchmal fragte ich auch meinen Mann oder meinen Schwager, und ein Wörterbuch hatte ich auch. So also – langsam, langsam – hat sich das geformt. Als wir vier Jahre später dann nach Deutschland gingen, konnte ich schon alles sagen, was ich im Alltag so brauchte.

Und das ohne Sprachkurse oder Bücher?

Ja. Es gab keine Möglichkeit für einen Sprachkurs. Mein einziger Sprachkurs war der achtzehn- oder zwanzigjährige Sohn unserer Wirtin, bei der wir in Untermiete waren. Er sagte mir immer wieder ein paar Worte vor. Und ich merkte, wie er sich amüsierte, wenn ich sie wiederholte. Zuerst dachte ich, ich spreche sie so falsch aus. Dann hab ich es überprüft bei meinem Mann: Die größten Schweinereien hat er mir beigebracht! Und das war mein Sprachkurs, quasi.

In dieser Situation konnte natürlich das Land, in dem du nun lebtest, kein Thema sein …

Überhaupt nicht! Ich musste ja erst das Einfachste neu lernen: wie man einkauft, wo man einen Arzt findet usw. Das alles war mir viel näher als das Nachdenken über Österreich. Eigentlich ist mir in dieser Zeit völlig unbekannt geblieben, was die Menschen dachten oder nicht dachten. Ich wusste zwar, dass auch Österreicher in den Wachmannschaften der KZs gewesen waren, aber viel mehr Denken war nicht drin. Außerdem: Wenn man sich wirklich intensiv daran erinnert hätte, was geschehen war, was Deutsche und Österreicher uns angetan hatten, hätte man sich nicht dem täglichen Leben widmen können. Wir hätten nicht leben können. Ein Mensch ist einfach nicht fähig dazu, dauernd in Trauer zu leben.

Und das jüdische Leben, die Religion? Hatte das noch Bedeutung für dich?

Das fing schon ein bisschen an zu bröckeln. Ich erinnere mich an eine Geschichte im ersten Jahr in Wien, als ich mit Eszter schwanger war. Wir wohnten in Untermiete in einem Haus mit drei Stockwerken und Mezzanin. Es war sehr hoch, mit runden Treppen. Und am Schabbat holten wir normalerweise die Hausmeisterin, damit sie bei uns die Lichter löschte. Meistens war es meinem Mann lästig, die Hausmeisterin zu holen, mein Schwager mochte auch nicht gehen, also sagte man zu mir: »Geh du!« Ich wagte nicht zu sagen: »Ich gehe nicht, weil ich Angst hab, im dunklen Treppenhaus die Treppen runterzufallen, und Licht darf ich ja keins anmachen.« Stattdessen verführte mich meine Angst dazu, heimlich im Treppenhaus auf den Lichtschalter zu drücken. Dann ging ich runter und bat die Hausmeisterin, bei uns in der Wohnung die Lichter auszulöschen. Ich dachte mir, falls es jemandem auffallen würde, könnte ich sagen, dass zufällig jemand durchs Treppenhaus gegangen war und das Licht angemacht hatte.

So bröckelte es. Ich sah nicht mehr ein, mich und mein Kind wegen religiöser Vorschriften zu gefährden. Nur konnte ich das noch nicht offen vertreten; ich war doch eine »anständige« Frau, von der man erwartete, dass sie einen koscheren Haushalt führte, dass sie am Schabbat zum Beten in die Synagoge ging und so weiter. Also war ich zum Lügen gezwungen. Praktisch lebte ich noch lange Jahre nach dem KZ in dieser andauernden Spaltung: zwischen dem, was ich in meinem Inneren dachte oder fühlte, und dem, was ich anderen davon zeigte. Und wenn ich von meinem Gegenüber nicht wusste, wie er dachte, ging ich lieber ganz vorsichtig an der Wand entlang. So sahen meine Jahre der »Freiheit« aus! Ich musste erst mühsam lernen, meine

Meinung zu äußern, auch auf die Gefahr hin, dass sie jemandem nicht gefällt.

Und in dieser Situation hast du dein erstes Kind erwartet …

Ja, aber das war das Beste an dieser Zeit. Die Vorfreude, Mutter zu werden, hat alles überdeckt: den Ärger über meinen Mann, über seinen jüngeren Bruder Noti, die immer wieder aufkommenden KZ-Erinnerungen, das Leben in der Fremde … Auch später war es für mich immer die schönste Zeit, wenn ich ein Kind erwartete, dieses wachsende Leben, das Noch-nicht-Wissen, wie das Kind sein würde. Ein kleiner Unbekannter kam in die Familie … Das ist die eine Seite.

Nur die eine Seite?

Die andere Seite war: Ich kam wieder in einem Zustand inneren Abgestorbenseins. Da ich versuchte, nicht zurückzudenken, musste ich vieles unter dem Teppich halten. Das brachte mich dahin, mich nicht freuen zu können, nicht richtig Glück empfinden zu können – fast so, als hätte ich es nicht wagen dürfen, glücklich zu sein nach allem, was geschehen war. Über dieses Gefühl könnte ich gar nicht aufhören zu erzählen … Durch ein Kind hoffte ich auch, wieder lebendig zu werden. Aber eigentlich ist mir mit jedem Kind das Gegenteil passiert: Mir kam jedes Mal das Weinen, weil meine Eltern es nicht miterleben konnten. Verstehst du? Eine Geburt war für mich etwas anderes als für die meisten Frauen: weder Freude noch bewusste Lebensbejahung – von all dem zwar auch etwas, aber immer gemischt mit einer Trauer, für die ich keine Worte hatte.

Erst später ist mir klar geworden, dass die Kinder für die meisten von uns Überlebenden ein Ersatz für die verlorene Familie sein sollten. Und ein Lebensinhalt. Es war eine furchtbare Leere da; die wollte man ausfüllen. Man wollte wieder Leben um sich spüren. Aber was ist Leben? Kinder sind Leben. Ursprünglich hätte ich deshalb am liebsten acht Kinder bekommen, so viele, wie wir zu Hause auch waren. Aber auf einer solchen Basis ist es nicht gut, Kinder zu kriegen.

Und acht Kinder zu wollen, na ja, das hab ich mit der Zeit aufgegeben, weil ich ja sah, dass es nicht so einfach war. Wir hatten ja keine sichere Basis, wir wussten nicht, wohin uns das Leben noch verschlägt und wovon wir leben sollten. Wir waren völlig alleine und hatten alles verloren; es gab keine größere Verwandtschaft, wie meine Eltern sie noch hatten. Das familiäre Umfeld, auch wenn es nicht immer das beste ist, ist doch ein Halt, eine Sicherheit. Vásárosnamény war ja die Ortschaft, in der schon mein Vater aufgewachsen war; da gab es immer viele Verwandte, Bekannte, Freunde, Kameraden ... Wir dagegen hatten nichts, wir waren nackt, seelisch wie finanziell, in jeder Beziehung. Da konnte man nicht acht Kinder durchbringen.

Auf Eszters Geburt folgten einige Jahre mit finanziellen und auch mit gesundheitlichen Schwierigkeiten, in denen ich auf keinen Fall Kinder kriegen wollte, weil ich nicht wusste, wie ich damit fertig würde. Und es waren auch die Gärungsjahre unserer Ehe. Ich wusste nicht, woran ich war. Ich konnte auch nicht formulieren, was ich von meiner Ehe erwartete. Ich spürte nur, dass es nicht gut war, wie es lief. Und so dauerte es sechseinhalb Jahre, bis das zweite Kind kam.

Als meine zweite Tochter unterwegs war – das war schon in Deutschland –, wurde mir klar, dass die erste Tochter altersmäßig ziemlich weit von der zweiten entfernt sein würde, dass also gewissermaßen beide Einzelkinder sein würden. Darum wollte ich dann doch noch mehr Kinder. Und da schienen mir vier Kinder günstiger als drei, weil ich vermeiden wollte, dass zwei sich möglicherweise gegen eines verbündeten, während das eine irgendwo alleine hängen bliebe.

Aber in Wien kam nun erst einmal dein erstes zur Welt. Was hat sich dadurch für dich verändert?

Mein Leben wurde wieder einsamer, sogar am Abend. Ich war mit Eszter beschäftigt, während mein Mann und seine Brüder zusammensaßen und die Tagesgeschehnisse besprachen. Ich konnte auch nicht mehr so leicht aus dem Haus, weil es sehr mühsam war, mit dem Kind vom dritten Stock hinunter auf die

Straße zu kommen. Alles wurde eintöniger; die einzige Freude war, dass Eszter mich manchmal mit einem Lächeln belohnte, wenn ich zu ihr sprach.

Die Erziehung war ausschließlich deine Aufgabe?

Aber selbstverständlich. Die Frau versorgte und erzog die Kinder, der Patriarch gab die Richtlinien aus. Und dann hatte ich mich noch um die Pflege der Wohnung, um das Kochen und Einkaufen, Waschen und Bügeln zu kümmern. Und zwar nicht nur für meinen Mann, für mein Kind und für mich, sondern auch für Noti, den jüngsten überlebenden Bruder meines Mannes. Der wohnte inzwischen bei uns. Er wäre sonst, ohne uns, genauso heimatlos gewesen wie ich vor meiner Heirat. Er war ein verwöhnter Junge, aber ich hab es nicht fertiggebracht, ihn rauszuwerfen. Ich wollte nicht, dass er aus der Not heraus schnell heiratete, nur um eine Frau zu haben, die für ihn sorgte.

Kam das schon aus deiner eigenen Erfahrung mit der Ehe?

Ganz genau. Ich hatte damals schon das Gefühl, dass meine Ehe aus der Not heraus geschlossen worden war. So etwas sollte Noti nicht passieren. Ich stand auf dem Standpunkt: Solange er noch nicht die richtige Frau gefunden hatte, sollte er bei uns wohnen, und ich würde für ihn sorgen. Obwohl es mir immer schwerer fiel. Er spielte immer mehr die erste Geige in unserem Leben. Nahum konnte sich nicht gegen ihn zur Wehr setzen, weil er nicht weiter der Dümmste in der Familie genannt werden wollte wie in seiner Kindheit. Allmählich kam es bei uns dahin, dass, wenn ich meinen Mann etwas fragte, der Bruder an seiner Stelle antwortete. Und daran konnte ich nichts ändern, weil mein Nahum es niemals wagte, eine andere Meinung zu äußern als sein Bruder Noti.

Und für meinen Schwager mit seinem männlichen Gehabe spielte es keine Rolle, dass ich die Frau seines Bruders war. Ich war nur eine Frau; er hat mit mir so geredet, als sei ich seine Dienstbotin. Bis ich eines Tages zornig wurde und mich weigerte, die Schuhe der Herren zu putzen. Das war mein erster

Aufstand. »Gewalt!« war das, vor allem für meinen Schwager. Und nicht Nahum, sondern Noti war derjenige, der fragte: »Wieso sind diese Schuhe nicht geputzt? Wie soll ich damit aus dem Haus gehen?« Ich sagte nur: »Putz sie dir selber! Ich putze sie nicht mehr.« – »Was ist mit dir geschehen? Auf einmal bist du so frech!«

Es fiel ihm nicht ein, dass es nur gerecht sein könnte, wenn er auch etwas tat. Dabei hatten er und seine Brüder zu Hause ihre Schuhe auch selber putzen, die Kleider sauber halten und ihre Sachen aufräumen müssen. Aber jetzt endlich hatte man eine Frau, die einen zu bedienen hatte. Jetzt endlich wurde man wieder los, was man zu Hause selber hatte tun müssen und ungern tat. Wahrscheinlich hatte er – wie Nahum – seine ganze Kindheit über davon geträumt: »Wenn ich einmal mein eigener Herr bin …« Und Noti war dadurch sein eigener Herr geworden, dass ich seinen Bruder geheiratet und er ein Zuhause bekommen hatte. Und das gedachte er ganz selbstverständlich zu nutzen. Darum war er völlig entsetzt, als er zum ersten Mal von mir ein »Nein!« hörte.

Ist er denn irgendwann wieder ausgezogen?

Ja, als er heiratete, ist er ausgezogen. Aber dazu kam es erst Jahre später, da waren wir schon in Deutschland. Er hat acht Jahre mit uns zusammen gelebt. Und geschäftlich hatten wir weiter miteinander zu tun.

Wie lange lebtet ihr denn in Wien?

Wir waren insgesamt vier Jahre, bis Ende 1952, in Wien. Nach Deutschland zogen wir dann wegen eines Geschäfts. Eines Tages war ein Bekannter zu Nahum gekommen und schlug ihm eine ganz große Sache vor. Es sah so aus, als könnte man da ein Vermögen machen. Eine Schokoladenfabrik in Fürth bei Nürnberg – mit ihm als Kompagnon. Man könne die Fabrik für eine bestimmte Summe mieten und gleich anfangen; sie sei komplett, mit Maschinen und allem. Er rechnete ihm vor: »Es gibt in Westdeutschland 60 Millionen Menschen. Wenn jeder nur eine Tafel Schokolade von 100 Gramm kauft …« Er hatte auch schon einen Meister ausfindig gemacht, der Schokolade herstellen konnte, von der Kakaobohne bis zur fertigen Schokolade … Ich hatte keine Ahnung, was das alles bedeutete! Mein Mann natürlich auch nicht. Aber die Aussicht war so verlockend, dass er in den Vorschlag einwilligte.

10. Kapitel

Fürth

Was bedeutete es für dich damals, nach Deutschland umzuziehen?

Mit mir wurde die Sache überhaupt nicht näher besprochen – das war Männersache. Ich erfuhr zwar von den Plänen, aber ich kannte diesen Mann nicht, der der Kompagnon werden sollte, und wenn ich jemanden nicht kannte, dann fällte ich auch nicht irgendwelche Urteile. Ich lernte ihn erst kennen, als die Schokoladenfabrik schon lief.

Ja, und Deutschland … Mich beschäftigte, wenn ich so zurückdenke, viel mehr, was die Leute in meinem Heimatort getan oder unterlassen hatten, denn die kannte ich ja, und ich kannte auch ihre Möglichkeiten. Darüber, was Deutschland verbrochen hatte, hatte ich mir bis dahin überhaupt keine Gedanken gemacht.

Das änderte sich aber schnell. Dass wir jetzt in Deutschland waren, begriff ich so richtig am dritten oder vierten Tag. Übergangsweise wohnten wir erst einmal in einer kleinen Pension in Nürnberg, für zwei Wochen. Ich musste von Anfang an selber kochen, weil wir nur koscher aßen. Also war es für uns nicht möglich, in ein Lokal zu gehen. Wenn wir unterwegs waren, hatten wir grundsätzlich einen kleinen elektrischen Kocher, einen Topf und zwei, drei Teller dabei. Das war immer das Erste, was wir auspackten. Und dann kochte ich eben notdürftig eine Suppe oder einen Eintopf.

An diesem dritten oder vierten Tag in Nürnberg ging ich in ein kleines Geschäft einkaufen. Ich brauchte Brot. Der Ladenbesitzer kam von hinten, aus irgendeinem wohnungsartigen Etwas, hervor. Ich sagte ihm, was ich brauchte, aber inzwischen klingelte die Ladentür noch einmal. Da kam ein Mann herein mit einem halben Arm, worunter er einen Packen Zeitungen geklemmt hatte. Mit dem gesunden Arm grüßte er: »Heil Hitler!« Der Geschäftsinhaber grüßte zurück: »Heil Hitler!« Der Einarmige nahm eine Zeitung aus dem Packen und gab sie dem Inhaber. Der verschwand mit der Zeitung sofort ins Hinterzimmer und legte sie dort ab. Dann kam er zurück und fragte mich noch einmal, was ich brauchte. Mir lief es kalt über den Rücken. Das war meine erste bewusst erlebte Begegnung mit dem Hitlergruß.

Das war 1952. Bis dahin hatte ich gedacht: Na ja, das ist jetzt alles vorbei. In Wien war mir so etwas nicht begegnet, also musste ich mich auch nicht damit auseinandersetzen. Zeitungen konnte ich damals noch nicht lesen; von den Nürnberger Prozessen hatte ich nur so am Rande mitbekommen. Doch jetzt plötzlich dieser Hitlergruß und dazu eine Zeitung, die so schnell weggebracht werden musste …

Ich nahm mein Brot, ging nach Hause und fing an, schrecklich zu heulen. War das noch immer nicht zu Ende? Wie sollte das weitergehen? Und jetzt war ich in diesem Land! Hier sollte ich leben? Als mein Mann nach Hause kam, erzählte ich ihm davon. Aber er wollte gar nichts davon wissen; auf seine typische Art sagte er: »Ach komm, das hast du falsch verstanden.« So wollte er immer wegwischen, was ihm unangenehm oder unbeantwortbar war. Ich war entsetzt, dass er das so wegschob, ich stritt mit ihm und sagte: »Hier will ich nicht bleiben. Ich will nach Israel! Ich will nicht hierbleiben; ich will nicht, dass mein Kind hier aufwächst. Ich will nicht, dass man sie schlägt, weil sie eine Jüdin ist, oder dass man mich schlägt.«

Aus dieser Geschichte ging ein ganzer Gedankenweg hervor. Nach einigen Tagen fragte ich mich: Was habe ich eigentlich erwartet? Wo sollten die alle hin, die an Hitler geglaubt haben? Habe ich geglaubt, dass die plötzlich alle umgedreht waren oder anders dachten? Das war der Anfang meines Nachdenkens darüber, wie weit eine Bevölkerung von einer Sache vergiftet sein kann. Aber noch immer sah ich vor allem die Masse, »die Deutschen«. Erst nach einiger Zeit fing ich an, die Einzelnen zu unterscheiden. Nicht alle waren gleich. Wer war was gewesen?

Ich begann, den Leuten ins Gesicht zu schauen und zu suchen, ob ich nicht eventuell ein bekanntes Gesicht aus dem KZ wiedersehen würde, von den Bewachern. Ich hoffte geradezu, es würde denen ins Gesicht geschrieben sein, wenn sie so etwas getan hatten.

Das war natürlich idiotisch. Aber so dachte ich. Um draufzukommen, dass wir alle verschieden sind und dass jeder für sein eigenes Handeln verantwortlich ist, war es für mich vielleicht notwendig, erst einmal diese falsche Sicht gehabt zu haben. Es konnte ja nicht sein, dass jeder bei den Verbrechen dabeigewesen war. Es konnte nicht sein, dass jeder ein Mörder war.

Ich dachte an die jüdischen Blockältesten in Auschwitz. Nicht jeder jüdische Gefangene war ja ein Blockältester. Und nicht jeder Blockälteste war ein Schläger oder eine Schlägerin. Ich erinnerte mich auch an einen Überlebenden aus dem Heimatort meines Mannes, von dem man so zweideutige Dinge erzählte. Dass er angeblich mit einem Haufen Zahngold nach Haus gekommen sei und nie darüber gesprochen habe, was er im KZ erlebt hatte. Warum also sollte es bei den Deutschen nicht auch solche großen Unterschiede geben?

Wenn ich an diese frühen Überlegungen zurückdenke, sehe ich mich immer im Bus stehen, auf der Fahrt von Fürth nach Burgfarrnbach, wo die Schokoladenfabrik war. Es war eine enorm angefüllte Zeit: Wir mussten uns zurechtfinden in der neuen Umgebung, wir waren ganz mit dem Aufbau der Fabrik beschäftigt, Eszter war gerade zwei Jahre alt und brauchte mich ständig, es gab Ärger mit dem Kompagnon und mit meinem Schwager ... Und ich musste mittags zur Fabrik rausfahren mit dem Bus, um dort Essen zu kochen, nachdem ich vorher eingekauft hatte. Also nahm ich jeden Tag das Kind und einen Korb mit Lebensmitteln und fuhr lange mit dem Bus, eine Stunde oder mehr ... Und meistens kamen mir da diese Gedanken, beim Warten, beim Stehen im Bus, der vollgepfercht war mit Menschen. Ich sah mir die Gesichter der Leute an, manchmal wurde Eszter unruhig, fast fiel mir inzwischen der Korb runter – so war die Situation. Und wenn dann der eine oder andere recht derb oder rücksichtslos war, dann dachte ich: Auf den tät's passen, dass er ein Nazi war. Es war eine gewisse Art von Menschen, von denen ich es mir eher vorstellen konnte. Nicht jeder wäre dazu fähig gewesen, nicht jeder hätte es gerne getan – da bin ich sicher.

Zu dieser Zeit wohntet ihr also schon in Fürth …

In Fürth gab es ein ehemaliges jüdisches Krankenhaus, in der Theaterstraße 36. Das hatte die Stadt Fürth nach dem Krieg umbauen lassen; aus den Krankenzimmern wurden behelfsmäßig kleine Wohnungen gemacht mit ein bis zwei Zimmern und Küche. Die wurden dann jüdischen Familien sehr billig zur Verfügung gestellt. Da konnten wir dann einziehen, als gerade eine Wohnung frei wurde. Es war sehr bescheiden; wir hatten nur ein Wohnzimmer und ein Schlafzimmer, einen engen Schlauch, in dem die Betten nur hintereinander stehen konnten, und eine Küche dazwischen, auch einen engen Schlauch. Dafür war es aber bezahlbar.

Hattet ihr denn überhaupt Startkapital für die Fabrik?

Etwa die Hälfte von dem, was wir brauchten, hatten wir in den Jahren in Wien selbst gespart, den Rest borgte uns mein Schwager Hersi. Wir pachteten also die Fabrik und begannen mit der Produktion. Wir investierten die damals enorme Summe von 30 000 Dollar. Der Schwarzmarktkurs des Dollars lag bei fünf oder fünfeinhalb Mark; Dollars konnte man gar nicht offiziell in der Bank wechseln, das war noch verboten. Und dieses Geld setzten wir binnen sieben Monaten mit dieser Schokoladenfabrik in den Sand. Dann waren wir pleite.

Pleite? Wie konnte denn das passieren? Hatte der Kompagnon euch nicht vorgerechnet: »Wenn jeder Deutsche nur eine Tafel Schokolade kauft …«?

Aber sie kauften sie nicht! Und das lag an der Weisheit des Kompagnons. Sieben Monate lang haben wir Schokolade gemacht unter seiner Leitung und angeblich mit seinem Sachverstand. Und der Fachmann, der Meister, den er eingestellt hatte, wagte nicht, ihm zu widersprechen. Nur zu mir sagte er: »Was der Kompagnon anordnet, ist falsch. Das ergibt Schokolade von ganz schlechter Qualität – das darf man nicht machen. Noch dazu ist es strafbar.« Wir verarbeiteten nämlich anstelle der Kakaobutter, die in die Schokolade gehört, zum Teil Kokosfett. Weil Kakaobutter zehnmal teurer war als Kokosfett. Aber deshalb wurde die Schokolade binnen einem Monat ganz weiß, also unverkäuflich. Und laut Gesetz war es natürlich auch ein Schwindel.

Das darf man gar nicht Schokolade nennen, wenn nicht ein bestimmter Anteil Kakaobutter drin ist …

So ist es. Ich sagte meinem Mann immer wieder, dass wir einen Riesenfehler machten mit dem Kokosfett. Aber Nahum hielt so viel von seinem Kompagnon, dass er mir nicht glauben wollte. »Wieso willst du es besser verstehen als er?« Ich antwortete ihm, dass der Meister mir das unter vier Augen gesagt hatte. »Ja, warum sagt er es nicht mir?« – »Weil du der Kompagnon des Kompagnons bist, ganz einfach. Mit mir redet er anders, denn vor mir hat er keine Angst.« Das konnte Nahum sich nicht vorstellen. Also lief alles so weiter. Und die Schokoladenfabrik war binnen sieben Monaten erledigt, voller unverkäuflicher Ware. Trotzdem war es für mich eine tolle Zeit; voller Schwierigkeiten zwar, aber auch voller Erfolge. Ich denke immer noch gerne an diese Schokoladenfabrik zurück und bin sehr stolz darauf.

Wie? Welchen Erfolg gab es denn dann noch?

Meinen ganz persönlichen Erfolg. Denn damals entdeckte ich, dass ich etwas konnte. Dass ich mit Menschen umgehen konnte. Nahum dachte, dass man einfach Befehle geben musste und die Arbeiter dann eben funktionieren müssten, weil wir sie ja bezahlten. Ich war dagegen überzeugt, dass man mit den Menschen so umgehen musste, wie es meine Mutter getan hatte:

menschlich. Und das konnte ich dort erproben. Es funktionierte!

Was hattest du denn zu tun in der Fabrik?

Eigentlich war ich das »Mädchen für alles«. Ich übernahm die Aufsicht, wenn es irgendwo nötig war, und wenn Arbeitskraft gebraucht wurde, packte ich auch mit an. Aber im Sommer änderte sich das alles völlig. Der Sommer des Jahres 1952 war wahnsinnig heiß.

Das ging schon zu Hause los: Wir konnten nicht schlafen in der Nacht, weil es in der Wohnung zu heiß war. Irgendwann warfen wir die Matratzen vom dritten Stock in den Hof hinunter und schliefen einfach dort. Das war natürlich unüblich, aber ich und Nahum fingen damit an, und nach vier, fünf Tagen machten uns andere Familien das nach und brachten ihre Bettgestelle in den Hof.

In der Fabrik wurde die Hitze aber zu einem echten Problem. Die Maschinen liefen heiß, sie hatten nicht genügend Kühlkraft. Aber die Schokolade, die als warme Masse in die Formen gegossen wird, muss schockartig abgekühlt werden, damit sie sich zusammenzieht und dann aus der Form herausfällt. Tagsüber kühlte aber die warme Schokoladenmasse einfach nicht ab. Sie war aus den Formen nicht rauszukriegen. Da beschlossen wir mit dem Meister, dass wir eben die Eintäfelung in der Nacht machen würden, denn da war die Außentemperatur niedriger. Und weil mein Mann, mein Schwager und der Kompagnon tagsüber arbeiteten – sie mussten ja die Rohstoffbeschaffung und den Verkauf organisieren – , übernahm ich die Nachtschicht. Tagsüber wollte ich mich um Eszter kümmern, nachts schlief sie, also sagte ich: »Ihr macht die Geschäfte am Tag, und ich werde eben in der Nacht die Eintäfelung leiten.« Und so kam es dann auch.

Als Erstes mussten wir unter den Angestellten welche finden, die bereit waren, in der Nacht mitzuarbeiten. Alle versuchten sich zu drücken. Nur mit schwerer Mühe konnten wir dreißig Frauen überreden. Als wir schließlich anfingen, besprachen und organisierten wir die ganze Arbeit grundsätzlich gemeinsam. Auch die Pausen verbrachten wir zusammen. Beim Kaffeetrinken war ich nicht mehr die Chefin, sondern eine, die mitarbeitete. Ich kannte jeden Arbeitsgang. Es war ja auch für mich sehr interessant, das alles kennenzulernen.

Als ich dann ein paar Verbesserungen für manche Arbeitsabläufe einführte, fingen auch die anderen Frauen an, Vorschläge zu machen: »Wenn wir das so machen oder so, dann können wir viel besser Hand in Hand arbeiten, dann geht es schneller und einfacher und mit weniger Mühe.« Wir waren schon Freundinnen! Wir haben in der Nacht doppelt so viel eingetäfelt, wie früher tagsüber eingetäfelt wurde. Und jetzt kommt's: Plötzlich hatten wir zu viele Leute! Wir konnten die Menge mit zehn Leuten weniger bewältigen. Ich sagte zu den Frauen: »Eigentlich hatte ja niemand gerne in der Nacht arbeiten wollen, jetzt könnten zehn wieder am Tag arbeiten. Ihr seht ja, wir werden auch so fertig, ohne dass wir uns überarbeiten.« Es meldete sich aber keine! Keine wollte mehr von der Nachtarbeit weg. Wir mussten dann auslosen, wer zurück zur Tagschicht sollte.

Diese Hitzeperiode dauerte sechs Wochen. Wir arbeiteten jede Nacht durch; für mich war es die herrlichste Zeit. Ich war ja noch sehr jung, gerade mal 25 Jahre alt. Für mich war es eine neue Erfahrung, so etwas zu organisieren. Ich lernte dabei, was es hieß, wenn Menschen bereit waren, Hand in Hand und in Gespräch und Kameradschaft ihre Arbeit zu erledigen.

Hat es eine Rolle gespielt, dass da Frauen unter sich waren?

Nicht unbedingt. Allgemein heißt es nämlich auch, dass Frauen leicht aufeinander eifersüchtig werden und nicht gut zusammenarbeiten können. Am Anfang kam mal die eine, mal die andere und sagte: »Schauen Sie mal, wie die arbeitet! Sie schläft, sie tut gar nichts.« Ich antwortete immer wieder: »Lassen Sie mal, wenn ich etwas merke, dann werde ich es ihr selber sagen.« Ich ließ nicht zu, dass eine über die andere schlecht redete. Ich behielt alles im Auge, aber auf keinen Fall sollten sie bei mir über jemanden reden.

Also Chefin war ich gewissermaßen doch. Ich hab es nur nicht ausgespielt. Ich wollte nicht führen, und schon gar nicht wollte ich eine Chefin sein, bei der gepetzt wird. Jede sollte ihr Bestes tun – und fertig! So schaltete ich diese Eifersüchteleien aus. Ich tat das damals nicht bewusst. Ich hatte nur so ein Gespür. Meine Eltern hatten es nicht gemocht, wenn ein Kind das andere verpetzte. Wahrscheinlich führte ich das unbewusst einfach weiter. Und dass ich in den Pausen Kaffee kochte und mit den Arbeiterinnen zusammensaß und wir uns in einer Runde unterhielten, spielte dann wohl auch eine Rolle dabei, dass wir so gut zusammenarbeiten konnten.

Aber trotzdem seid ihr pleitegegangen.

Unsere Schokolade war einfach unverkäuflich. Und irgendwann war das Geld alle. Wir hatten nichts mehr zum Leben. Kein Pfennig war uns nach diesem Abenteuer geblieben. Wenn Hersi in Wien uns nicht geholfen hätte, wären wir glatt verhungert.

Wie geht es denn weiter, wenn man so ohne alles dasteht?

Wir blieben weiter in Fürth, Noti ging nach Berlin. Es war zwischen uns so eine stillschweigende Vereinbarung: Wer zuerst Fuß fasst, der nimmt die anderen zu sich. Er kam öfter von Berlin zu Besuch und erzählte uns seine Neuigkeiten; er hatte damals Bekanntschaft gemacht mit Arthur Brauner und wollte ins Filmgeschäft einsteigen. Aber daraus ist nichts geworden; das hätte sehr viel Geld gebraucht, und das hatten wir alle nun wirklich nicht. Also musste er passen.

Wir hatten inzwischen mit Tante Ili in Wien korrespondiert, und sie sagte: »Komm rüber zu mir, Hanna, du kannst bei mir das Zuschneiden von Damenwäsche lernen, ich gebe dir auch meine Schnittmuster; die kannst du alle kopieren, und vielleicht versucht ihr es damit.« Sie hatte schon in Budapest eine gutgehende Damenwäsche-Konfektion gehabt, und nachdem sie Budapest verlassen hatte, hatte sie in Wien ihr Geschäft gleich wiedergegründet. Das sollten wir in Fürth nachmachen. Die Idee gefiel mir sehr gut.

Du fuhrst also erst einmal nach Wien?

Ja, ich nahm meine Tochter und fuhr mit ihr los. Eszter spielte dort unter dem Zuschneidetisch, während ich von Tante Ili angelernt wurde. Vier Wochen war ich dort.

Aber kurz bevor ich abfuhr, war meinem Mann ein tolles Geschäft angeboten worden. Es komme Ware aus dem Ausland mit einem großen Lieferwagen, er sollte den Wagen am Stadtrand von Fürth übernehmen und ihn zu einer angegebenen Adresse, irgendwo in der Gegend von Nürnberg, bringen. Er müsse nur in das Auto einsteigen und zu dieser Adresse hinfahren, sonst hätte er nichts damit zu tun. Dafür versprach man ihm eine ziemlich hohe Summe, einige tausend Mark.

»Um Himmels willen, was ist das für eine Ware?«, wollte ich wissen. – »Das weiß ich nicht«, sagte er. Mir war das nicht geheuer. Ich redete auf ihn ein wie auf ein krankes Pferd: »Das kann doch kein ordentliches Geschäft sein. Man kann doch für so eine Arbeit nicht jemandem eine solche Summe bezahlen.« – »Was willst du denn immer? Immer musst du alles schwarzmalen! Ich hab schon mit dem Rabbiner gesprochen, und er hat mir viel Glück gewünscht; er ist ein sehr frommer Mensch, seine Glückwünsche werden mir helfen. Und außerdem schau dir in der heutigen Zeitung mein Horoskop an: Da steht, dass ich in dieser Woche mit allem, was ich anfasse, Glück habe.« Ich fing an zu toben und sagte: »Auf solche Dinge wie das Horoskop gebe ich nichts, und der Rabbiner wird dir jedes Mal, wenn du ihn siehst, Glück wünschen. Ob du darauf bauen kannst? Lieber erkundige dich danach, was das für eine Ware ist, damit du nicht irgendwo in einen Schwarzhandel reingerätst.« Schließlich einigten wir uns, dass er sich auf die Sache besser nicht einlässt. Dann fuhr ich los nach Wien.

Eine Woche später rief ich von Wien aus zu Hause an, aber Nahum war nicht da. Als ich nach ein paar Tagen wieder anrief, meldete sich überraschend mein Schwager, der ja mittlerweile in Berlin wohnte. »Was ist?« – »Gar nichts, gar nichts, ich bin nur zufällig da.« – »Ich möchte mit Nahum sprechen.« – »Er ist gerade nicht da.« Das kam mir dann schon verdächtig vor, aber ich dachte mir, vielleicht bin ich ja auch zu ängstlich. Es konnte ja sein, dass er ein paar Mal gerade nicht da war. Aber ein paar Tage später, beim nächsten Anruf, war er wieder nicht da. Da brüllte ich Noti schon an: »Du sagst mir sofort, was mit ihm ist.« Er druckste so herum, weil er nicht mehr geschickt genug lügen konnte. »Er ist ein bisschen krank.« – »Was hat er denn?« – »Das wissen wir noch nicht, er ist im Krankenhaus zur Untersuchung.«

Zu allem Überfluss hatte ich gerade in der Zeitung gelesen, dass in der Gegend von Nürnberg eine Typhusepidemie ausgebrochen sei. Da dachte ich mir: Noti sagt nichts, also hat Nahum wahrscheinlich Typhus, wer weiß, in welchem Stadium und wie gefährlich. Und das konnte ich nicht mehr aushalten. Kurzerhand entschloss ich mich, den Nachtzug nach Hause zu nehmen. Vorher rief ich meinen Schwager an und teilte ihm mit, dass ich am nächsten Morgen mit dem Zug kommen würde. Er sollte mich abholen. »Du brauchst doch nicht herzukommen, es geht ihm gut. Er wird wieder gesund.«

Als ich in der Frühe mit dem Nachtzug nach Fürth kam, sehe ich auf dem Bahnsteig einen käseweißen Schwager. Da dachte ich: Aha, mein Mann ist tot. Es kann gar nicht anders sein. Noti schaute so elend aus, es war entsetzlich. Er wusste einfach nicht, wie er mir mitteilen sollte, was mit meinem Mann geschehen war.

Ich stieg aus und schrie ihn an. »Was ist mit Nahum?« – »Ich werd's dir gleich sagen, ich werd's dir gleich sagen …« Ich hob die Hand: »Wenn du mir jetzt nicht sofort die Wahrheit sagst, schlag ich dich nieder!« Du musst dir vorstellen: Seit Tagen hatte sich meine Aufregung immer mehr gesteigert, weil ich immer nur so ausweichende Antworten bekam. Ich hielt es nicht mehr aus. Ich war völlig außer mir.

Da sagte er mir: »Er ist im Gefängnis.« Ich fiel ihm um den Hals und rief: »Na, Gott sei Dank!« Er muss gedacht haben, ich sei verrückt geworden. Da erzählte ich ihm, was in mir abgelaufen war. Und er erzählte mir, warum Nahum eingesperrt worden war.

Es war wegen dieser Lieferung?

Aber ja. Er hatte es natürlich doch gemacht. Er wollte mit allen Mitteln etwas Geld verdienen. Wir hatten ja nichts. Wir hatten nichts zum Leben.

Es war ein Lastwagen voller Alkohol, ein ungeheurer Wert. Damals wurde Alkohol schwarz gehandelt. Aber die Polizei wusste schon von diesen illegalen Alkoholtransporten und wartete nur darauf, dass das Auto bei dieser bestimmten Adresse eintraf, um den Empfänger und den Lieferanten auf einen Schlag zu erwischen. Bloß war Nahum gar nicht der Lieferant; er war nur ein kleiner bezahlter Irgendwer. Aber da man den Lieferanten nicht erwischen konnte, nahm man eben ihn.

Und schon saß er im Knast …

Er war sofort verhaftet und ins Gefängnis gebracht worden. Na, und dann ging's los. Einen Rechtsanwalt hatte Noti schon gefunden, aber der konnte noch gar nichts tun, weil die Verhöre nicht abgeschlossen waren. Es hieß, Nahum könnte auf freien Fuß gesetzt werden, sobald die Verhöre zu Ende wären und eine Kaution von 20 000 Mark hinterlegt würde. Für uns war das eine Riesensumme.

Wir hatten ja nicht mal für das tägliche Leben einen Pfennig. Ich ließ in dieser Zeit einmal in der Woche aus München ein halbes Kilo koscheres Fleisch holen für den Schabbat; das kam in Trockeneis eingepackt. Mehr konnten wir uns nicht leisten. Und von diesem halben Kilo Fleisch aßen wir drei Erwachsenen und mein Kind. Besser gesagt: Ich schaute es immer nur an und aß vom Gemüse, wovon ich reichlich gekocht hatte, und ließ den anderen das Fleisch. Das war auch typisch Frau.

Was konntest du denn in dieser Situation tun?

Ich sprach erst einmal mit meinem Schwager Hersi in Wien, ob er uns ein bisschen Geld zur Verfügung stellen könnte. Er verdiente ganz gut, sein Kolonialwarenimport war ein richtig großes Geschäft geworden; die Güterwaggons mit Kaffee, Tee und Schokolade fuhren direkt bis zu seinem Geschäft, wo sie entladen und verzollt wurden. Hersi wollte uns unterstützen mit Geld fürs Lebensnotwendige und sagte, er würde auch das Honorar für einen Anwalt übernehmen.

Jeden Tag fuhr ich zum Gefängnis, um Nahum Essen zu bringen, denn er aß natürlich nur koscher. Bis ich kam, hatte er dort von Wasser und Brot gelebt. Eszter konnte ich stundenweise bei einer Nachbarin lassen, aber immer ging das auch nicht. Es war schon eine verflixte Sache. Ich war ständig zwischen Küche und Gefängnis, Anwalt und Gericht unterwegs.

Mit Hilfe des Anwalts, der ein sympathischer Mensch war, konnten wir nach einigen Tagen beim Staatsanwalt die Kaution auf die Hälfte, 10 000 Mark, herunterhandeln. Das war aber das Äußerste. Ich wusste nicht, wo ich das Geld herbekommen sollte. Aber mir fiel ein, dass mein Mann recht gut stand mit dem Fürther Rabbiner und dessen Bekannten und Verwandten, die ganz gut betucht waren. Ich hoffte, dass die uns wenigstens mit einem Teil des Geldes eine Zeitlang aushelfen würden.

Ich ging also zu diesem Rabbiner und erklärte ihm meine Lage. Als der gute Mann mich, eine Frau, vor sich hatte, spürte ich es ganz genau: Er fühlte sich über mich erhaben und nahm mich nicht ernst. Das zieht sich durch mein Leben, überall, wo ich mit Männern zu tun hatte. Er antwortete mir: »Gut, ich werde mit meinen Leuten sprechen, und ich sag Ihnen dann Bescheid.« – »Aber wann, Herr Rabbiner? Soll ich vielleicht morgen noch mal vorbeischauen?« Nein, das sei zu früh. Er würde mir jemanden vorbeischicken, wenn er etwas erreicht hätte. Ich sollte nur warten und nicht mehr vorbeikommen. Und damit wurde ich gnädig entlassen.

Ich ging nach Haus, mir barst schier der Kopf. Was mache ich? Auf den Rabbiner, das spürte ich, konnte ich mich nicht verlassen. Also ging ich wieder zum Rechtsanwalt, und wir tüftelten, was wir noch tun könnten, damit Nahum freikäme. Der Rechtsanwalt meinte, es sei deshalb so schwierig, weil Nahum kein deutscher Staatsbürger war, sondern Österreicher. So bestehe erhöhte Fluchtgefahr. Was wäre, fragte ich dann, wenn wir bei der Staatsanwaltschaft seinen Pass hinterlegten? Dann könnte er ja nicht fliehen. Vielleicht bekämen wir ihn dann sogar ohne Geld raus. Dem Rechtsanwalt gefiel das so gut, dass er sagte: »Kommen Sie mit, gehen wir zum Staatsanwalt, und da machen Sie selber den Vorschlag!« Und tatsächlich willigte der Staatsanwalt ein. Jetzt mussten wir nur noch Nahums Pass auftreiben. Zu Hause war er nicht; ich hatte alles durchsucht. Wahrscheinlich hatte Nahum ihn bei sich, dachte ich mir. Da hab ich den Rechtsanwalt reingeschickt, um ihn nach dem Pass zu fragen. Nahum hatte den Pass, doch er weigerte sich, ihn herauszugeben. Das komme nicht in Frage. Wir konnten das nicht verstehen.

Eine ganze Woche lang versuchten wir, ihn zu überreden. Ich dachte, ich würde schier verrückt. Die Verhandlungen waren schwierig, weil damals ein Anwalt mit einem Untersuchungshäftling nicht alleine sprechen durfte; das war erst erlaubt, nachdem die Untersuchung abgeschlossen war. Schließlich erklärte Nahum dem Rechtsanwalt im Flüsterton, dass er einen Wärter bestochen hatte, und dieser hatte ihm den Pass aus seinen weggesperrten Sachen geholt, er habe ihn also in seiner Tasche, er könne ihn aber nicht dem Rechtsanwalt geben. Es war eine verzwickte Situation. Er konnte ja auch niemandem sagen, dass er den Pass aus seinen Sachen hatte herausholen lassen.

Ich kann nicht mehr sagen, wie wir den Pass dann herausbekamen, wahrscheinlich hatte er ihn in einem unbeobachteten Augenblick doch noch dem Rechtsanwalt zugesteckt. So kam Nahum wieder frei.

Kaum war er zu Haus, dauerte es keine halbe Stunde, bis der Lieblingscousin des Rabbiners erschien und meinen Mann beglückwünschte. Er überbrachte die Segenswünsche des Rabbiners und ließ von ihm ausrichten: Der Rabbiner hätte schon auch Geld aufgetrieben, aber er hätte sicher sein wollen, dass vorher alle anderen Möglichkeiten ausgeschöpft würden. Außerdem hätte er gewusst, dass Nahum auch ohne fremdes Geld aus der Haft freikommen würde. Ich stand daneben und hörte mir das alles an, aber als dieser Mann weg war, brach es aus mir heraus: Ich schrie und fluchte und erzählte Nahum, was da alles gelaufen war. Aber Nahum war nur darüber entsetzt, wie ich es wagen konnte, so über einen Rabbiner herzuziehen …

Dabei wäre er doch nicht freigekommen, wenn du nicht alles in Bewegung gesetzt hättest.

Na, mit Sicherheit nicht.

Und von dir hat er doch auch sein Essen bekommen. Hätte er ohne dich aufgehört, koscher zu essen?

Nein, eher wäre er zugrunde gegangen. Er hätte nur von Brot und Wasser gelebt, solange er es gekonnt hätte. Aber was eine Frau für ihren Mann tut, wird im Allgemeinen für selbstverständlich genommen. Heute vielleicht weniger, aber damals war es völlig normal, dass eine Frau alles in Bewegung setzt und alles tut, was sie nur kann. Aber wenn dann die Sache abgeschlossen war, war natürlich der Mann der Held – derjenige, der so viel gelitten hat. Und dann war auch nicht mehr die Rede davon, was für einen Blödsinn er gemacht hatte.

Aber dann kam doch noch der Prozess …

Ja, einige Monate später. Aber inzwischen hatte man herausgefunden, wem diese Alkohollieferung wirklich gehört hatte, und dadurch wurde Nahum nur als kleiner Mittäter zu einer kleinen Geldstrafe verurteilt. Damit ist er davongekommen.

Diese Sache ist eigentlich nur insofern interessant, als sie so typisch war für diese Zeit. Nicht nur Juden, auch Deutsche machten diese schwarzen Geschäfte. Sehr viele wollten mit allen Mitteln wieder zu Geld zu kommen, sich irgendetwas aufbauen. Jeder handelte mit allem Möglichen. Jeder. Die einen offen, die anderen weniger offen. Der Schwarzhandel blühte.

Und der Valutahandel war genauso am Blühen. Wenn in den bekannten Straßen, wo der Schwarzhandel besonders florierte, die Polizei erschien, liefen die Leute dort auf und davon. Wir waren an dieser Art des Schwarzhandels weniger direkt beteiligt, aber mit dieser großen Alkoholsache waren wir eben auch dabei.

Als diese Geschichte überstanden war, hattet ihr aber immer noch kein Einkommen …

Kurz danach schickte Tante Ili mir die Schnittmuster zu, die ich zum Zuschneiden der Stoffe brauchte. Durch meine plötzliche Abreise aus Wien hatte ich ja keine Zeit mehr gehabt, sie zu kopieren. Das hatte sie dann alles für mich gemacht. In unserem kleinen Wohnzimmer richteten wir dann die Zuschneiderei ein. Über zwei Böcke legten wir eine lange Sperrholzplatte. Das wurde mein Zuschneidetisch. An der Seite lagerten die Stoffe, und die fertige Ware stapelte ich in einem Schrank. Es war eng, aber es war urgemütlich, und solange es mit dem Geschäft einigermaßen aufwärts ging, war es auch gut. Am Anfang produzierten wir Damenwäsche aus Seidenjersey. Ich hab heute noch Reste von dieser Wäschespitze, mit der die Unterwäsche verziert wurde.

Das heißt, im Wesentlichen hast du dann die Arbeit gemacht?

Was das Zuschneiden betrifft, ja. Dafür hatte ich es ja bei Tante Ili gelernt. Ich war die Zuschneiderin. Nahum war aber sehr geschickt darin, Verbindungen herzustellen. Wir brauchten ja Betriebe zum Konfektionieren, die also die zugeschnittene Ware mit Spezialmaschinen verarbeiteten – das waren sogenannte Interlockmaschinen, die in einem Arbeitsgang versäuberten und zusammennähten. Nahum suchte also die Nähereien auf, lieferte die zugeschnittene Ware dorthin und holte die fertige Ware wieder ab. Mit der Musterkollektion ging er dann in die Geschäfte und versuchte, sie zu verkaufen.

Und du warst die ganze Zeit zu Hause?

Immer. Am Anfang hatte ich eine riesige Zuschneideschere, und damit konnte ich sechs bis acht Lagen auf einmal zuschneiden. Wir hatten ja kein Geld für eine Zuschneidemaschine. Ich hatte ewig eine offene Hand deshalb, denn beim Schneiden wurde mir dauernd die Haut heruntergescheuert. Ständig hatte ich Pflaster drauf, und ich polsterte die Schere aus, damit ich weitermachen konnte. Es war wirklich hart. Aber irgendwie ging es.

Als wir dann ein bisschen was damit verdienten, beschlossen wir als Erstes, eine Zuschneidemaschine anzuschaffen. Nahum hatte eine Annonce gelesen, in der eine gebrauchte Maschine in gutem Zustand angeboten wurde von einem Betrieb, der geschlossen werden sollte. Wir bekamen sie günstig. Endlich hatte ich eine Maschine! Und damit ratterte ich nur so los. Es war eine Wonne – ich konnte doppelt und dreimal so viel auflegen und schneiden wie vorher.

Nach einiger Zeit stellten wir uns um, denn Damenwäsche lohnte sich immer weniger. Die Fabriken konnten das inzwischen viel besser selber herstellen, und sie konnten die Meterware in größeren Mengen einkaufen und so wesentlich billiger produzieren. Damit konnten wir nicht konkurrieren. Also wechselten wir auf Kleiderschürzen. Das war noch 1953/54.

Damit sind wir wesentlich besser gefahren. Den zugeschnittenen Stoff konnten wir an Frauen zum Nähen in Heimarbeit rausgeben, denn dafür brauchte es keine speziellen Maschinen, sondern normale Haushaltsnähmaschinen. Ich hatte ein Muster genäht für jede Näherin, und das gab ich ihnen mit den zugeschnittenen Stoffen mit, und sie verarbeiteten dann die zugeschnittene Ware und brachten sie gebügelt zurück.

Damals gab es sicher viele Frauen, die über so eine Arbeit froh waren?

Sehr viele. Heimarbeit war für Frauen das Ideale, wenn sie nicht von zu Hause wegkonnten und doch etwas verdienen wollten.

Das ging ungefähr ein Jahr lang so. So langsam konnten wir sogar wieder ein ganz normales Leben führen. Wir verdienten zwar kein Vermögen, wir konnten auch nichts beiseitelegen, aber leben konnten wir davon. Wir waren nicht mehr in Not.

Dann kam eines Tages ein Freund von Nahum aus Südamerika, aus Brasilien oder Uruguay, bei uns vorbei. Er war auf der Suche nach einem verlässlichen Menschen als Einkäufer, denn er handelte mit Kristall, Uhren, Weckern, Bijouterie und anderen feinen Waren. Er wollte demjenigen eine bestimmte Summe Geld geben für den Einkauf, und er wollte für die eingekaufte Ware drei Prozent bezahlen. Dafür sollten die Hersteller der Ware beim Verpacken beaufsichtigt werden, damit die Stückzahl stimmte und die richtige Ware eingepackt wurde. Die Lieferungen mussten verschifft werden nach Übersee. Und der Einkäufer sollte das Geld, diese drei Prozent, dann von dieser hiergelassenen Summe gleich für sich beiseitenehmen können. Nahum willigte ein.

Als dieser Freund dann sagte, dass er als Erstes 100 000 Dollar daließe, aber oft das Doppelte und Dreifache an Ware bräuchte, wurde mir ganz flau. Ich schaute ihn an und fragte: »Ja, wie können Sie uns so viel Geld anvertrauen?« Er wollte es uns einfach aufs Konto überweisen! »Was machen Sie, wenn wir damit weglaufen?« So hab ich gefragt! Er antwortete: »Bei Ihnen weiß ich's nicht, aber bei meinem Freund, Ihrem Mann, weiß ich ganz sicher, dass ich mich auf ihn verlassen kann.« Er hatte recht, mein Mann war in diesen Dingen sehr zuverlässig und sehr ehrlich.

Das war der Beginn unseres neuen Geschäfts. Dieser Mann brauchte tatsächlich wahnsinnig viel Ware. Oft begleitete ich Nahum nun in Uhrenfabriken, in Kristallfabriken, zu Bijouterieherstellern. Plötzlich brauchte ich Kleider, denn ich musste auftreten können und ordentlich ausschauen, wenn ich mit ihm fuhr. Ich hatte ja fast kein brauchbares Kleid; in den ersten Jahren reichte es ja nur für das einfachste.

Ich trug bei diesen Anlässen manchmal eine weiße Perlenkette, keine echten Perlen natürlich, aber so fünf- oder sechsreihig, das war damals die Mode, und einmal, mitten in den Verhandlungen in einer Bijouteriefabrik, merke ich, dass der eine der Direktoren immer wieder meine Kette anschaute. Und schließlich sagte er: »Also gnädige Frau, was Sie für eine kostbare schöne Kette haben!« Und jetzt stand ich da. Ich bedankte mich nur für das Kompliment. Ich konnte ihm ja nicht sagen, dass sie nur 15 Mark gekostet hatte!

So fing also euer persönlicher Aufschwung an …

Es kamen tatsächlich immer mehr Händler, Großeinkäufer von auswärts, aus Kanada, aus den USA … Die hatten sehr schnell rausgekriegt, dass in Deutschland die Produktion wieder anlief und dass man günstig importieren konnte. Wir bekamen von mehreren Seiten Aufträge. Aber immer öfter kam auch die Klage: Es ist so umständlich, zu Euch nach Fürth zu kommen; wir landen am Flughafen in München, und dann müssen wir noch stundenlang fahren. Da überlegten wir uns, nach München umzuziehen.

Bis 1956 wohnten wir noch in dem ehemaligen Krankenhaus in Fürth. Ich war im achten Monat, als wir umzogen. Meine zweite Tochter wurde dann schon in München geboren.

11. Kapitel

München

Hochschwanger hast du den Umzug organisiert ...

Aber eine Schwangerschaft ist doch keine Krankheit! Ich fand es immer aufregend und schön, ein Baby zu erwarten. Ich fühlte mich sehr wohl; die einzige Schwierigkeit war, dass ich mich immer schwerer bewegen konnte.

Und in München wartete endlich eine bessere Wohnung auf euch?

O ja! Wir hatten eine Wohnung in der Lucile-Grahn-Straße gefunden, eine 250-Quadratmeter-Wohnung. Ich war glückselig, als ich sie sah: fünf Zimmer, eine riesige Küche, einen Balkon, einen 27 Meter langen Korridor. Ich dachte gleich, auf diesem Korridor könnten die Kinder dann spielen und laufen und tun, was sie wollten. Das war eine herrliche Vorstellung, weil wir ja in Fürth mit diesen zwei kleinen Zimmern hatten auskommen müssen.

Von dort aus habt ihr dann auch euer Geschäft weiter betrieben?

Ja, die vorderen zwei Zimmer haben wir als Büro eingerichtet; der hintere Teil war dann unsere Wohnung.

Machtet ihr weiter in Kristallwaren und Bijouterie?

Nein, wir bauten jetzt den Handel mit Elektrogeräten aus, also Fernseher, Bügeleisen, Haushaltsgeräte usw. Für die großen Firmen wie Grundig, Siemens oder Philips exportierten wir im großen Stil, größtenteils nach Übersee, aber mit der Zeit wuchs auch das Geschäft mit Israel. Dort hatten wir viele Kunden. Es war nämlich zu dieser Zeit so, dass Neueinwanderer nach Israel alles zollfrei mitnehmen oder sich nachschicken lassen konnten, was sonst mit hohen Zöllen belegt war. Die

Leute besorgten sich eine Wohnung, und wir schickten ihnen per Schiff Kühlschränke, Fernseher, Radios und alles, was sie so brauchten.

Dann lief das Geschäft auch relativ gut, seit ihr in München wart?

Ja! Es ging aufwärts. Wir hatten eine gute Wohnung, ein bisschen Geld, wir konnten sogar mal in Urlaub fahren.

Kurz nach eurem Umzug wurde Rifka geboren und bald darauf Eszter eingeschult. Da hattest du sicher alle Hände voll zu tun?

Ich war furchtbar beschäftigt; mit dem Neugeborenen vor allem. Das Geschäft lief natürlich schon, und nebenbei musste ich noch eine Haushaltshilfe finden, weil ich diese Riesenwohnung alleine nicht bewältigen konnte …

Aber irgendwann musste ich mich dringend mehr um Eszter kümmern, die nach Rifkas Geburt noch weniger Aufmerksamkeit bekam als vorher. Zu Anfang hatte sich Eszter sehr über das neue Schwesterchen gefreut. Ich weiß noch, wie einmal die Kleine im Kinderzimmer anfing zu weinen, und noch bevor ich dort sein konnte, hörte ich schon Eszter zu ihr sagen: »Weine nicht, Rifkele, wir haben dich doch lieb!« Da stand sie beim Bettchen, hielt die Hand der Kleinen und sprach immer weiter zu ihr: »Wir freuen uns, dass wir dich haben!« Ich war zu Tränen gerührt, als ich das hörte. Aber aus der Freude über unseren Nachwuchs entwickelte sich bei ihr nach und nach eine Art Eifersucht. Sie gab das Werben um die kleine Schwester auf und zog sich immer mehr in sich zurück. Ein gutes halbes Jahr hoffte und wartete ich, dass sie das überwindet. Bis mir klar wurde, dass es sich bei ihr nicht wieder von selbst einrenkte.

Mir war schon in Fürth aufgefallen, dass die Kinder von Freunden ganz anders waren, viel lebhafter, dass sie mehr aus sich herausgingen und an allem interessiert waren. Eszter dagegen konnte stundenlang in einer Ecke sitzen oder irgendwo auf einem Platz, und wenn ich oder ein anderer Erwachsener sagte: »Hol mal das« oder »Tu mal dies«, dann stand sie auf, erledigte es und setzte sich wieder hin. Nicht wie andere Kinder, die malen und herumkramen, alles anschauen wollen und auch mal was zerpflücken oder kaputtmachen – nichts. Sie stellte auch keine Fragen, fing von sich aus keine Gespräche an. Es war eine sehr, sehr schwierige Sache. Aber wir waren schon mitten in den Umzugsvorbereitungen; ich konnte mich in Fürth nicht weiter darum kümmern. Und in München setzte sich das dann fort. Sie musste sich sehr vernachlässigt fühlen.

Irgendwann brauchte ich dann einmal einen Kinderarzt, und ich fand einen ehemaligen Oberarzt aus dem Schwabinger Krankenhaus, der noch in seiner Wohnung praktizierte. Ich war überglücklich, denn er war sehr sorgfältig und genau. Als ich mit Rifka schon einigermaßen zurechtkam, sprach ich mit diesem Mann darüber, dass Eszter mir Sorgen machte. Ich erzählte ihm, was mir aufgefallen war, aber ich war völlig ratlos, was es sein könnte. Ich hatte noch keine Ahnung, dass vieles davon an mir selbst lag und an den Erwachsenen um sie herum. Da sagte mir dieser Arzt, er könne so kurzerhand nichts feststellen, da es sich um psychische Probleme handle, und er gab mir die Adresse einer Psychologin, an die ich mich wenden sollte.

So kam Eszter in psychotherapeutische Behandlung?

Nicht nur das! Zuerst machte ich mit der Therapeutin aus, dass Eszter ein- oder zweimal wöchentlich zu ihr kommen sollte. Aber nach einiger Zeit rief sie mich an und sagte, sie würde mal über manches ganz gerne mit mir sprechen. Ich ging also zu ihr hin, und wir fingen an, über das KZ zu reden, über meine Ehe … Sie ließ mich viel erzählen, stellte viele Fragen. Schließlich sagte sie, sie würde vorschlagen, dass mein Mann und ich einmal im Monat zu ihr kämen. Es wäre gut, wenn wir zusammen mit ihr Gespräche führten, um die Probleme in der Ehe aufzuarbeiten und eventuell auch die Vergangenheit. Damals ahnte ich schon, dass die Hitlerzeit nicht ohne Spuren über mich hinweggegangen war. Ich wusste nicht, wo und wie, aber ich wusste, dass doch Schäden in meiner Seele geblieben waren.

Als ich meinem Mann vom Vorschlag der Therapeutin

berichtete, sagte er nur: »Was brauch ich das? Du gehst hin, besprichst alles mit ihr und erzählst es mir, und dann werden wir es so machen.«

O weh …

Ja! Heute würde ich genauso reagieren wie du, aber damals hatte ich mir gedacht: Vielleicht hat er recht.

Du wusstest ja auch noch nicht, worauf alles hinauslaufen würde.

Ach wo! Überhaupt nicht. Ich konnte noch nicht zwei und zwei zusammenzählen. Ich wusste, dass in Nahums Kindheit vieles passiert war; ich kannte auch die Geschichte, wie er und sein Bruder mit christlichen Papieren in Budapest im Untergrund überlebt hatten. Aber das waren lauter einzelne Geschichten. Ich sah noch nicht, was das mit uns zu tun haben könnte. Er hatte seine Geschichte, ich hatte meine Geschichte, und beides war nicht wirklich verarbeitet.

Aber ich selbst bin auf den Vorschlag der Therapeutin eingegangen. Einmal im Monat ging ich zu ihr, und sie forderte mich auf, von meiner Kindheit, meiner Ehe, meinen KZ-Erinnerungen, meinem Alltag und meinen Gedanken zu erzählen. Ich fing also an, in mich hineinzuschauen und hineinzuhören. Und ich sah allmählich, dass meine älteste Tochter viel abbekommen, sehr Schlimmes abbekommen hatte.

Du fingst an zu sehen, was Eszters Probleme mit dir zu tun hatten?

Ja! Ich hatte ja geglaubt, dass ich meine Tochter besonders hart erziehen müsste, um sie abzuhärten, damit sie bestehen könnte, wenn wieder eine Hitlerzeit käme. Ich wurde mit Schlägen erzogen, also dachte ich, ich müsste meine Tochter auch ab und zu versohlen. Damit sie lernt, wie man sich benimmt und wie man folgen muss. Ich war überzeugt, ich sei auch nur dadurch am Leben geblieben, weil ich so spartanisch, so einfach, so arbeitsam, so genügsam erzogen wurde, dass ich diese ganze Zeit durchstehen konnte. Das stimmte zwar alles nicht, aber so hab ich gedacht damals. Und damit hab ich Eszter sehr geschadet. Ich hab sie in den ersten Jahren regelrecht mundtot gemacht …

Das war in gewisser Weise auch eine Form der »Erziehung nach Auschwitz«, mit dem Ziel, dass es nie wieder passiert …

Ja, absolut! Natürlich! Aber gerade dadurch wurde sie eigentlich ständig erniedrigt – von allen Seiten. Von klein auf hatte sie drei Erwachsene um sich: meinen Mann, meinen Schwager Noti und mich. Erwachsene, die oft nervös und gereizt waren. Und von diesen drei Erwachsenen war immer einer dabei, wenn Eszter gerade einen Bleistift in der Hand hatte und etwas kritzelte. Dann kam die Frage: »Was malst du?« Und wenn sie sagte: »Das ist eine Katze«, hieß es: »Nein, eine Katze schaut nicht so aus.« Dann wurde ihr der Bleistift aus der Hand genommen und vorgemalt, wie eine »richtige« Katze aussieht. Wenn so etwas öfter passiert, merkt ein Kind: Es kann es nicht so gut wie der Erwachsene und gibt es auf. So geschieht es nach und nach mit allem. Versucht ein Kind, in eine Tasse etwas einzugießen, heißt es: »Pass auf, du schüttest es daneben!« Und wenn es wirklich passiert: »Na siehst du, ich hab's dir doch gesagt.« So einfache Erlebnisse sind es, die ein Kind einengen von allen Seiten, und allmählich kriegt das Kind das Gefühl, es kann gar nichts. Und dann versucht es auch nichts mehr.

Eszter war immer nur mit euch dreien zusammen?

Sie hatte keine richtigen Spielkameraden. Von uns Erwachsenen hatte keiner Zeit für sie; wir hatten ja immer viel zu tun, und sie stand dabei meistens im Wege – bis sie weggeschickt wurde. So blieben nur die paar Stunden am Tag, die sie im Kindergarten war. Aber weil sie nicht richtig aus sich herausgehen konnte, tat sie etwas, was ich auch bei anderen Kindern beobachtet habe, die um andere werben: Sie freute sich immer riesig, wenn sie eine Tüte Bonbons bekam und damit in den Kindergarten gehen durfte. Sofort verteilte sie dort die Bonbons. Sie wurde dann sehr als freigebig gelobt, und weil sie so gerne Bonbons verteilte, gab ich ihr öfter welche mit. Ich tat alles, wovon ich das Gefühl hatte, dass es dem Kind gut tat. Aber so tat ich auch alles, was ihr geschadet hat …

Du meintest es gut, aber das machte alles noch schlimmer?

Leider ja. Oft fehlte es mir einfach an Einfühlungsfähigkeit und Phantasie, mir vorzustellen, wie mein Kind bestimmte Situationen erlebte. Es gab zum Beispiel einen Fall, da war sie ungefähr drei Jahre alt. Wir wollten gemeinsam mit einem befreundeten Ehepaar ins Kino gehen. Und ich fand, dass meine Tochter mit ihren drei Jahren ohne Weiteres schon allein zu Hause bleiben konnte. Ich bereitete sie den ganzen Tag schön darauf vor, und sie sagte immer brav ja. Doch als wir am Abend losgingen, sah ich vom Hof aus mein kleines Mädchen am Fenster im vierten Stock stehen, ihr verzweifeltes Gesicht hinter dem geschlossenen Fenster, und sie schrie und weinte jämmerlich. Plötzlich hatte sie das Alleinsein gespürt und Angst bekommen. Ich rannte sofort hoch und holte sie vom Fenster weg – und dann versohlte ich sie, aber gewaltig!

Ich war zornig: Die Kleine hatte mir meinen Kinoabend verdorben. Was in ihr vor sich ging, verstand ich nicht. Ich überlegte es mir auch nicht. Ich spürte nur mich in dem Moment: *Ich* musste auf mein Vergnügen verzichten. Ich liebte mein Kind, das war gar keine Frage. Aber ich konnte mich nicht in sie hineinversetzen; ich konnte mir ihre Gefühle und Ängste nicht vorstellen.

Und niemand war da, der gewagt hätte, mir zu sagen: »Sie – also so nicht!« Andere Eltern sind damals schon besser mit ihren Kindern umgegangen. Vielleicht haben sie mich auch hinter meinem Rücken verurteilt. Aber keiner hat gewagt, mir etwas zu sagen. Sie waren auch hilflos.

Aus diesem Grund halte ich mich heute nicht mehr höflich zurück. Wenn ich die Situation einigermaßen einschätzen kann, versuche ich immer wieder, einen Hinweis zu geben, anzudeuten, dass ich manches anders sehe, dass ich nicht mit allem so einverstanden bin. Denn wenn mir damals von meinen guten Bekannten oder Freundinnen nur eine gesagt hätte: »Was machen Sie denn mit Ihrem Kind?« oder: »Warum machen

Sie das?«, dann hätte ich darüber sprechen können. Ich hätte vielleicht gesagt: »Ich hab Angst, sie zu verweichlichen, weil sie dann vielleicht nicht bestehen kann bei einem Hitler.« Und die andere hätte mir sagen können: »Sie – das ist nicht gut, das zerstört das Kind.« Dann hätte ich es zumindest einmal gehört.

Wie ging es dann weiter mit Eszter?

Es ging sehr langsam, aber es ging voran. Eszter ging gerne zu dieser Therapeutin in die Spielstunde, und sie entwickelte sich mit der Zeit recht gut. Sie wurde offener, sie fand Freundinnen ... Und weil ich mittlerweile schon etwas besser über die Zusammenhänge Bescheid wusste, konnte ich auch durchsetzen, dass sich nicht immer alle einmischten, wenn Eszter etwas tat. Aber bis zu ihrem vierzehnten Lebensjahr blieb sie in Behandlung.

Mit vierzehn fing sie dann an, sich für Mode zu interessieren, sich zu schminken. Schöne Kleider hatte sie wahnsinnig gerne – sie hat sie gekriegt. Sie hat alles gekriegt – und zu viel. So schwappte es über. Ich wollte doch alles, was ich an ihr verbrochen hatte, wieder gutmachen.

Aus schlechtem Gewissen?

Ja, natürlich. Und Nahum machte es genauso: Er erfüllte ihr alle Wünsche, als Ausgleich für die früheren Jahre. Bis mir klar geworden ist, wie verkehrt das war, was wir da taten, war es schon zu spät. Irgendwann waren wir nur noch dazu da, ihre Wünsche zu erfüllen. Wenn sie etwas wollte, fragte sie normalerweise den Vater; und wenn sie bei einer Sache nicht wagte, den Vater anzusprechen, fragte sie mich, und ich regelte für sie beim Vater alles; ich setzte alles durch, damit sie endlich ein bisschen glücklicher würde.

Leider ist es nie so weit gekommen, dass wir richtig miteinander reden konnten. Wir blieben sprachlos. Und als Nahum starb, zerbrach unsere Beziehung endgültig.

Und wie war es mit dir? Es hört sich so an, als seien diese Gespräche mit der Therapeutin für dich eine Art Wendepunkt gewesen.

Absolut! Nicht von einem Tag auf den anderen, aber durch diese Gespräche kam ich zum Nachdenken über sehr viele Fragen; es hat mich ungeheuer erschüttert. Ich sagte mir: Ich hab mir meine Kinder wirklich gewünscht, ich bin für sie verantwortlich, es liegt auch an mir, was sie später für ein Leben haben werden. Also muss ich suchen und lernen und den Weg finden …

Ich fing an zu lesen. Ich las verrückt viel. Ich verschlang die Bücher regelrecht, ich sog sie auf wie ein ausgetrockneter Schwamm. Mittlerweile konnte ich deutsche Bücher schon gut lesen, auch wenn ich nicht jedes Wort verstand. Ich brauchte nicht mehr diese läppischen Groschenromane; ich las auch schon wirkliche Literatur. Vor allem aber psychologische Bücher, über Kindererziehung.

Was mir da am Anfang in die Hände kam, war natürlich alles für die Katz. Zum Beispiel *Die Mutter und ihr erstes Kind* von Johanna Haarer, eine Neuauflage von *Die deutsche Mutter und ihr erstes Kind*, was schon in der Nazizeit sehr verbreitet war. Furchtbar, aber wenn man gar nichts weiß, stößt man zuerst auf solches Zeug. Da wird beschrieben, wie man Kinder wickelt, wie man ihnen alle vier Stunden auf die Minute genau zu essen gibt, wie viel sie essen dürfen, wann sie schlafen gehen müssen, und dass man sie rechtzeitig daran gewöhnen sollte, nicht dazwischenzureden, wenn die Erwachsenen miteinander sprechen – und ähnlicher Unsinn.

Im Lauf der Zeit lernte ich aber, gute und schlechte Bücher zu unterscheiden; die Therapeutin empfahl mir auch hin und wieder Bücher, später dann auch Rifkas Geigenlehrerin, die viel las und wusste. Auch über die Ehe hab ich dann Bücher gelesen, über Männer, über Frauen. Dann ging das so allmählich über zu Büchern über Geschichte, über die Hitlerzeit …

Rifkas Lehrerin wies mich dann auch auf die Veranstaltungen der *Humanistischen Union* hin. Dort hinzugehen war für mich der erste Ausflug aus der Familie in die Welt hinaus. Da ging es um Eheprobleme, Kindererziehung, soziale Probleme – alles wurde angesprochen. Da hörte ich zum ersten Mal davon, dass man einen Ehevertrag schließen konnte miteinander, dass Frauen auch Rechte hatten und, und, und … Am Anfang versuchte ich noch, Nahum mitzuschleifen. Ich wollte, dass wir zusammen alle diese Dinge lernten. Aber nach dem zweiten oder dritten Mal, als er neben mir anfing zu schnarchen, gab ich es auf. Es interessierte ihn nicht, egal, welches Thema gerade besprochen wurde.

Aber für dich war es ein neues Leben. Konntest du denn etwas davon in der Erziehung deiner anderen Töchter umsetzen?

Immer mehr, aber es haben sich noch sehr viele Fehler eingeschlichen. Auch Rifka, Jona und Sore Perle lebten ja weiter in dieser problematischen Situation – mit der schwierigen Ehe der Eltern, mit dem Onkel, mit dem Vater, der alles eingeengt hat. Und einen Erwachsenen kann man nicht mehr weiterentwickeln, wenn er nicht mitmacht. Also hat er gebremst.

Trotz allem lebten die drei Jüngeren wesentlich besser, denn bei ihnen untersuchte und hinterfragte ich schon alles: Wie könnte ich es besser machen? Ich schaute nicht mehr auf Hitler und auf eine möglichst strenge Erziehung, sondern fragte mich: Wie kann ich etwas lockern? Wie kann ich auf meine Kinder besser eingehen? Aber das geht auch nicht von heute auf morgen. Das muss erlernt, geübt und wieder neu versucht werden, wenn man Fehler eingesehen hat.

Was ist die Hauptsache dabei? Muss man sanfter sein bei der Erziehung?

Nein, es geht nicht darum, dass »sanfter« erzogen wird. Das Problem ist schon, dass überhaupt »erzogen« wird. Denn Erziehung beinhaltet, dass ich ein Kind verändere, er-ziehe. Anstatt herauszukriegen, was die Bedürfnisse eines Kindes sind, bestimmen die Eltern, wie es zu sein hat. Das wird »Erziehung« genannt, aber es ist Zwang. Das Kind darf nichts selbst bestimmen, seine Empfindungen und Gefühle spielen keine Rolle, es ist dem Willen der Erwachsenen ausgeliefert. Es kann sich noch nicht so gut ausdrücken, aber es ist doch ein kleiner Mensch, nicht ein Gegenstand, der erst geformt werden muss. Das sind Dinge, die in unserer Gesellschaft auf einem Niveau sind, dass ich manchmal weinen könnte. Erbärmlich, wie wir Menschen miteinander umgehen!

Ein Kind wird gewissermaßen von klein auf danach beurteilt, wie schnell es alleine auf den Topf gehen, wie bald es alleine essen kann, wie es sich benimmt, ob es viele Gläser zerbricht oder nicht, wie brav es ist und ob es die Eltern schlafen lässt. Später kommen der Priester dazu und Gott und die Schule und der Schuldirektor. Alle wollen vom Kind, dass es sich so und nicht anders verhält. Aber die Neugier, diese ganz gesunde, normale Neugier, die ein Kind mit auf die Welt bringt, die ist dann schon gestorben. Denn es geht nicht um das Kind, sondern darum, dass es möglichst wenig stört und die Erwartungen der Erwachsenen erfüllt.

Und allmählich weiß ein Kind nicht mehr, wo es selber steht. Für die eigenen Bedürfnisse wird es bestraft: wenn es schreit, wenn es Hunger hat zur falschen Zeit, wenn es Angst hat … Aber wenn es gehorsam ist und sich nach den Wünschen der Erwachsenen richtet, wird es gelobt. Und wenn die Kinder eines Tages selber erwachsen sind, kennen sie ihre eigenen Bedürfnisse kaum noch. Sie haben keine eigenen Vorstellungen vom Leben und von den Beziehungen zu ihren Mitmenschen – und am allerwenigsten von sich selbst. Sie lassen sich treiben und halten Ausschau, nach wem sie sich richten können. Was tun die anderen? Wie macht »man« es? Was sagen die Zeitungen? Was sagen die Politiker? Sie merken nicht, was sie da eigentlich tun, was dahintersteckt. Es wird einfach in Kauf genommen, dass es so läuft. Und damit sind Tür und Tor geöffnet für alles, was Gehorsam oder Anpassung von ihnen verlangt.

Gehören in deinen Augen dann die Kindheitserfahrungen zu den Ursachen für das spätere gesellschaftliche und politische Verhalten?

Natürlich! Die ersten Lebensjahre schaffen die Grundlage – so oder so. Aber das ist nicht meine Privatidee. Da kannst du auch wirklich namhafte Leute nehmen, die das untersucht haben, wie Arno Gruen, Erich Fromm, Viktor Frankl, Thea Bauriedl oder Alice Miller; auch Hartmut von Hentig oder A.S. Neill – um nur ein paar zu nennen. Oder nimm die *Freie Kindererziehung in der Familie* von Paul und Jean Ritter (die es leider nicht mehr zu kaufen gibt) …

Wenn gleich am Anfang Druck auf die Kinder ausgeübt wird, damit sie so werden, wie sich die Eltern das vorstellen, dann fühlen sich die Kinder immer irgendwie schuldig, weil sie es nie ganz schaffen, weil sie eigentlich andere Dinge wollen: die Welt entdecken, alles ausprobieren … Und durch diese Schuldgefühle werden die Menschen beherrschbar, manipulierbar.

Du meinst, die meisten Menschen tragen noch Schuldgefühle aus der Kindheit mit sich herum?

Mit Sicherheit. Die große Mehrheit. Ich erzähle dir ein ganz einfaches Beispiel: Ich stieg einmal in einen Autobus, und es war ein Haufen zehn- bis zwölfjähriger Kinder, die zur Schule fuhren, darin. Ein Mädchen saß vorne auf dem Schwerbeschädigtenplatz. Als ich sie fragte: »Könntest du mir vielleicht den Platz überlassen? Ich kann so schlecht stehen«, stand sie ganz selbstverständlich auf und entschuldigte sich, dass sie mich nicht gesehen hatte. Da sagte neben ihr ein anderes Mädchen, mit dem sie sich unterhalten hatte: »Also wir hätten wirklich aufmerksamer sein können.« Aber ich erwiderte: »Wieso? Habt ihr denn nicht das Recht, miteinander so tief im Gespräch zu sein, dass ihr nicht merkt, wenn jemand Älteres eventuell einen Platz braucht? Ich kann euch doch auch ansprechen.«

Es empört mich schon lange, dass alles nach dem Schema läuft: Man macht es so, man macht es nicht so. Den Kindern wird beigebracht, sie müssten gegenüber älteren Leuten aufmerksam sein. Aber wieso? Was richtet man an bei diesen Kindern, die nicht eine Sekunde unaufmerksam im Autobus miteinander reden dürfen, weil unter Umständen eine Ältere kommt, der sie ihren Platz anbieten müssen? Das ist doch Wahnsinn! Damit zerstört man die Unbefangenheit bei den Kindern, die kindliche Natürlichkeit, denn andauernd erwartet man etwas von ihnen. Und wenn sie einmal nichts gemerkt haben, dann sind sie schuldig. Die meisten Erwachsenen nehmen sich dann auch noch das Recht, diese Kinder zurechtzuweisen.

Aber diese erleichterten Gesichter um mich herum hättest du sehen sollen! Als ich sagte, dass sie gar nicht immer aufmerksam sein müssten, waren sie wie erlöst. Das war herrlich! Ich hoffe, die Kinder behalten das in Erinnerung und werden sich später nicht mehr so leicht Schuldgefühle machen lassen.

Das sind so kleine Bausteine, die man als einzelner Mensch dazutun kann, dass die Menschen aus diesem Schuldgefühl, aus diesem gesellschaftlichen Druck herauskommen. Gerade dann, wenn Menschen nicht unter andauerndem unbewusstem Druck stehen, können sie viel freier aufeinander eingehen und einander entgegenkommen, sich gegenseitig helfen. Dann können sie lernen, sie selber zu sein und die Nächsten auch sie selber sein zu lassen, zu achten.

Diesen Druck hast du versucht deinen jüngeren Töchtern zu nehmen?

Ja, zum Beispiel hab ich gegenüber meinen drei jüngeren Töchtern schon offen vertreten, dass sie den Eltern nicht dankbar sein müssen. Denn wir Eltern haben sie ja gewollt. Und dafür müssen Kinder nicht dankbar sein. Das ist vielmehr eine Verpflichtung für uns den Kindern gegenüber. Wir haben sie schließlich auf die Welt gesetzt. Welches Kind bittet darum, auf die Welt gesetzt zu werden? Das sind die anfänglichen, von Grund auf kaputtmachenden Dinge: dass ein Kind verpflichtet wird, zu den Eltern aufzuschauen, sich an ihre Forderungen zu halten.

Dafür wird dann auch die Religion gebraucht. Man pumpt ein Kind mit Ängsten voll: Gott sieht alles, und Gott straft auch dort, wo du es nicht erwartest. Mich hat diese Angst noch als Erwachsene begleitet, als ich aufhörte, koscher zu essen. Es war ein unheimliches Gefühl. Ich überlegte: Muss ich jetzt Angst haben? Ist das jetzt eine Sünde? Ich hab mir als Gegenargument dann klargemacht, dass die religiösen Juden einen ganz minimalen Prozentsatz der Weltbevölkerung darstellen. Alle anderen essen nicht koscher. Aber es sieht nicht so aus, als würden sie von Gott besonders bestraft. Also ist das Ganze nicht logisch. Trotzdem war die Angst sehr stark. Ich hab lange gebraucht, bis ich dieses unangenehme Gefühl verloren hab.

Das sind eben die Dinge, womit Kinder bis zum Erwachsenenalter gefüttert werden. Ich hab den meinen schon vieles erspart. Himmel und Hölle zum Beispiel. Mein Mann hat darüber gesprochen, aber ich hab dagegengehalten: »Das gibt es nicht.« Ganz schlicht und einfach hab ich es aus der Welt geschafft. Und wenn ein Kind Pro und Contra hört und das Contra angenehmer ist, hält es sich selbstverständlich an das Contra. Oder zumindest ist die Strenge des Pro gebrochen. Es hat nicht mehr so eine angstmachende Wirkung.

Ich kann mir denken, dass die Religion immer mehr zu einem Streitpunkt zwischen dir und deinem Mann wurde.

So war es. Denn allmählich begann ich, auch die religiösen Vorschriften kritisch anzuschauen. Es gab immer mehr Dinge, die ich für mich als untragbar empfand und schließlich verwarf. Also hab ich diese Dinge auch den Kindern gegenüber nie mehr so vertreten, dass ich gesagt hätte: »So macht man es.« Sondern höchstens: »Papa macht es so, ich mach's nicht.« Nahum tobte: »Du verdirbst die Kinder! Du lehrst sie nicht, was die jüdische Religion ist!«

Meine offene Rebellion begann eines Tages an Tischa be Aw[25]. Das ist ein Fastentag im Sommer zur Erinnerung an die Zerstörung des Tempels in Jerusalem. An diesem Tag wird gefastet, gebetet und erzählt, wie diese Zerstörung vor sich gegangen ist, was mit den Juden passiert ist und was die Römer ihnen damals angetan haben. Das wurde nicht nur erzählt, sondern in Feiern und Ritualen immer wieder neu erlebt. Als Kind konnte ich mich in diese Geschichte so reindenken, wenn sie erzählt wurde, dass ich manchmal dabei weinte. Ich empfand es intensiv, wie schlimm es gewesen war. Nach Auschwitz konnte ich zwar nicht mehr weinen, aber ich hatte das Gefühl: Eigentlich ist da eine Ähnlichkeit mit dem von mir Erlebten – wie schrecklich.

Die Tempelzerstörung war ein Mittel, um Auschwitz zu begreifen?

Nein! Nein! Umgekehrt: Durch Auschwitz hab ich die Tempelzerstörung und ihre Geschichte besser verstanden. Da ich aber über mein eigenes Schicksal nicht weinen konnte, und auch nicht, wenn ich an meine Eltern und Geschwister dachte, verließ ich diese Gedanken ganz schnell wieder, um mich nicht näher damit befassen zu müssen. Es war ein Tabu für mich, an sie zu denken, weil es zu sehr wehtat.

Ich befasste mich mit dieser Tempelgeschichte nicht näher, aber ich machte so ernsthaft wie früher mit. Bis dann … Ja, das wurde eigentlich durch meinen Mann ausgelöst … Du musst dir vorstellen, wie Tischa be Aw gefeiert wird: Zu Beginn des Festes, am Vorabend nach dem Nachtmahl und vor dem Beginn des Fastens zieht man sich die Schuhe aus und trägt entweder Gummischuhe oder Hausschuhe, setzt sich auf niedrige, unbequeme Schemel oder Kissen, wie man es auch bei einem Trauerfall tut. Dann isst man ein gekochtes Ei, mit Asche statt Salz, als Zeichen der Trauer. Und dabei erzählt man die Geschichte.

So saßen wir also auch da, wie in jedem Jahr, aber mittendrin stand ich auf, weil ich mich um Sore Perle kümmern musste, die damals noch sehr klein war. Nahum sagte: »Jetzt komm und setz dich wieder hin, damit wir das zu Ende machen können!« Das machte mich wütend, denn Sore Perle brauchte mich gerade mehr. Ich sagte Nahum voller Wut, ich würde mich nicht wieder hinsetzen. Ich würde mich jetzt um das Kind kümmern und Schluss.

Im Lauf der folgenden Wochen kaute ich immer wieder an diesem Streit herum. Wie bei allem, worüber man stark brütet, ist nicht gleich eine schnelle Erleuchtung da, sondern man muss längere Zeit darüber nachdenken.

Am Anfang stand für mich die Frage: Wozu denn überhaupt das Ganze? Auf jeden Fall ist es doch wichtiger, sich um sein Kind zu kümmern. Und am Ende stand die klare Überzeugung: Diesen Trauertag mach ich nicht mehr mit!

Im nächsten Jahr sagte ich zu Nahum: »Ich mach dieses Fest nicht mehr in dieser Form mit. Wenn überhaupt, dann erzählen wir an dem Tag, was wir in Auschwitz erlebt haben oder du im Untergrund.« Er war entsetzt. Die Haare standen ihm zu

Berge. Eine solche Ungehörigkeit! Eine solche Entheiligung! Ein solcher Zweifel! »Wie kommst du darauf?« Ich antwortete nur: »Ich sehe es so, ich hab mir das überlegt; für mich hat das, was damals in Jerusalem passiert ist, keine Bedeutung mehr.«

Das war dann das Ende dieses Feiertages für mich. Ich hab für Nahum die Asche und das gekochte Ei vorbereitet, aber ich war nicht mehr bereit mitzuessen. Er versuchte immer wieder, mich zu überreden, und fragte: »Woher sollen dann die Kinder lernen, was dieser Feiertag ist?« Ich sagte nur: »Es ist genug, wenn sie bei dir sehen, wie du das feierst; aber ich selber will das nicht mehr.«

Damit hab ich natürlich einen Zwiespalt für die Kinder geschaffen. Aber was hätte ich sonst tun sollen? Für die Kinder gab es damit keine klare Linie mehr; da hatte er recht. Aber ich kann von so einer Sache nicht ernsthaft meinen Kindern erzählen, wenn ich nicht daran glaube. Das geht nicht. Ich musste meinen eigenen Weg suchen; anders konnte ich mit dem Leben nicht fertig werden. Und anders konnte ich auch meine Kinder nicht großziehen; denn ich kam allmählich darauf, dass es so, wie ich es zu Hause gelernt hatte, nicht mehr ging. Ich musste andere Wege finden.

Inzwischen war es dir unmöglich geworden, etwas ohne Überzeugung zu tun …

So ist es. Der nächste einschneidende Punkt war da, als ich mich von heute auf morgen weigerte, »Jahrzeit« für meine Eltern zu halten, d.h. den Gedenktag an den Tod der Eltern zu begehen. Normalerweise macht man das am Jahrestag des Todes; für meine Eltern machten wir das ungefähr am Jahrestag unserer Ankunft in Auschwitz, weil wir ja nichts Genaueres wussten.

Ich wollte das nicht mehr mitmachen. Ich wollte auch nicht mehr die Kerzen anzünden, die 24 Stunden brennen sollten. Ich konnte es nicht mehr einsehen, ich fand es unsinnig. Denn man zündete die Kerzen an und betete, damit den Verstorbenen die Sünden vergeben werden. Aber gleichzeitig gibt es im jüdischen Glauben auch die Vorstellung, dass Märtyrern, die für den Glauben sterben, die Sünden sofort erlassen werden. Und nach allgemeinem Verständnis waren meine Eltern Märtyrer, denn sie starben in Auschwitz, weil sie Juden waren. Also war doch das ganze Ritual unlogisch!

Nahum wurde sehr wütend, er nahm die Kerzen und zündete sie selbst an. »Das ist für deine Eltern!« Im ersten Jahr wagte ich noch nicht, sie auszulöschen, aber ein oder zwei Jahre später zündete Nahum die Kerzen immer wieder an, und ich löschte sie aus.

Oft tut mir Nahum leid, wenn ich an ihn denke; er hat's nicht leicht gehabt mit mir. Ich rüttelte an allem, was für ihn eine feste Regel war. Er ging dann zur Synagoge zum Kaddischsagen für meine Eltern. Wir Frauen sind ja machtlos in der jüdischen Religion, wir dürfen nicht einmal selber das Totengebet für unsere Eltern sprechen.

Gab es denn in der Ehe mit Nahum irgendwann einen Punkt, an dem du sagtest: So, jetzt muss sich etwas ändern?

Ja, es gab einen Punkt. Aber dazu muss ich weiter ausholen. Ich hatte zwar schon zwischen Rifkas und Jonas Geburt große Zweifel, ob diese Ehe richtig lief. Aber ich hoffte immer noch, dass sich etwas änderte, sobald mein Schwager Noti aus dem Haus war und Nahum etwas freier sein könnte.

Irgendwann, so um 1962, ließen die Geschäfte nach, und wir hatten bald enorme Schulden. Dazu kam die Abschaffung der Preisbindung für die Waren, die wir verkauften. Damit konnten die großen Firmen uns leicht mit billigeren Angeboten ausstechen. Es wurde unter uns nicht ausgesprochen, aber wir alle wussten, dass wir das nicht mehr lange durchhalten könnten. Es wurde immer schwieriger, die Schulden wuchsen, bis sich abzeichnete, dass wir entweder in Konkurs gehen oder einen Vergleich anstreben mussten. Wir klärten mit einem Rechtsanwalt, wie wir bei einem Vergleich vorzugehen hätten. Ich übernahm es dann, mit den Firmen und mit der Bank zu sprechen, versuchte unsere Lage darzustellen und ihr Einverständnis zu bekommen für einen 35-prozentigen Vergleich. Wenn wir in Konkurs gingen, würden sie gar nichts mehr von ihrem Geld sehen, aber die 35 Prozent bei einem Vergleich würden wir zahlen können.

Bei diesen Firmen erlebte ich fürchterliche Dinge. Wenn es nicht darum gegangen wäre, die Familie zu retten, hätte ich diese Firmenbesuche und Verhandlungen wahrscheinlich nicht durchgehalten. Ich wurde erniedrigt, ich wurde beschämt – es war die Hölle. Trotzdem gelang es mir, die Hauptschuldner zu bewegen. Im letzten Moment willigten sie in den Vergleich ein. Wir gingen also nicht in Konkurs. Und wir arbeiteten weiter, so hart wir konnten, und irgendwann waren wir wieder frei: Wir hatten wieder einmal nichts, aber auch keine Schulden mehr.

Noti stieg aus dem Geschäft aus; er zog nach Wien mit seiner Familie. Ich atmete auf, doch dann fing ich an zu sehen, dass es nicht richtig gewesen war, in meinem Schwager das Hauptproblem für meine Ehe zu sehen. Als er aus dem Haus war, bekamen plötzlich die Freunde meines Mannes aus der jüdischen Gemeinde mehr Einfluss auf ihn. Das war mir bis dahin noch nicht so klar gewesen: Er brauchte offenbar immer jemanden im Rücken, der ihm sagte, was er tun sollte. So blieb bei ihm alles, wie es immer schon war. Und das ist der Punkt, nach dem du gefragt hast: *Da* merkte ich, dass sich an unserem gemeinsamen Weg nichts ändern würde.

Und daraufhin zogst du die Konsequenzen?

So einfach war es auch nicht. Diese Dinge alle kennenzulernen und in die richtige Ordnung zu bringen, damit ich sie verstehen konnte, damit sich aus den Mosaiksteinchen ein Bild ergab, nicht nur ein Haufen verschiedenfarbiger Steine – das ist eine ungeheuer langwierige Feinarbeit. Dazu muss man unheimlich neugierig und interessiert sein und oft auch sehr verzweifelt, um den Versuch zu machen, die ganze Sache wirklich zu ergründen. Ich war allein. Ich konnte mit Freunden nicht darüber reden. Weil »man redet doch nicht über seine Eheprobleme«; ich wollte auch meinem Mann nicht schaden. Ich hoffte immer, dass ich irgendwann eine Lösung fände.

Was wäre denn so eine Lösung gewesen?

Na, dass wir uns wieder besser verstehen! Doch das konnte nicht sein, denn von meinen Gedanken dazu wollte er nichts wissen. Und wenn ich einen Vorschlag machte, bei dem er nicht sicher war, was er dazu sagen sollte, sagte er grundsätzlich nein. Man konnte mit ihm nicht diskutieren. Er war durch und durch unsicher, und wenn ihm keiner sagte, wie er sich entscheiden sollte, dann versteckte er sich hinter einem undiskutierbaren Nein. Er fürchtete mich. Ich beschimpfte ihn. Ich legte ihm immer dar, was mir nicht gefiel an ihm. Aber mir war nicht klar, dass er dadurch immer wieder das erlebte, was er in seiner Kindheit schon erlebt hatte, als sein Vater ihn beschimpfte, wenn er nicht genug gelernt hatte! Und seine beiden am Leben gebliebenen Brüder waren auch gewohnt, ihn so zu behandeln. So war eigentlich seine einzige Hoffnung, sich davon bei mir auszuruhen. Aber stattdessen wurde er von mir weiter gefordert. Das hat natürlich die Ehe noch mehr zerstört. Und so wurde da eine Grube gegraben von zwei Seiten, auf der einen hat er die Grube vertieft, auf der anderen ich. Wir konnten's nicht mehr überbrücken. Es war alles zu spät.

Ihr bekamt beide nicht das, was ihr euch von der Ehe erwartet hattet …

Zwei unreife Menschen, die mit sich selber nicht im Klaren waren, haben geheiratet und eine Familie gegründet über einem schrecklichen schwarzen Loch, das wir erlebt hatten, mit der Hoffnung auf Liebe, auf Wärme, auf Geborgenheit, die aber auf dieser Basis nicht herstellbar war. Wären wir reifer gewesen, dann hätten wir vielleicht in unseren gemeinsamen Weg weniger Erwartungen hineingelegt und mehr versucht, zusammen zu lernen: Wie kommen wir miteinander aus? Wie können wir Wege finden miteinander? Das konnten wir aber nicht. Wir waren zwei zerstörte Kinder, die Erwachsene spielten und stark sein mussten, um den Lebensunterhalt zu verdienen, um in einem fremden Land leben zu können, eine neue Sprache zu lernen und dann auch noch mit den Erinnerungen irgendwie fertig zu werden. Dazu kamen die Kinder und die Aufgaben und die Probleme. Dabei verstanden wir uns immer weniger. Er lebte ganz sicher nicht gegen mich und wollte mir auch nicht bewusst etwas Schlechtes tun. Aber er konnte nicht anders. Und er konnte auch mit seinen Ängsten nicht fertig werden. Und allmählich schwanden die Hoffnungen bei Nahum und bei mir. Es war eine endlose Kette.

Und so kam es zur Scheidung?

Zuerst zogen wir aus, meine Töchter und ich, in eine andere Wohnung. Das war 1975. Die Scheidung fand drei Jahre später statt. Ich hatte den Auszug gut vorbereitet, damit alles klappte, sobald Nahum einmal nicht zu Hause war. Denn ich wollte nicht, dass er noch alles dagegen in Bewegung setzte. Außerdem machte ich mir auch Sorgen um seine Gesundheit und wollte ihm allzu große Erschütterungen ersparen. Es sollte schnell über die Bühne gehen.

Bei der Scheidung sagte er verwundert: »Ich hab ihr nie irgendetwas Schlechtes getan, ich hab sie nie betrogen, ich hab für meine Familie gesorgt. Vielleicht war mein größter Fehler, dass ich sie nie geschlagen hab; vielleicht hätte sie es manchmal gebraucht.«

Das ist eben die Form, wie schwache, hilflose Männer über Frauen versuchen zu herrschen, wie sie Frauen behandeln. Das ist ja heute noch so: Je schwächer der Mann, umso stärker unterdrückt er seine Frau oder seine Freundin oder Frauen allgemein.

Und deine Töchter? Sie waren einverstanden mit deinem Schritt?

Eszter war schon aus dem Haus; sie war damals schon drei Jahre verheiratet. Aber die drei jüngeren kamen mit mir!

Als wir von Nahum weggezogen waren, hatten wir sehr viele Grundsatzdebatten miteinander. Wir formierten uns neu. Wir suchten eine Form des Zusammenlebens, die wirklich *unsere* Form war. Unzählige Stunden verbrachten wir mit Debatten darüber.

Damals war ich schon sehr fasziniert von Jean und Paul Ritters Buch *Freie Kindererziehung in der Familie*. Ich hab dieses

Buch 1974 kennengelernt, damals war es relativ neu. Kurz bevor meine älteste Tochter ihre Kinder bekommen hat, hatte ich das Buch in einer Buchhandlung entdeckt. Ich blätterte rein und kaufte es sofort. Weil der Ton mir so zusagte. Es bestätigte mir vieles, was ich schon über Erziehung angefangen hatte zu denken, und ging noch darüber hinaus: dass Kinder nicht gegen ihre Bedürfnisse erzogen werden sollten, dass sie ein Recht auf Zuwendung, Liebe und auch auf Selbstbestimmung hätten.

Natürlich waren meine Töchter schon aus der Kindheit herausgewachsen, aber wir suchten trotzdem noch eine Form des Zusammenlebens, wo nicht hier die Mutter stand und dort die Kinder waren. Wir suchten ein Miteinander. Das war mein Ideal. Und das war das, was sich wohl auch meine Töchter erhofften. Das versuchten wir zu verwirklichen.

Das Ziel war, gleichberechtigt zusammenzuleben?

Ja, aber glaub bloß nicht, dass das so einfach war! Es ging nicht von einem Tag auf den anderen. Die alten Gewohnheiten waren stark, auch bei mir selbst. Ich geb dir ein Beispiel:

Es war im ersten oder zweiten Jahr nach unserem Weggehen von meinem Mann. Ich hatte große Sorgen um die Zukunft, suchte nach einer festen Anstellung und war – bestimmt auch deshalb – häufig krank. Oft legte ich mich müde auf die Couch, und wenn ich dann feststellte, dass mir die Zigaretten ausgegangen waren oder dass ich Durst hatte, rief ich nach Jona, Sore Perle oder Rifka, ohne viel zu überlegen, was die eine oder andere in ihrem Zimmer gerade machte: »Hol mir Zigaretten!« Oder: »Bring mir mal bitte ein Glas Wasser!« und so weiter. Ich glaubte, ich hätte ein gewisses Recht darauf, dass sie solche Dinge für mich taten. Aber im Grunde scheuchte ich sie herum. Es waren keine Bitten um Hilfe, sondern Anforderungen einer Dienstleistung (wie es viele Eltern mit ihren Kindern tun). So ging das lange Zeit, aber eines Tages hatte ich drei Gesichter vor mir voller Zorn. Sie kamen zu dritt zur Mutter, die rauchend auf der Couch lag: »Mama, so geht das nicht weiter. Wir kommen uns langsam vor, als wären wir nur dazu da, für dich Zigaretten zu holen oder Wasser oder was du sonst gerade wünschst. Du benutzt uns doch! Und du überlegst nicht einmal, ob wir vielleicht gerade lesen oder nachdenken oder schreiben. Du rufst und wir kommen; wir tun, was du willst, und dann sind wir wieder entlassen.«

Das Erste, was in mir hochkam, war: Was wollen die denn? Ich tu doch für sie auch alles. Da können sie doch auch ein bisschen für mich tun. Wahrscheinlich wäre ich auf diesem Standpunkt geblieben, wenn ich nicht die wütenden Gesichter meiner Töchter gesehen hätte. Die waren auf hundert. Sie waren nicht laut und grob, sie waren entsetzt. Also schluckte ich meine erste Regung hinunter und sagte stattdessen: »So, wie ihr mir das sagt, kann ich damit nichts anfangen, aber ich werde darüber nachdenken. Lasst mir ein bisschen Zeit; ich komme darauf zurück.« Und das war mein Glück!

Von da an fragte ich mich, bevor ich einen Wunsch äußerte: Warum will ich sie jetzt rufen? Kann ich nicht aufstehen und mir selber holen, was ich brauche? Erniedrige ich sie nicht zu Dienerinnen? So ging das immer wieder; in allen möglichen Situationen machte ich diese innere Prüfung. Und plötzlich merkte ich, dass ich nur noch ganz selten solche Wünsche äußerte. Meistens hatte ich schon selber erledigt, was ich wollte, ohne dass es mir wehgetan hätte. Im Laufe des Nachdenkens kam ich darauf, dass ich im Grunde diese Wünsche nur äußerte, weil ich fühlen wollte: Ich bin auch wer! Aber als mir das klar geworden war, brauchte ich es schon nicht mehr. Ich rief meine Töchter wieder zusammen und sagte ihnen: »Ja, ihr habt recht gehabt, es ist die alte Gewohnheit, dass man Kinder immer zu kleinen Dienstleistungen heranzieht. Mir war das nicht bewusst, bis zu dem Tag, als ihr es mir sagtet.«

Das konnten deine Töchter dann akzeptieren?

Ich glaube schon. Das Wichtigste dabei war anzuerkennen, dass man selber Fehler macht. Den Fehler bei den anderen zu suchen ist einfach. Aber auf sich selber einzuwirken, dass man sich des Problems bewusst wird, dass man sich wandelt, ist gar nicht leicht. Ohne die Kritik meiner Töchter wäre ich dahin nicht gekommen. Denn die eingespielten Gewohnheiten machen blind. Das kannst du auch daran sehen, wie ich mich verhalten hab, als 1981 Nahum gestorben ist.

Ich war sehr bemüht, den Ablauf der Trauertage so zu halten, wie er es sich gewünscht hätte. Es ging um *seinen* Tod, und darum sollte alles nach seinen Vorstellungen gehen, ob ich die billigte oder nicht. Jeden Tag kamen die alten Bekannten aus seinem Umfeld, von der Synagoge, die Freunde, um morgens und abends die Gebete abzuhalten in seiner Wohnung, sieben Tage lang, man nennt es Schiwa sitzen[26]. Ich musste nicht sitzen, weil ich eine geschiedene Frau war, aber meine Töchter. Ich war die Mutter, die solange das Haus führte und die auch alle Leute kannte.

Ungefähr am dritten Tag sprachen meine Töchter mich an: »Mama, was ist denn mit dir? Du bist wie verwandelt, du bist nicht mehr die Frau, wie wir sie in den letzten Jahren erlebt haben, sondern du gibst dich so, wie du früher warst, total unterwürfig. Wenn diese Leute kommen, dann richtest du dich ganz nach ihnen und sagst deine eigene Meinung nicht. Nichts an dir ist mehr so, wie du in den letzten Jahren gewesen bist.« Ich war ganz erschrocken und fragte: »Wieso? Ich versuche doch nur, alles so zu machen, wie der Papa es gewünscht hätte. Warum sollen wir ihm nicht diese letzte Ehre erweisen?« – »Nein, nein, das meinen wir nicht. Beobachte dich mal, dann wirst du es sehen!«

Tatsächlich fiel mir dann auf, dass sich schon mit dem ersten Läuten an der Tür in mir eine Wandlung vollzog. Ich fiel zurück in die alten Zwänge und Ängste: Was musste ich tun? Wie war es üblich? Wie hatten wir es früher gemacht? Das beobachtete ich so zwei Tage an mir; bis ich es wieder ablegen konnte. Meine Töchter bestätigten mir dann, dass ich wieder die Neue war.

So hab ich erlebt, wie stark das altvertraute Gewohnte ist, besonders wenn man in die alte Umgebung mit den alten Bekannten zurückkommt. Trotz besseren Wissens. Ich hätte ja diese Pflichten auch erfüllen können ohne dieses innere Kleinsein, aber ich kannte jenes frühere Leben nur in dieser kleinmachenden, erdrückenden Form. Also wurde ich innerlich wieder klein. Wenn meine Töchter mir damals nicht den Spiegel vorgehalten hätten, hätte ich das überhaupt nicht bemerkt. Aber mit ihrer Hilfe hab ich daraus gelernt, dass ich selber mit mir ringen musste, um alte Strukturen, die ich mit dem Verstand schon nicht mehr für gut hielt, auch gefühlsmäßig loszuwerden.

Wovon lebtet ihr denn in dieser Zeit? Fandest du irgendwann eine Arbeit?

Na, zuerst hatte ich tatsächlich gehofft, dass ich mit einer Vertretung für Tupperware genug verdienen und trotzdem meine Zeit einigermaßen frei einteilen konnte. Von wegen! Ich machte zwar einen der höchsten Umsätze von allen Tupper-Vertreterinnen, aber als ich alles zusammenrechnete, stellte sich heraus, dass ich dabei zwei Mark pro Stunde verdient hatte! Dazu brauchte ich noch ein Auto und war oft bis Mitternacht unterwegs, um die Vorführungen zu machen. Und ich war nicht krankenversichert! Weißt du, was das für ein Job ist? Das ist nur für Hausfrauen, die einen gut verdienenden Mann haben und sich zu Hause langweilen, die sich kein Extra-Auto dafür anschaffen müssen, weil das Auto sowieso da ist und die Versicherung dafür sowieso gezahlt wird. Und dann machen sie so nebenher zwei, drei Mal in der Woche eine Vorführung, und was sie damit verdient haben, ist dann ihr reiner Verdienst. Und wenn sie nichts verdienen, ist es auch nicht schlimm. Aber ich musste davon leben, und dafür war es nicht genug.

Wie lange hast du das gemacht?

Ein halbes Jahr baute ich es auf, bis ich sah, es würde sich nicht rentieren. So fing ich an, nebenher Schneiderarbeiten zu machen: Reißverschlüsse annähen, Kleider kürzen und länger machen, das konnte ich ja, und ich hatte auch sehr schnell einen ziemlichen Kundenkreis. Und schon war ich doppelt belastet, denn die andere Arbeit, für Tupperware, wollte ich noch nicht sausen lassen; ich wusste noch nicht, was mehr einbringen würde. Aber nebenher machte es mir Sorgen, dass ich noch immer nicht krankenversichert war. Was wäre, wenn ich krank würde? Ich hatte kein Geld, ich konnte keine Krankheit finanzieren. Also musste ich irgendwo in eine feste Anstellung.

Ich fing an zu suchen, aber ohne Erfolg. Ich hatte ja keine Ausbildung, konnte nichts vorweisen. Dass ich mit Nahum 27 Jahre lang kaufmännisch tätig gewesen war, wurde nicht ernst genommen; das Papier, worin er mir meine Mitarbeit bescheinigt hatte, hielt man für eine »Gefälligkeitsbestätigung«. Ich bettelte bei verschiedenen Firmen, man solle es doch ausprobieren, ob ich was tauge, aber nirgendwo wollte man sich darauf einlassen.

Auch das Arbeitsamt konnte mich nicht vermitteln, aber sie rieten mir, etwas auf ABM-Basis anzufangen, und während dieser Zeit sollte ich mich auf die Prüfung als Bürokauffrau vorbereiten. Ich hätte alles gemacht, um aus dieser Unsicherheit rauszukommen. Tatsächlich arbeitete ich dann als ABM-Kraft ein Jahr beim Roten Kreuz. Glaub nicht, dass das schön war – aber es war ein neuer Anfang. Und danach, weil ich noch nicht soweit mit den Vorbereitungen für die Prüfung war, schickte mich das Arbeitsamt zur Lloyd-Versicherung. Das war ebenfalls eine ABM-Stelle. Dort arbeitete ich mit zwei Frauen zusammen, die bald Angst hatten, dass ich ihnen den Arbeitsplatz wegnehmen könnte. Sie unternahmen bald alle möglichen Intrigen gegen mich. Und als ich dann die Bürokauffrau-Prüfung gemacht hatte, wuchs ihre Feindseligkeit noch, denn die beiden waren ungeprüft, und ich war jetzt eine geprüfte Bürokauffrau. Aber mittlerweile war klar, dass ich dort nicht übernommen würde nach dem Ablauf des Jahres. Der Abteilungsleiter hatte schon gesehen, dass das nicht gutging.

Aber in der letzten Woche, als mein endgültiger Abschied schon bevorstand, lief der Film *Holocaust* im Fernsehen. Da erinnerte sich der Chef, den ich nur sah, wenn ich ihm von meinem Abteilungsleiter irgendwelche Papiere bringen musste, plötzlich daran, dass ich Jüdin war. Er kam in mein Zimmer und verwickelte mich – vor diesen zwei Frauen – in ein

Gespräch. »Waren Sie auch …?« Und ich dachte mir, Teufel komm raus!, jetzt sag ich die Wahrheit. Und antwortete ihm: »Ja.« – »Haben Sie den Film auch gesehen?« – »Ja.« – »War Ihr Leben auch so?« – Und so gab ich einiges von meinen Auschwitzer Erlebnissen preis. Weil ich dachte: Jetzt kann sowieso nichts mehr schiefgehen. Am nächsten Tag traf ich diesen Chef auf dem Korridor. Er fragte mich: »Warum haben Sie mir nie etwas gesagt? Ich hätte nie zugelassen, dass man Ihnen kündigt. Jetzt kann ich es leider nicht mehr rückgängig machen.«

Du hättest bleiben dürfen, weil du in Auschwitz gewesen bist? Das ist doch auch ausgesprochen merkwürdig.

So ist es hier oft. Man bekommt eine Sonderstellung; man wird entweder ausgegrenzt oder so bevorzugt, dass es kaum zu ertragen ist. Aber ich wär sowieso nicht geblieben, schon weil diese zwei Frauen so gegen mich arbeiteten.

Gab es dann Aussicht auf einen neuen Arbeitsplatz?

Erst einmal war ich wieder längere Zeit arbeitslos. Aber immerhin hatte ich durch die ABM-Stellen ja erreicht, dass ich nun Arbeitslosengeld beziehen konnte. Ein Jahr lang bekam ich es. In diesem Jahr schrieb ich achtzig Bewerbungen. Die meisten sagten mir nicht einmal ab. Fünfmal wurde ich zu Vorstellungsgesprächen eingeladen, aber es war absolut nichts zu machen.

Also machte ich weiter diese Näharbeiten. Und nebenbei arbeitete ich noch aushilfsweise in einem Geschäft als Verkäuferin. Dadurch ging es uns blendend, weil ich im Monat so 1000 Mark zur Arbeitslosenunterstützung dazuverdiente. Ich konnte sogar mit den Kindern in Urlaub fahren für eine Woche, das einzige Mal nach der Trennung von Nahum.

Das Verkaufen machte mir großen Spaß: den Leuten die Ware vorzuführen, sie zu überzeugen … Ich war in Schwung, ich lebte! Ich konnte etwas tun anstatt nur zu warten, dass eine Antwort auf eine Bewerbung eintraf. Und ich dachte mir: Der Teufel soll sie holen! Wenn sie nicht einsehen, dass ich etwas kann, dann mache ich wenigstens diese Arbeit gut!

Das war 1979. Da hörte ich im Fernsehen im Herbst die große Rede vom Bundespräsidenten Carstens zum Volkstrauertag. Er sagte das Übliche zu so einem Anlass: wie bedauerlich … wie viel Tote … wir trauern um diese Toten … Der Bundestag war geschmückt mit herrlichen Blumen, Massen von Blumen, und da stand er und redete.

Bei solchen Gedenkfeiern hab ich immer furchtbar gemischte Gefühle – fast als gehörte ich nicht mehr hierher. Ich gehöre zu denen, die ermordet worden sind oder werden sollten. Als würde ich meiner eigenen Grabrede zuhören. Ich hab nur noch Museumswert. So auch damals bei Carstens' Rede. In mir schrie es: Ich lebe doch noch! Ich gehöre doch noch gar nicht zu diesen Toten! Ich kämpfe noch! Und von keiner Seite krieg ich Hilfe! Ich schaffe es nicht einmal, eine Stelle als Klofrau zu bekommen!

Darum hatte ich mich nämlich auch beworben. Aber ich kriegte sie nicht, das hat mich entsetzt. Die Absage hatte gelautet: »Sie sind viel zu fein für diesen Posten.«

Da schrieb ich Carstens, dass ich seine Rede gehört hätte und ihm sagen wollte: Ich lebe noch, und ich kämpfe furchtbar hart, weil ich soundso alt bin, aber nicht einmal eine ganz bescheidene Arbeit mehr kriegen kann. Dass ich meinen drei Töchtern gerne eine Ausbildung ermöglichen würde, damit es ihnen nicht so geht wie mir, die mit fast fünfzig Jahren noch eine Ausbildung nachmachen musste. Ich schrieb ihm auch, ich wünschte keine finanzielle Hilfe, aber ich hoffte, dass er auf irgendein Amt einwirken könnte, wo es vielleicht einen bescheidenen Posten für mich gäbe.

Hat er reagiert?

O ja! Aber was hat er gemacht? Er schickte den Brief, der ja ein sehr persönlicher, nur an ihn gerichteter Brief war, weiter an die Nürnberger Bundesanstalt für Arbeit. Von dort teilten sie dem Münchener Arbeitsamt mit, dass ich dem Bundespräsidenten geschrieben hätte, und sie sollten sofort was unternehmen. Die Sachbearbeiter beim hiesigen Arbeitsamt, die sich große Mühe mit mir gegeben hatten und so anständig waren, riefen mich in höchster Empörung an: »Was haben Sie dem Bundespräsidenten geschrieben?« In meiner Verzweiflung nahm ich die Kopie meines Schreibens und rannte zu denen aufs Arbeitsamt und zeigte sie ihnen: *Das* hab ich geschrieben. Nicht ein Wort gegen das Arbeitsamt. Im Gegenteil: Ich hatte sogar geschrieben, dass das Arbeitsamt sich bemühte, mich aber nirgendwo unterbringen konnte. Da haben sie sich wieder ein bisschen beruhigt.

Das war im Herbst 1979, im Januar 1980 rief mich das Arbeitsamt an, ich solle mich bei einer amtlichen Stelle für eine Büroarbeit melden. Ich meldete mich dort am verabredeten Tag mit meinen Papieren, sprach mit dem Chef. Er schaute in die Papiere: »Ja, Sie sind soundso alt, werden Sie das schaffen? Da müssen Sie so einiges an Papieren hin- und hertransportieren, nicht alles mit der Hand, aber immerhin, es ist keine leichte Arbeit.« Da sagte ich ihm: »Herr Soundso, arbeiten kann ich. Wenn Sie mir ein bisschen Zeit geben, mich einzuarbeiten, und wenn Sie mir Ihr Vertrauen schenken, werden Sie es bestimmt nicht bereuen.«

Am nächsten Tag rief mich die Sekretärin an und teilte mir mit, dass ich die Stelle bekommen würde. Ich saß da gerade mit meinen Töchtern zusammen. Ich bedankte mich noch bei der Sekretärin und legte den Hörer auf. Und schon schüttelte mich ein Weinkrampf wie schon lange nicht. Ich hatte nicht mehr geglaubt, dass ich noch irgendwo angenommen würde. Nie mehr.

Aber es kam anders …

Tja, dort war ich dann zehn Jahre lang, bis zur Rente. So hatte ich endlich wieder ein regelmäßiges Einkommen. Aber eine gute Zeit war es nicht. Es waren harte Lehrjahre.

Den ersten Zusammenstoß hatte ich gleich in den ersten Tagen mit meinem Abteilungsleiter. Wir fuhren mit dem Aufzug zum zweiten Stock. Er wollte mir dort einen Lagerraum zeigen. Ein sichtbar höher gestellter Herr stieg ebenfalls in den Aufzug ein. Während wir aufwärts fuhren, fragte ich meinen Abteilungsleiter etwas über die Abläufe der Arbeit. Da wurde er plötzlich rot im

Gesicht und antwortete mir nicht. Als wir im zweiten Stock ausstiegen – der höhergestellte Herr fuhr weiter – sagte der Abteilungsleiter: »Na hören Sie mal! Wie können Sie mit mir reden, wenn der Direktor im Aufzug ist?« Ich sagte: »Erstens kannte ich ihn nicht, zweitens hab ich ja nicht über ihn geschimpft. Und drittens hab ich nur über die Arbeit geredet.« Darauf konnte er nichts mehr erwidern. So begann unsere Beziehung.

Das kannst du durchaus als Beispiel nehmen für das, was ich über Erziehung gesagt habe. Solche Leute sind vollkommen untertänig, wenn ein Höhergestellter im Raum ist. Sie werden rot, sie können nicht mehr natürlich sein oder das Gespräch fortsetzen. Aber in dem Bereich, wo sie selber die Höchsten sind, kriegen die Untergebenen alles ab; man kann mit ihnen nicht argumentieren, sie erwarten, dass man ihren Befehlen gehorcht, so wie sie ihren Vorgesetzten gehorchen. Sie können nicht von gleich zu gleich mit Mitarbeitern sprechen; sie können es einfach nicht.

Und so ging es mit diesem Kerl laufend. Er versuchte immer, mich kleinzumachen, doch ich wehrte mich, und zwar gewaltig! Wenn er etwas von mir wollte und wusste, dass es zweifelhaft war oder ich mich dagegen aussprechen würde, aus praktischen Gründen, ging er so weit zu sagen, das habe der Direktor befohlen. Worauf ich dann sagte: »Wissen Sie was? Dann gehen wir zum Direktor und besprechen das mit ihm. Denn das ist falsch, so geht es nicht.«

So gab es immer wieder Konflikte, die ganzen zehn Jahre lang. Ich gab mir Mühe, meine Arbeit gut zu machen, aber ich war eben nicht unterwürfig. Ich sagte es immer, wenn ich anders dachte. Und damit kamen sie dort nicht zurecht. Aber wenn ich etwas gut gemacht hatte, dann war es der Erfolg des Abteilungsleiters. Zum Beispiel wurde in diesem Amt eine Loseblattsammlung herausgebracht, mit 1200 Seiten, die immer wieder mal aktualisiert wurden. Und es gab einen Lagerraum mit riesigen Regalen, in denen die einzelnen Blätter aufbewahrt wurden. Dort war ein ziemliches Durcheinander, in das ich wieder Ordnung bringen sollte. Ich brauchte zwei Monate dafür. Hinterher kamen dann der Personalchef, der mich eingestellt hatte, der Direktor und der Abteilungsleiter und bewunderten die aufgeräumten Schränke und Regale. Und in meiner Gegenwart sagte mein Abteilungsleiter zu den Chefs: »Na, wie haben wir das mit ihr zusammen ausgetüftelt?« Ich sagte natürlich nichts, aber er bemerkte schon, wie ich schaute.

So ging es die ganzen Jahre?

Es kam noch schlimmer. Irgendwann zogen wir um in ein neues Gebäude. Meine Abteilung lag seither an einem L-förmigen Flur. Ich bekam dort das hinterste Zimmer. Da waren nur noch die Damenklos und mir gegenüber eine Besenkammer. Dieser Teil des Flurs war dazu noch mit einer Tür versehen. Niemand sonst hatte dort etwas zu tun. Dann wurden die Arbeitsabläufe neu organisiert, und der Abteilungsleiter zog manche Arbeiten von mir ab. So hatte ich immer weniger zu tun und immer weniger Kontakt mit den anderen. Die letzten vier Jahre hab ich nur deshalb durchgehalten, weil ich unter den Kolleginnen ein paar Freundinnen hatte, mit denen ich gut auskam. Die anderen rückten immer mehr von mir ab, denn ich war jemand, der beim Abteilungsleiter unbeliebt war, also dachten sie sich: Hände weg!

Es war fast nicht auszuhalten. Wenn ich ein Mensch gewesen wäre, für den es nur diese Arbeit gegeben hätte im Leben – ich wäre zugrunde gegangen. Der Abteilungsleiter gab mir nichts mehr zu tun. Wenn er aber hereinkam zu mir und sah, dass ich strickte, schimpfte er: »Das dürfen Sie nicht.« Ich antwortete nur: »Na, geben Sie mir Arbeit, dann stricke ich nicht. Warum sollte ich nicht stricken, wenn nichts zu tun ist?« – »Ja, was ist, wenn der Chef das sieht!« – »Dann werd ich ihm sagen, im Moment haben Sie mir keine Arbeit geben können, weil Sie keine haben.« – »Das dürfen Sie nicht sagen!« – »Was darf ich dann? Und was ist, wenn der Chef sieht, dass ich Daumen drehe?« Darauf hat er natürlich nichts mehr antworten können.

Hat es dort eine Rolle gespielt, dass du Jüdin bist?

Offiziell nicht, aber es war trotzdem da. Die Geschäftsführung wusste, dass der Bundespräsident Druck gemacht hatte, damit ich endlich einen Arbeitsplatz bekam. Und einmal war in der *Abendzeitung* ein Interview mit mir über meine KZ-Erfahrungen. Ich hatte zwar den Journalisten gebeten, kein Bild von mir zu veröffentlichen oder zumindest mein Gesicht zu schwärzen. Aber es wurde nicht geschwärzt. Sofort wurde ich erkannt. Zu allem Überfluss stand in dem Artikel auch ein kritischer Satz von mir über meinen Arbeitsplatz. Da war der Brand groß; die hätten mich fast umgebracht. Wie konnte ich so etwas sagen! tobte der Gruppenleiter. Und der Abteilungsleiter rief mich zu sich und sagte mir, das sei nicht schön, dass ich mich so äußerte über den Betrieb, von dem ich mein Brot bekäme. Ich sagte ihm: »Warum ist das Ihr Problem? Sie haben sich bis jetzt auch nie darum gekümmert, wie ich hier behandelt werde.« So direkt! Ich hatte keine Angst mehr vor Leuten, die eine höhere Position haben. Und dann kam von ihm der Spruch: »Sie sind aber überempfindlich wegen Ihrer Vergangenheit.« Verstehst du? Auf diese Weise lassen sie es einen spüren. Wenn man sich über etwas ärgert oder sich beschwert, denken sie: So redet sie, weil sie im KZ war. Der Grund, warum ich mich beschwere, zählt gar nicht. Weil ich im KZ war, braucht man mich gar nicht erst ernst zu nehmen. Ich schrie: »Wissen Sie was? Nur *das* hat mir noch gefehlt!« Und ich ging direkt zum obersten Chef und sagte: »Ich verbitte mir, dass ich nur deswegen, weil ich eine solche Vergangenheit habe, auf die verfluchte Seite komme. So geht das schon mein Leben lang, und jetzt passiert es wieder! Entweder unternehmen Sie etwas, dass ich so etwas nie mehr höre und nirgends in diesem Haus so gesprochen wird, solange ich da bin, oder ich werde diesen Abteilungsleiter verklagen. Das lasse ich mir nicht bieten.« Daraufhin sprach der oberste Chef mit diesem Abteilungsleiter, aber der brachte es nicht fertig, sich bei mir zu entschuldigen, nur der Chef selbst zitierte mich noch einmal zu sich und sagte, es tue ihm sehr leid.

Aber direkten Antisemitismus hast du dort nicht erlebt?

Doch, das gab es auch. Zum Beispiel kam einmal der Hausmeister in meinen Raum, und vor meinem Fenster gingen gerade Juden im Kaftan vorbei, auf dem Weg zur Synagoge. Da rief er laut und höhnisch: »Na die, wenn ich die sehe! Da könnte ich kotzen!« Ich antwortete geistesgegenwärtig: »Sagen Sie mal, der Papst ist doch auch so angezogen; wenn der jetzt vorbeikäme, würden Sie dann auch kotzen wollen?« Worauf er rot wurde und schweigend den Raum verließ.

Seine Bemerkung galt natürlich nicht mir. Er wollte einfach großtun und bekannt geben, was er von diesen Leuten hält. Aber solche Dinge, zig hintereinander, hab ich immer wieder erlebt, nicht nur in der Arbeit. Den Antisemitismus hab ich in Deutschland die ganzen Jahre unterschwellig gespürt. Offiziell gab es ihn zwar kaum. Man hat weder in den Zeitungen darüber gelesen noch im Fernsehen davon gesprochen noch war er sonst wo ein Thema. Es wurde dazu eigentlich nur geschwiegen. Aber die meisten Juden können dir Erlebnisse dazu erzählen.

Mitte der neunziger Jahre machte das American Jewish Committee eine Umfrage zum Antisemitismus in Deutschland. Darin heißt es unter anderem, dass 20 Prozent aller Deutschen lieber keine jüdischen Nachbarn hätten.

20 Prozent sind doch nicht viel. Das überrascht mich nicht. Wenn ich mit den Menschen spreche, habe ich das Gefühl, dass sehr, sehr viele so denken. Ich habe gelernt, damit zu leben – ich erwarte nichts Besseres von den Leuten. Für Kinder ist es viel schwerer, damit umzugehen, vor allem, wenn sie davon unvorbereitet getroffen werden. Als meine älteste Tochter Eszter in die erste Klasse ging, kam sie einmal heulend nach Haus: »Mama, warum bin ich ein Saujud?« Sie erzählte mir, dass sie ein bisschen gestritten hatte mit einem Mädchen, und die beschimpfte sie dann als »Saujud«.

Was hast du daraufhin getan?

Im ersten Moment war ich furchtbar erschrocken und hilflos. Was mach ich jetzt? Der erste Gedanke war, sofort zur Lehrerin zu gehen. Dann aber stellte ich mir vor: Was würde die Lehrerin tun? Ich war sicher, dass ihr nichts anderes übrig bliebe, als dieses Mädchen vor der Klasse zu ermahnen. Damit würde Eszter eine Feindin haben für immer, denn dieses Mädchen würde es ihr nicht vergessen, dass es vor allen an den Pranger gestellt wurde. Also war das keine gute Idee.

Mein nächster Gedanke war: Ich könnte zu den Eltern gehen. Was aber sollte ich den Eltern sagen? Meine Vermutung war ja, dass das Kind den Ausdruck zu Hause gehört hatte. Aber das konnte ich nicht beweisen, also durfte ich es auch nicht behaupten. Denn damit würde ich die Eltern zwingen, sich zu verteidigen und mich nicht mehr anzuhören. Ich wollte aber keine Feindschaft säen damit; ich wollte ja Abhilfe schaffen. Einige Tage ließ ich vergehen, bis ich zu dem Entschluss kam, doch zu den Eltern zu gehen und ihnen einfach zu erzählen, was da passiert war. Ich wollte sie ohne irgendwelche Verdächtigungen einfach bitten, mit ihrer Tochter darüber zu sprechen und ihr zu erzählen, wie sehr es meinem Kind wehgetan hat. Damit bliebe eigentlich niemand auf der Strecke.

Es hat dann auch tatsächlich den Erfolg gehabt, den ich mir gewünscht hatte. Ich hab aus dieser Geschichte gelernt, bei solchen Sachen nicht aus der ersten Wut zu handeln oder zu reden, sondern erst mal zu versuchen, die ganze Sache mit Phantasie durchzuarbeiten.

Aber immer kann man doch nicht ruhig und abgeklärt auf alles reagieren! Ich denke zum Beispiel an die Reaktorkatastrophe von Tschernobyl 1986.[27] Das hat dich doch auch sehr mitgenommen, soviel ich weiß.

Ja, damals war ich sehr entsetzt und empört. Von Anfang an waren die Nachrichten extrem verwirrend. In den ersten Tagen nach der Explosion erklärten die Politiker überall, es bestehe hier für niemanden eine Gefahr. Da war aber die Strahlungswolke schon unterwegs nach Deutschland. Als dann diese starken Regenfälle in den ersten Maitagen niedergingen, wurden die

Werte gemessen. Plötzlich war überall die Rede von Becquerel, von Halbwertszeiten, von Jod, Cäsium und Plutonium. Dann kamen die Warnungen vor verstrahlter Milch, vor Spinat und Salat. Im Supermarkt sah ich die Menschen herumgehen, genauso unschlüssig wie ich. Wie stark war etwas belastet? Woher stammte die Ware? Niemand wusste Genaues, ob man z.B. lieber Tiefkühlkost essen sollte, ob Konserven jetzt besser waren, was mit den Milchprodukten los war. Die Händler blieben auf ihrer Frischware sitzen. Ich erinnere mich an das erste Stück Brot, das ich in der Hand hielt, und ich dachte, das ist noch Brot ohne Cäsium … Die Angst vor der Zukunft schnürte mir die Kehle zu.

Die offiziellen Informationen ergaben keinen richtigen Zusammenhang; die Unsicherheit und die Angst waren groß. Ich fühlte mich versetzt in die Zeit vor unserer Deportation in Ungarn, als es nur verschiedene Nachrichten und Gerüchte gegeben hatte, solche und solche. Ich hatte dies und jenes gehört, aber ich hatte mir keinen Reim darauf machen können. Der einzige Unterschied war, dass ich mich damals noch geborgen gefühlt hatte bei meinen Eltern; jetzt war ich allein. Bis Tschernobyl hatte ich manchmal mit einem gewissen Vorwurf an diese Zeit und an meine Eltern gedacht, weil sie nicht mit mir über die bedrohliche Lage gesprochen hatten. Ich glaubte, wenn sie damals mehr erzählt hätten, dann wäre ich nicht so böse in Auschwitz aufgewacht. Aber jetzt war ich an ihrer Stelle. Ich verstand, dass man als erwachsener Mensch mit Verantwortung für Kinder, auch wenn diese schon größer waren, natürlich versuchte, ihnen keine Unruhe weiterzugeben, bis man nicht sicher wusste, was passierte.

Durch die Deportationserfahrung hast du die Nachrichten ernster genommen als manche andere?

Ich war ungeheuer in Panik. Meine erste Reaktion auf den radioaktiven Regen und die Belastung der Lebensmittel war, Lebensmittel zu hamstern. Auch das hing wieder mit dem KZ und unserem Hunger damals zusammen. Ich holte, was ich kriegen konnte. Dabei ging es mir nicht um mich, sondern um meine Töchter. Sie waren jung und hatten das Leben noch vor sich. Was würde denn sein, wenn man gar kein unverseuchtes Essen mehr bekommen könnte? Meine Töchter sagten mir: »Du kannst uns auch nicht für ewig versorgen.« Ich wusste es, aber ich meinte, wenigstens einen Übergang könnte ich schaffen und sichern. Sie hatten gegen Lebensmittelvorräte schon eine Abneigung, weil ich mein Leben lang Vorratshaltung betrieben habe.

Mein einziger Trost war, dass es dieses Mal keine Judenverfolgung war, sondern alle betraf. Aber du solltest nicht denken, dass ich mich wegen meiner Vergangenheit hilfloser fühlte als andere Menschen, weil meine Aufregung vielleicht größer war. Gerade umgekehrt war es: Ich bin überzeugt, dass meine Erfahrungen mich wacher gemacht haben, misstrauischer auch, vor allem gegen die Politiker, die uns so lange beruhigten und belogen, bis die Forscher nach ein paar Tagen bestätigten, dass die Befürchtungen über den radioaktiven Fallout zutreffend waren. Meine Erfahrungen haben mir geholfen, die Gefahr zu sehen und darauf zu reagieren.

Es gab auch andere, meistens Männer, die versuchten so zu tun, als wäre nichts gewesen. Beispielsweise traf ich in der Straßenbahn einen Mann, der gerade in der Zeitung über Tschernobyl las. Ich sprach ihn an, weil ich wissen wollte, wie er darüber dachte. Er lächelte überlegen und sagte, das interessiere ihn alles nicht, das sei alles Panikmache und aufgeblasenes Zeug; und wir brauchten den Atomstrom und all diese Sachen. Darauf sagte ich: »Sagen Sie mal, haben Sie keine Angst?« Nein, er habe überhaupt keine, er sei sicher, dass das alles nur Panikmache sei. Ich konnte ihm nicht mit Zahlen aufwarten, ich hatte auch nicht das richtige Wissen, um in so einer Debatte zu bestehen. Also sagte ich zu ihm: »Wissen Sie was, ich glaube Ihnen; ich glaube, dass Sie keine Angst haben, wenn Sie mit mir an der nächsten Station aussteigen und eine Handvoll Gras essen. Dann glaub ich Ihnen.« Da schwieg er auf einmal und wurde auffallend blass. Vielleicht hatte er in diesem Moment gemerkt, dass die Sache etwas mit seinem eigenen Leben zu tun haben könnte.

Solche Männer, die immer so tun, als hätten sie persönlich alles im Griff, sind wohl meistens auch diejenigen, die solche Ängste für »hysterisch« und die Einschätzungen von Überlebenden für »völlig übertrieben« halten.

Wahrscheinlich, ja. Dass meine Angst aber auf keinen Fall übertrieben war, bestätigte sich dann, als ich anfing, mir über die Situation bessere Informationen zu besorgen, besser als dieser Wirrwarr in den Zeitungen und im Fernsehen. Ich hörte Vorträge von Hans-Peter Dürr, Peter Kafka, Frederic Vester, Robert Jungk usw. Andauernd war ich unterwegs. Ohne diese Leute hätte ich niemals klar verstanden, was da eigentlich los war. Heute wissen wir, welche verheerenden Folgen die Strahlung in der Nähe von Tschernobyl auf die Menschen hatte, aber auch überall sonst in Europa, wo es radioaktiven Niederschlag gegeben hat. Damals musste man um verlässliche Informationen regelrecht kämpfen! Und damals entstand auch mein Wahlspruch, der mir sehr wichtig geworden ist: »Liebe ohne Wissen ist hilflos. Wissen ohne Liebe ist nutzlos.«

Das heißt, man kann es noch so gut meinen mit den Seinen – wenn man nur uninformiert und aus Angst handelt, taugt es nichts?

Ganz genau. Aber auch umgekehrt: Wenn man nur Wissen ansammelt, aber es nicht umsetzt aus Liebe und Verantwortung für die Menschen, die zu einem gehören, dann ist es auch nichts. Oder wenn man sein Wissen nicht aus Liebe anwendet, sondern aus Profitstreben. Da könnte ich das Wort »nutzlos« in vielen Fällen sogar austauschen gegen »verbrecherisch«. Das wäre wahrscheinlich noch treffender.

Nach den ersten drei Wochen höchster Verzweiflung fragte ich mich deshalb, wie ich mich wehren könnte, was getan werden könnte. Ich war Feuer und Flamme, alles zu tun.

Es fing mit Kleinigkeiten an, aber man sollte das nicht unterschätzen: Dadurch übt man sich, man wird mutiger und fähiger zu größeren Dingen. So hatte ich von irgendjemandem einen Kettenbrief an den damaligen Bundespräsidenten von Weizsäcker zugeschickt bekommen. Der sollte kopiert und weitergegeben werden. Möglichst viele sollten ihn unterschreiben und verschicken. Ich ging voller Unschuld im Büro von Tür zu Tür und verteilte den Brief an alle und forderte sie auf, sich an der Aktion zu beteiligen. Als dann der Abteilungsleiter einen der Kettenbriefe in die Finger bekam, brachte er ihn sofort zum obersten Chef. Der Chef hielt mir den Brief vor die Nase und fragte: »Kennen Sie das?« Ich schaute den Brief an und sagte ja. »Haben Sie das verteilt?« Ich sagte ja. Ich dachte, er erstickt. Er war wohl vorbereitet darauf, dass ich jetzt alles ableugne. Aber ich wusste nicht, warum ich leugnen sollte. In mir glühte ja alles vor Verzweiflung. Ich hatte es getan – na und? »Wissen Sie nicht, dass man das nicht darf?« Ich fragte: »Wieso nicht?« – »Das ist doch ein höchst politischer Brief. So etwas darf man nicht im Haus verteilen. Wissen Sie nicht, dass das in Ihrem Vertrag steht? Auf jeden Fall verbiete ich Ihnen das Verteilen.« Darauf sagte ich ihm ganz ruhig: »Gut. Sie können es mir verbieten, und es ist selbstverständlich, dass ich als Ihre Angestellte mich Ihrer Anordnung fügen muss. Aber auf der Straße werde ich weiter meine Kollegen und Kolleginnen damit ansprechen, denn mir liegt sehr daran, dass viele dem Bundespräsidenten schreiben. Wir sind in höchster Gefahr.« – »Woher wollen Sie das wissen?« – »Ich weiß nicht, wie weit Sie unterrichtet sind. Ich gehe zu Vorträgen, ich orientiere mich, wo ich nur kann. Ich habe große Angst um uns und um unsere Welt, ob Sie das mit mir teilen oder nicht.«

Die nächsten Tage hab ich mich dann tatsächlich vor den Eingang gestellt auf die Straße, und jeder, der vorbeikam, bekam einen Kettenbrief in die Hand gedrückt. Der Chef kam auch vorbei und sah mich, aber er konnte nichts sagen.

Ganz schön viel Ärger für eine eigentlich harmlose Sache!

Nicht wahr? Es muss gar nicht viel sein, und schon sind diese Leute völlig aus dem Häuschen. Ich kann mir gut vorstellen, dass sie als Kinder auch strengstens bestraft wurden für Kleinigkeiten, die die Eltern anders befohlen hatten.

Ähnlich war es dann auch mit dem Anstecker mit der Friedenstaube. Am Muttertag gab es in jenem Jahr in München am Marienplatz eine Tschernobyl-Demonstration, organisiert von Müttern mit kleinen Kindern. Da ging ich hin und nahm teil. Dort kaufte ich mir dann auch so einen Anstecker mit einer Friedenstaube. Und ich beschloss, diesen Anstecker in Zukunft auch im Büro zu tragen. Ich ahnte natürlich, dass das wieder nicht erwünscht war. Da lernte ich die Beamten dieser Gesellschaft so richtig kennen. Diese kleine Plakette führte dazu, dass mich im Büro plötzlich niemand mehr kannte und niemand mehr grüßte. Von einem Tag auf den anderen war ich die Verfemte.

Ich dachte zuerst noch, ich könnte das gut aushalten, weil ich ja Übung darin hatte. Aber das stimmte nicht. Ich erfuhr damals, wie jede neue Ausgrenzung wieder von neuem wehtut. Jedesmal, wenn einem das passiert, in jeder neuen Situation, hat man das Gefühl, die Welt bricht zusammen, der Boden wird einem unter den Füßen weggezogen. Ich hatte das schon als Kind kennengelernt, als die Schulklassen in jüdische und nichtjüdische Klassen aufgeteilt worden waren. Das war das gleiche Gefühl: Ich war ausgegrenzt. Nur war ich damals mit den anderen jüdischen Kindern in einer Gruppe; diesmal war ich allein, mit dem Rücken zur Wand.

Langsam, so nach drei, vier Monaten beruhigte sich das wieder, so dass manche sich heimlich umschauten, und wenn keiner sonst in der Nähe war, sagten sie mir Guten Tag. Als ich dann endlich mit jemandem sprechen konnte, fragte ich: »Sagen Sie mal, was ist denn passiert? Wem hab ich etwas getan?« Ich wusste natürlich, warum mich alle schnitten, aber ich war neugierig auf die Begründung. Ich bekam zur Antwort: »Sie dürfen nicht vergessen, wir sind Beamte; in diesem Haus dürfen wir solche politischen Ansichten nicht zur Schau tragen.« Ich fragte zurück: »Was ist denn daran politisch, wenn ich für den Frieden bin? Muss ich denn für den Krieg sein? Oder wofür muss ich sein?« – Die Antwort, die ich auf diese Frage bekam, werde ich nie vergessen: »Normalerweise ist es nicht gut, irgendeine Meinung offen zu sagen.«

Aber es war doch deine Plakette! Du hast sie doch nicht gezwungen, auch eine Friedenstaube zu tragen!

Nein, aber sie dachten, der Chef würde es nicht gerne sehen, wenn sie mit mir noch Kontakt hätten. Nur aus diesem Grunde schnitten sie mich! Wo blieb da die Zivilcourage? Es gab keine. Es gab in meiner Heimat keine, als wir deportiert wurden; es gab in Fallersleben keine, wo eine Aufseherin, mit der man sonst ganz normal reden konnte, uns anschrie, sobald ihre Kameradinnen zuschauten; und es gibt sie heute genauso wenig, und deshalb traue ich den Menschen nur wenig, absolut wenig. Ich frage mich: Wo ist da der Unterschied zwischen der damaligen Gesellschaft und der heutigen? Ist das nicht dasselbe?

Also ich meine schon, dass es da Unterschiede gibt. Heute wird man wegen einer politischen Ansicht nicht umgebracht; die Nazis aber hatten einen riesigen Denunzianten- und Terrorapparat.

Nein, du hast mich nicht richtig verstanden! Ich kann auch eine Demokratie von einer Diktatur unterscheiden. Aber meine Frage ist: Was ist der Unterschied zwischen den *Menschen* der damaligen Gesellschaft und der heutigen? Und da hat sogar dein Hinweis auf den Terror der Nazis einen Sinn: Heute wird man vom Staat nicht wegen seiner Meinung verfolgt, und *trotzdem* zeigen die Menschen nicht mehr Zivilcourage als früher!

Und wenn man mich fragt, warum ich immer wieder auf die Erziehung zurückkomme, kann ich es genau damit begründen: Wenn die Erziehung in den letzten vierzig Jahren anders gewesen wäre, wenn sie Selbstbewusstsein aufgebaut hätte, anstatt es zu zertrümmern, dann hätten zum Beispiel die Kolleginnen, mit denen ich gearbeitet habe, schon ein bisschen mehr Zivilcourage gehabt. Die hatten sie aber nicht. Sie sind heute so beherrschbar wie früher. Und die Entschlossenheit, mit der sie mich in dieser Arbeitsstelle zur Unperson gemacht haben – was ja eigentlich Angst war –, hat mich noch einmal am eigenen

Leib erleben lassen, wie gefährlich eine Gesellschaft ist, in der die Menschen nicht selbständig denken und handeln können.

Umgekehrt, auf die Nazizeit bezogen, glaube ich nicht, dass Hitler so stark war, sondern dass die Menschen so schwach waren, so beeinflussbar. Ihr Selbstbewusstsein wurde schon früh zerstört.

Über die Zeit nach dem Unfall in Tschernobyl hast du mit anderen zusammen ein Buch gemacht: »Grüß Gott, du schöner Maien … Gefühle und Gedanken nach Tschernobyl«. Wie kam es dazu?

Für mich war das eine Konsequenz aus meinen Erfahrungen als Zeitzeugin. Ich treffe mich ja seit Mitte der siebziger Jahre immer wieder mit Schulklassen und anderen Gruppen, um mit ihnen über meine KZ-Geschichte zu sprechen. Immer wieder stellte ich fest, wie wenig Erinnerungen aus dieser Zeit geblieben und an die jungen Menschen weitergegeben worden sind, wie schnell die Erinnerungen verblassen können, vor allem die gefühlsmäßigen: das Wissen von der Gefahr. Heute haben die meisten keine Ahnung, wie es damals wirklich war. Und bei Gesprächen hatte ich Mühe, den Leuten wenigstens das Notwendigste wieder in Erinnerung zu bringen. Deswegen schlug ich in diesen verzweifelten Wochen nach der Tschernobyl-Katastrophe einigen Freunden vor, dass wir unsere Erfahrungen und Gefühle dieses Mal sammeln und niederschreiben sollten, solange sie noch frisch waren. Zu jener Zeit war die Angst bei den Menschen nämlich noch direkt greifbar, ob sie es zugeben wollten oder nicht. Und das wollte ich festhalten. Denn man braucht solche Erinnerungen, damit man in Zukunft nicht wieder solche Gefahren zulässt.

Mit deinen eigenen Erinnerungen – vor allem mit den Erinnerungen an Auschwitz – scheint es aber anders zu sein. Ich habe den Eindruck, bei dir ist alles noch gegenwärtig. Als sei noch kein Tag seither vergangen.

Vergangen ist weder ein Tag, noch sind es die Nächte. Auch in meinen Träumen kommen die Dinge oft zurück. Auch wenn gar nichts Besonderes tagsüber passiert, wenn ich nicht mit dem Gefühl schlafen gehe: O, jetzt bist du aber besonders aufgeregt, oder: Jetzt hast du über vieles nachgedacht, so dass man erwarten würde, da könnten in der Nacht schlimme Träume kommen. Und plötzlich wache ich auf von Träumen, die mich regelrecht in Schweiß baden lassen. Ich kann dagegen nichts tun.

Waren es zuerst die Träume, die die Erinnerungen zurückbrachten?

Ja, denn in den Anfangsjahren schaffte ich es nicht, bewusst zurückzudenken. Es machte ja große Mühe, auf die Beine zu kommen, ein neues Leben aufzubauen … Und man wollte ja auch gerne die Freiheit neu kennenlernen und nicht zurückdenken. Aber jede Geburt eines meiner Kinder hat eine Zeitlang solche Träume in mir hervorgerufen – in der schlimmsten Form. Ich hab ja erzählt, wie ich in Auschwitz mit angesehen hatte, wie ein Kind geboren wurde, und wie dann ein SS-Mann kam, das Kind der Mutter aus den Armen riss und es an einem Balken zerschlug. Du kannst dir vorstellen, dass das in mir regelrecht eingebrannt ist; und in allen möglichen Variationen ist dieses Erlebnis in meinen Träumen immer wieder zurückgekommen.

Es hat dich heimgesucht …

Ja, »heimgesucht« ist der richtige Ausdruck! Das Einzige, was es für mich erträglicher macht, ist, dass ich heute sagen kann: Es gehört zu meinem Leben. Ich bäume mich nicht mehr dagegen auf. Ich versuche stattdessen, die Dinge besser zu verstehen – durch Psychologie, überhaupt durch das Hineindenken in die Menschen, in bestimmte Situationen und die handelnden Personen, in die bösartigen Menschen, in das, was mit mir geschehen ist. Durch den Versuch zu verstehen ist es mir möglich geworden, damit zu leben. Es verschwindet dadurch nicht, aber es ist verstehbarer geworden. Ich werde nicht nur heimgesucht, ich kann etwas tun.

Auf diese Weise hast du begonnen, deine Erlebnisse zu verarbeiten?

So ist es. Denn man darf nicht stecken bleiben in dem, was man erlebt hat, sonst bleibt man für immer drin. Ich bin da herausgekommen, indem ich begonnen habe, meine Erfahrungen und Gefühle zu untersuchen. Das kann ich mit einer kleinen Geschichte anschaulich machen.

Ich war, solange ich zurückdenken konnte, immer wenn ich verreisen musste, beim Kofferpacken schon Tage vorher in heller Aufregung. Kurz vor der Abreise hab ich dann wie eine Verrückte Dinge eingepackt, ohne nachzudenken, ob ich sie brauchte oder nicht. Ich hatte keine Ahnung, warum das bei mir so war. Ich dachte, das sei eben meine Eigenart. Meine Kinder hatten sich damit abgefunden, wir lebten alle damit.

Jahre später aber, als die Kinder schon aus dem Haus waren und ich alleine lebte, wollte ich einmal zur Kur fahren. Und wieder war es so: Je näher der Abreisetag kam, desto aufgeregter wurde ich. Da sagte ich mir: Jetzt ist Schluss damit! Ich setzte mich hin mit einer Tasse Kaffee und einer Schachtel Zigaretten und sagte mir: Jetzt gehe ich der Sache auf den Grund! Ich saß gute zwei Stunden da und grübelte, ohne dass ich das Rätsel lösen konnte. Plötzlich kam mir aber, wie eine Erleuchtung, ein Bild: die letzte Nacht zu Hause vor der Deportation. Und ich sah plötzlich meine Familie – wie in einem Wirbelsturm. »Papa, soll ich das mitnehmen?« – »Mama, soll ich das mitnehmen?« – »Ja, mein Kind, das ja, das nicht.« Diese Nervosität, die Anspannung – genau das hab ich immer wieder nachvollzogen.

Seit ich das weiß, kann ich packen, völlig in Ruhe. Ich weiß zwar heute, dass ich manchmal etwas übersehe oder vergesse – na und? Dann ist es eben nicht dabei. Aber diesen inneren Wirbel hab ich nicht mehr.

Kam es auch vor, dass deine Kinder dich zur Auseinandersetzung mit deinen Erinnerungen brachten?

O ja! Das war die andere Seite, neben den Träumen, neben den Alltagserlebnissen, die mich an etwas erinnerten. Eines Tages kam die erste überraschende Frage. Von Eszter, als sie vielleicht vier Jahre alt war: »Warum hab ich keine Großeltern?« Im Kindergarten hatte sie festgestellt, dass die meisten anderen Großeltern hatten. Ich gab ihr schnell als erste Antwort, sie seien gestorben. Damit war die Sache fürs Erste vom Tisch. Aber in mir setzten diese bohrenden Fragen ein: Wie wird das weitergehen? Sie wird mit dieser Antwort nicht ewig zufrieden sein. Wie antworte ich beim nächsten Mal? Was sage ich? Was nicht? So ein kleines Kind kann doch nicht verstehen, dass sie alle umgebracht worden sind. Und nicht nur nicht verstehen …

Ich dachte mir: Ich kann dem Kind nicht zumuten, in einer deutschen Umgebung aufzuwachsen und mit deutschen Kindern zusammenzukommen, und ihm dann sagen: »Deine Familie wurde umgebracht.« Dann fragt das Kind: »Von wem?« Ich kann doch nicht sagen: von den Ungarn. Es waren die Deutschen. Aber was fängt ein Kind damit an? Es wird unwillkürlich jeden Deutschen, den es sieht, fragen oder fragen wollen: »Hast du meine Großmutter umgebracht?« Das ist untragbar für so einen jungen Menschen. Also blieb ich dabei: »Die Großeltern sind schon gestorben.«

Später hab ich das erweitert auf »im Krieg gestorben«. Damit war es für mein damaliges Verständnis erledigt. Für mein heutiges Verständnis lange nicht. Denn die Kinder spürten ganz genau, dass diese Frage etwas an sich hatte, wonach man besser nicht weiter fragte. Sie entdeckten, dass über dieses Thema nicht gerne gesprochen und nicht die ganze Wahrheit gesagt wurde. Sie bemerkten sicher auch die erschrockene Sekunde, bevor sie eine Antwort bekamen. Und fragten mit der Zeit immer weniger. Für mich aber war jeder Tag, der ohne Fragen vorüberging, ein Ruhetag. Es war nur ein Aufschub, aber irgendwie war ich doch froh: Es wurde wieder nicht gefragt. Im Stillen, im Inneren war ich immer auf diese Fragen gefasst.

Das ist übrigens auch der Punkt, an dem es meinen Kindern, den sogenannten Kindern der Opfer, ganz ähnlich ging wie den sogenannten Kindern der Täter. Auch die Kinder der Täter spüren bei den Eltern: Da ist etwas, wo man besser nicht nachbohrt. So entwickelt sich auf beiden Seiten, bei der Elterngeneration und bei den Kindern, das große Schweigen, das sich dann lange fortsetzt, in manchen Familien für immer, leider.

Beim Schweigen in meiner Familie hat es aber außerdem eine Rolle gespielt, dass unser Leben so zerstört worden ist durch Hass und Vorurteile. Deshalb wollten Nahum und ich unsere Kinder damit nicht auch vergiften. Sie sollten unbelastet und frei aufwachsen, ohne Hass und Vorurteile. Das war so ein Nebengedanke, neben der unbeantwortbaren Frage: Wie kann ich's meinem Kind erklären, dass ich am Leben geblieben bin und darüber nicht einmal froh bin, sondern so komische zwiespältige Gefühle dazu habe? Darüber kann ich mit meinen eigenen Kindern tatsächlich nicht sprechen! Mit Fremden kann ich darüber leichter reden als mit den eigenen Kindern. Und die eigenen Kinder können es auch nicht gut von der Familie erfragen.

Als meine Tochter Jona die ersten Abschriften unseres Gesprächs gelesen hatte, sagte sie mir, es sei ihr klar geworden, dass sie niemals diese Fragen hätte stellen können, die du mir gestellt hast. Denn in ihren Gedanken war immer eine Mischung aus dem, was sie schon wusste, also nicht mehr zu fragen brauchte, und aus der Angst, bei mir eventuell Wunden aufzureißen. Also es ist fast nicht möglich, unter Familienmitgliedern über diese ganzen Dinge zu sprechen.

Aber irgendwann haben deine Kinder »es« ja erfahren. Wie geschah das?

So nach und nach. Manchmal hatten wir Besuch von Freunden und redeten mit ihnen auch über die Vergangenheit, und die Kinder schnappten so nebenbei dies und jenes auf. Und danach stellten sie dann Fragen: »Hat man im Krieg Menschen ermordet?« – »Ja. In jedem Krieg ermordet man Menschen.« – »Ja, aber die Juden hat man besonders gemordet?« – »Ja, hat man, es gab einen besonderen Hass. Es gab Antisemitismus.«

Mittlerweile kannten sie auch ein bisschen den Geschmack von Antisemitismus aus der Schule. Denn sie wurden manchmal komisch angeschaut, weil sie samstags nicht zur Schule gingen, weil sie auf Skiurlaub ihre eigenen Würstchen in einer Dose mit dabeihatten und sonst nur Gemüse aßen. Da fühlten sie schon: Wir sind anders, und die anderen spürten es auch. Also konnten sie es einordnen: Juden waren irgendwie etwas anderes. Sie konnten am Anfang nur noch nicht mitdenken, dass wir alle Menschen sind und dass das eine künstliche Unterscheidung von Menschen war, die eigentlich nichts Gutes bringt, weder den einen noch den anderen.

Es gab auch verschiedene andere Gesprächssituationen, in denen ich in Anwesenheit der Kinder gefragt wurde: »Wie war es damals, was haben Sie erlebt?« Und da gab ich natürlich so einige Antworten. Meistens hörten meine Töchter sehr aufmerksam zu, auch wenn ich nicht sagen kann, wie viel sie davon schon verstehen konnten. Aber da ich manchmal auch Tränen vergoss beim Erzählen, haben sie nicht nachgefragt.

Ein großes Gespräch mit den Kindern, bei dem einmal alles erzählt wurde, hat es aber nie gegeben?

Nein. Das ging nicht; es ging, wie gesagt, nur so stückchenweise. Dazu gehörte dann irgendwann auch das Buch von Helen Epstein *Die Kinder des Holocaust*, das ich meinen Töchtern zum Lesen gab. Denn anhand der Mutter im Buch konnten sie sich orientieren über mein Schicksal; und wie schwer die Tochter sich mit der Mutter tat, konnten sie mit ihrem eigenen Erleben verbinden. Solche Bücher und ähnliche lagen bei mir immer offen herum; und ich sagte manchmal, dass diese Bücher gut geschrieben sind. Anders konnte ich es nicht weitergeben.

Als ich dann anfing mit den Gesprächen in Schulklassen, hab ich meinen Töchtern angeboten, sie könnten mitkommen oder sie könnten sich später die Tonbandaufnahme des Gesprächs anhören. Das lehnten sie ab. Aber als ich einmal nach Hause kam, fand ich sie miteinander beim Tonbandgerät, wie sie eine dieser Aufnahmen anhörten.

Also das Bedürfnis, etwas zu erfahren, war da, obwohl es im direkten Gespräch zu schwer war?

Ja, und ich glaube, das Bedürfnis wächst sogar noch.

Vor einigen Jahren war ich mit Sore Perle, meiner Jüngsten, wieder einmal zu Besuch in Vásárosnamény. Da zeigte ich ihr das Haus, in dem ich mit den Eltern und Geschwistern gelebt hatte. Es war inzwischen total umgebaut, aber ich fragte die jetzt dort wohnenden Leute trotzdem, ob wir mal ins Haus hinein dürften. Sie erlaubten es uns, und ich erzählte Sore Perle dann so ein bisschen, wie die Einteilung der Wohnung gewesen war, wo welche Möbel gestanden hatten, wo ich meine Hand gebrochen hatte; die breite Türschwelle war noch da, an der ich hin- und hergesprungen war als Kind: auf der einen Seite Steinboden und auf der anderen Holzboden. Auf dem Steinboden war ich dann ausgerutscht und hatte mir die Hand gebrochen ... Alle diese Erinnerungen erzählte ich ihr. Dann sprach ich ein bisschen mit den jetzigen Bewohnern. Als ich dann gehen wollte – das wird für mich ein Leben lang unvergesslich bleiben – sah ich mich um nach Sore Perle, suchte nach ihr, da saß sie auf dem Steinboden und streichelte immerzu den Stein. Später erzählte sie mir, sie hatte *fühlen* wollen, wo ihre Familie herkam, von wo sie stammte. Und in jenem Moment hatte sie es fast spüren können.

Das sind Dinge, die die wenigsten Menschen verstehen können: dass auch die zweite Generation schwer zu tragen hat, ob das jetzt die jüdische oder die nichtjüdische Seite betrifft, ob Opferkinder oder Täterkinder. Ich hab meine Töchter nicht dahin gedrängt, Erinnerungen zu suchen; das Bedürfnis war aber da. Es war gut, dass ich mit ihnen nach Vásárosnamény fahren konnte. Denn wenn ich jetzt über mein Zuhause spreche oder über irgendeine Begebenheit, dann wissen sie jetzt die Plätze, sie können sich einiges besser vorstellen. Die Menschen konnten sie nicht mehr erleben, aber wenigstens die Steine.

Du bist ja dann sehr aktiv geworden, was die Gespräche vor allem mit Schülern, aber auch mit anderen Gruppen angeht. Wie kam es denn dazu?

Eine befreundete Lehrerin war die Erste. 1974 war es, glaube ich, da fragte sie mich, ob ich nicht einmal in ihre Klasse kommen wollte, um mit den Kindern zu reden. Zuerst dachte ich, das könnte ich nicht, weil ich nicht gut einen geschichtlichen Überblick vermitteln kann. Das, was ich selbst erlebt hatte, schien mir nicht so wichtig. Aber ich ließ mich überreden und versuchte es.

Ich sagte den Schülern gleich am Anfang – so mache ich es bis heute – dass sie Fragen stellen sollten, weil ich ja nicht wissen könne, was sie interessierte. Sie sollten auch nicht davor zurückschrecken, dass mir eventuell etwas wehtun könnte. Es tut mir vieles weh, aber ich muss damit leben, und sie sollten mich nicht schonen, sondern die Möglichkeit zum Gespräch einfach nutzen.

Es brauchte dann einige Fragen und Antworten, bis wir miteinander etwas vertrauter wurden, bis aus den Schülern, der Lehrerin und mir eine Gemeinschaft wurde. Aber dann konnten sie nicht mehr aufhören zu fragen. Er war erstaunlich.

Und die Schüler brachten mich mit ihren direkten, einfachen Fragen auf Dinge, die ich allein überhaupt nicht hätte formulieren können, zum Beispiel dass ich tiefe Schuldgefühle hatte gegenüber meiner Schwester Edit, die ich in Auschwitz hatte zurücklassen müssen. Das war mir nicht bewusst gewesen. Seit mir klar geworden war, dass sie nicht mehr lebte, konnte ich nur noch bis zum Hals an sie denken. Tiefer ging das Gefühl nicht. Ich spürte ein Würgegefühl und konnte mich nur an das Bild erinnern, als ich sie zum letzten Mal gesehen hatte, auf einer Pritsche in der Kinderbaracke.

Aber in dieser Klasse meldete sich eine Schülerin und fragte: »Sind Sie allein im Lager zurückgeblieben?« Ich antwortete: »Ja.« Im gleichen Moment spürte ich: Nein, das ist doch nicht die Wahrheit. Das kannst du nicht sagen. Ich verbesserte mich. Darauf schüttelte mich ein schreckliches Weinen. Ich konnte nicht weiterreden. Dann aber nahm ich mich zusammen und erzählte den Schülern die Geschichte von Edit und mir: wie wir auseinandergekommen sind, wie schrecklich es für mich war, sie von mir weggehen zu lassen. Von da an hab ich auch wieder an sie denken können.

Nach diesem Erlebnis gleich beim ersten Schulbesuch finde ich es erstaunlich, dass du nicht gesagt hast: Einmal und nie wieder!

Aber das war doch eine wichtige Erfahrung! Sicher, es hat mir wehgetan. Aber es hat mich doch weitergebracht. Ich begriff etwas, das ich bis dahin nicht hatte verstehen können. Ich hatte vorher keine Klarheit über diese Schuldgefühle, die mich aber noch immer plagten. Und das hat sich geändert. Ich könnte sogar sagen: Es hat mich freier gemacht.

Und solche Erlebnisse habe ich einige Male gehabt.

Also waren die Gespräche nicht nur für die Jugendlichen wertvoll, sondern auch für dich?

Absolut! Aber im Lauf der Zeit sah ich auch immer besser, welche Erfahrungen aus meinem Leben anderen vielleicht weiterhelfen könnten. Das baut sich in mir auf bis heute, und es geht wahrscheinlich weiter, solange ich lebe. Immer wieder sortiere ich meine Erinnerungen und versuche, daraus etwas Brauchbares zu machen, etwas verständlich zu machen in Gesprächen, damit die Leute für sich selber das Bild vervollständigen können und die Bedeutung erkennen. Außerdem tut es mir natürlich immer wieder gut, wenn ich merke, man hat mich verstanden und freut sich über das Gespräch, man ist wirklich ins Nachdenken und Suchen gekommen, gemeinsam …

Du zeigst den Leuten nicht nur etwas von deinem Leben, sondern du gibst ihnen auch ihr eigenes Leben besser in die Hand.

Das ist richtig. Das sag ich auch: »Macht etwas aus eurem Leben, macht etwas Besseres!« Ich vertrete keine Religion und will sie nicht bekehren; ich will ihnen nur dazu verhelfen, dass sie zu sich finden und aus ihrem Leben etwas machen, womit sie leben können und womit sie zufrieden sein können. Denn ich weiß: Seit ich für mich einige ganz grundlegende Dinge klären konnte – wie ich erzogen wurde, was mir von der Deportation, von den Lagern blieb, mit welchen Ängsten ich in meine Ehe gegangen bin usw. –, bin ich freier geworden. Ich kenne mich inzwischen ganz gut; es sind immer weniger irgendwelche unbewussten Dinge, die mich beherrschen. Aber erst musste eine Grundreinigung meines Lebens stattfinden, und seit ich das geschafft hab, hat mit mir eine Entwicklung begonnen, die immer befriedigender wird. Es gibt natürlich unzufriedene Tage, es gibt auch Tage, an denen ich mit der Welt absolut nicht zurechtkomme und unglücklich bin, an denen nichts vorwärts geht. Aber insgesamt spüre ich, ich kann die Dinge allmählich immer besser verstehen; ich sehe, was dahinter steht. Und das möchte ich so gerne auch in Gesprächen vermitteln: Man muss nicht auf ewig mit seinen Ängsten und Vorurteilen herumlaufen, man kann sich davon befreien!

Deshalb geht es dir nicht in erster Linie darum, Wissen über den Nationalsozialismus zu vermitteln …

Das wär mir zu wenig. Natürlich braucht man ein Grundwissen, aber mir geht es eigentlich mehr um das Nachdenken über Erfahrungen, vor allem darüber, wie Hass und Vorurteile mörderisch werden können. Ich hab es doch am eigenen Leibe erlebt. Und der Hass ist immer noch da, die Gewalt ist noch da, auch heute. Deshalb interessiert es mich wenig, wie lange welches KZ existiert hat, wie viele Gefangene dort genau waren und all so etwas. Mich interessiert: Woher kommt die Gewalt? Was sind ihre Wurzeln? Was ist mit uns Menschen, dass wir uns gegenseitig so zerstören? Wie konnte es passieren, dass eine Partei, die den Hass als Programm hatte, an die Regierung kam? Und was können wir tun, damit der Hass weniger wird? Wie kann es sein, dass Politiker auch heute mit ausländerfeindlichen Parolen Wahlkampf machen? Warum lassen wir das zu? Wovor fürchten wir uns denn? *Das* sind für mich die Fragen. Dafür muss man aber klären, was in den einzelnen Menschen vorgeht und wie man ihnen helfen könnte, aus dem Elend, das auch nach Hitler noch andauert, herauszufinden. Und dafür muss ich natürlich auch meine Geschichte kennen und immer besser zu verstehen versuchen.

Bist du aus solchen Gründen auch ab und zu wieder nach Vásárosnamény gefahren?

Es gab verschiedene Gründe. Meine Töchter wollten sehen, woher wir kommen. Ich wollte die Familie Fejes wiedersehen. Einmal war auch etwas zu klären wegen einer Entschädigung für unser Haus, das nicht mehr unseres war. Aber ich wollte auch meine Erinnerungen überprüfen. Ich wollte zum Beispiel rauskriegen, ob meine Erinnerung an die Familie Kis wirklich stimmte. Erst nach vierzig Jahren klopfte ich bei ihnen an. Und ich stellte fest, dass meine Erinnerung nicht nur stimmte, sondern sogar übertroffen wurde von der Realität.

Der alte Herr Kis, er war bei meinem Besuch um die 85 Jahre alt, sprach gleich über unsere Deportation: wie er uns da hatte stehen sehen. Er war sehr bewegt, ihm kamen die Tränen. Er hatte noch Gefühle. Aber seine Frau hatte gar keine. Sie wollte gleich das Thema abwürgen und rief ihren Mann zur Ordnung: »Also Vater, hör mal auf mit den alten Geschichten!« Worauf ich sagte: »Warum eigentlich? Wir haben uns seither nicht gesehen; wir können doch darüber sprechen.« Da sagte Frau Kis: »Aber es hilft doch niemandem mehr.« Ich entgegnete: »Aber wir können von den Jahren dazwischen, die wir uns nicht gesehen haben, uns gegenseitig erzählen, was wir erlebt haben.«

Und ich fing gleich damit an: wie ich nach der Befreiung nach Hause kam, wie ich erfuhr, dass mein Vater nicht mehr lebte, und wie ich allmählich Sicherheit darüber gewann, dass auch meine Geschwister und meine Mutter nicht mehr lebten. Und wie mir dann durch das Buch von Miklós Nyiszli[28], der als Häftling in Auschwitz im Krematorium und an den Scheiterhaufen beschäftigt war, klar geworden ist, auf welche Weise meine Familie umgebracht worden war. Worauf die gute Frau Kis einwarf: »Dafür können wir nichts.« Ich sagte zu ihr: »Frau Kis, ich hab das mit keinem Wort behauptet. Und das würde ich auch nicht.« – »Aber Sie haben doch Glück gehabt, dass Sie überlebt haben.« – »Ja, das kann ich Ihnen auch noch erzählen: wie dieses Glück ausgeschaut hat. Denn dieses Glück war eigentlich kein Glück.« Und dann erzählte ich ihnen, wie verzweifelt ich war, wie lange ich nicht fähig war zu verstehen, was geschehen war, wie einsam ich war und wie ich überhaupt keine Aussicht hatte für die Zukunft, wie ich dann heiratete, eigentlich nur aus dem Bedürfnis heraus, endlich ein Heim und einen Menschen zu haben, und wie wir uns gewälzt haben um eine Existenz – all das, der Reihe nach. So gab ich ihnen in anderthalb Stunden eine Schilderung der letzten vierzig Jahre. Dem alten Mann flossen die Tränen; seine Tochter und seine Frau saßen da wie versteinert.

Und das *wollte* ich, ehrlich gesagt. Ich wollte sie konfrontieren mit meinem Schicksal. Ich beendete meine Erzählung mit dem Satz: »Ich bin sicher, dass Sie im Kommunismus auch kein Honiglecken hatten. Aber wenigstens ist Ihre Familie am Leben geblieben, daran sollten Sie sich freuen, denn mir ist nicht einmal das geblieben.«

Auf diese Weise hatte ich also das Kapitel von der Deportation und der Familie Kis wieder aufgeschlagen, neu gelesen, aber dann auch abgeschlossen.

Und deine Erinnerung war geklärt.

Ja, ich war froh, dass ich noch rechtzeitig dort war und dieses Gespräch führen konnte. Inzwischen leben die beiden Alten nicht mehr. Bei einem anderen, meinem ehemaligen Schulkameraden, hatte ich kein Glück. Er spielte lieber krank.

Wer war er?

Den habe ich auch schon erwähnt. Wir waren lange in einer Klasse gewesen. Er war ungefähr so alt wie ich, höchstens ein paar Monate älter. Als wir deportiert wurden, war er achtzehn. Und er hatte damals als zukünftiger Soldat einen Auftrag bekommen, der lautete: »Pass auf, dass diese Juden nicht davonlaufen! Du bist verantwortlich dafür!« Und dieser arme Kerl – ich seh ihn heute noch vor mir – war einerseits stolz auf seinen Auftrag, auf der anderen Seite war es ihm unangenehm. Aber als Frau Fejes gekommen ist und von der Straße her mit meiner Mutter sprach, hat er sie angebrüllt: »Was wollen Sie denn, Tante Fejes, wollen Sie auch mitgehen?« So führte er sich auf, in einer Mischung aus Unsicherheit und Rüpelhaftigkeit! Während wir, jeder mit seinen zwanzig Kilo Gepäck, mehrere Stunden da standen und angstvoll auf unseren Abtransport warteten.

Jahre später traf ich diesen Schulkameraden wieder, im blühenden Kommunismus, als ich mit meinen noch sehr jungen Mädchen Vásárosnamény besuchte. Jetzt war er der große Kommunist! Und stand breitbeinig in der Tür, als er mich voller Stolz fragte: »Na, wie geht es dir? Wie ist es dir ergangen?« Er tat so, als hätte er die Welt erobert. Als er dann wieder gegangen war, erzählten meine Freunde mir leise, damit es niemand hören konnte, was für ein Schweinehund er war. Sofort, als der Kommunismus kam, wendete er seinen Mantel und war der glühendste und ergebenste Kommunist. Und so wie er damals mit uns umgegangen war, als wir auf der Straße warten mussten, ist er später auch mit den Kleinbauern umgegangen.

Das war das einzige Wiedersehen mit ihm. Als ich ihn bei diesem späteren Besuch treffen wollte, ließ er mir sagen, er sei krank, er könne keinen Besuch haben. Er hatte sicher Angst vor mir. Inzwischen war der Kommunismus zusammengebrochen, und alles, worauf er gesetzt hatte, war hin. Da wunderte es mich nicht, dass er mich nicht empfangen wollte. Bald danach hörte ich schon, dass seine Krankheit gar nicht so schlimm war. Das weiß man in so einem kleinen Ort.

Aus Angst hatte er den Kommunisten gespielt, und aus Angst versteckte er sich vor dir?

Ich würde es so ausdrücken: Er war sein Leben lang gewohnt, auf fremde Befehle hin zu handeln. Es ist ihm nicht gelungen, ein eigenes Leben aufzubauen. Immer hörte er auf andere, er hatte Herrschaften, denen er diente. Ob das der Graf war oder der Fabrikant, ob die eine Partei oder die andere, spielte keine

Rolle. So war dieser Mensch immer wie Knetgummi in fremden Händen. Und als es keine Führung mehr gab, die ihm Befehle erteilte, wusste er nicht mehr, was er tun sollte. In dieser Lage hätte er eine Begegnung mit mir wohl nur schwer ausgehalten.

Das kann ich mir vorstellen. Du hast dir dein eigenes Leben erkämpft und bist immer selbstbewusster geworden, aber er schaffte es nicht einmal mehr, dir vor die Augen zu treten.

Es ist schon traurig. Und du siehst: Das ist kein speziell deutsches Problem. Diese Leute gibt es überall: ängstliche Befehlsempfänger ohne ein eigenes Leben; aber wenn sie von Befehlshabern eingespannt werden, tun sie groß und schreien rum und haben auch keine Bedenken, den Menschen Schaden zuzufügen. Und das findest du wieder und wieder.

Wer waren die Menschen, die uns in Auschwitz bewachten? Die uns schlugen, die uns mordeten? Sie waren Soldaten! Auch die SS war ja so eine Art Soldaten-Organisation. Sie waren auf das Soldatentum dressiert. Sie handelten nur auf Befehl, und sie legten ihre Eigenverantwortung ab, als sie ihre Uniform anzogen. Ich kann sie nicht pauschal beurteilen, dazu müsste ich die Lebensgeschichten der Einzelnen kennen. Aber bei manchen hab ich's gesehen, wie ihr Gesicht in Freude aufstrahlte, wenn sie jemanden in Qual sahen. Das waren schon Sadisten. Aber warum sind sie so geworden? Das sollte man doch ergründen!

Oder was ist mit den Technokraten, zum Beispiel mit den Atomenergie-Managern? Sie tönen groß, dass es richtig ist, Atomstrom zu erzeugen, dass sie Arbeitsplätze schaffen, dabei wissen sie doch, wie unberechenbar sie die Menschen gefährden. Die Gefahren sind ihnen bekannt. Aber sie nehmen sie in Kauf! Und verkünden lächelnd, dass kein Grund zur Sorge besteht. Wie viele Tote oder Strahlengeschädigte soll es denn noch geben, bis man erkennt, dass diese Kerle überhaupt nicht ehrenwert sind?

Oder nimm die Pharmakonzerne, die Arzneimittel in die Dritte Welt liefern, die hier schon längst verboten sind, weil sie schädlich sind. Sie nutzen die Gesetzeslücken in anderen Ländern und bringen dort die Menschen damit um. Sie wissen, was sie tun, und sie tun es!

Ähnlich ist es bei der Gentechnik, wo kein Mensch weiß, wohin das führt, was daraus eventuell an Gefahren entstehen kann. In so einem Zweifelsfall muss man nein sagen. Und wer dieses Nein nicht sagen will, der nimmt bewusst das Risiko in Kauf, dass am Ende doch Menschen geschädigt werden.

Und das kann man auch im Alltag beobachten. Ich denke, es ist ähnlich bei Menschen, die mit ihren Autos so wahnsinnig rasen: Sie gefährden nicht nur sich selbst mit ihrem Leichtsinn, sondern auch andere. Doch es kümmert sie nicht. Im Kern ist in ihnen eine Verachtung für andere Menschen, die wahrscheinlich ähnliche Wurzeln hat wie bei all diesen Beispielen, die ich gerade aufgezählt habe. Sie können nicht an die Folgen denken, sie können sich nicht in andere einfühlen – lies das mal nach bei Arno Gruen! Er nennt das den »Verlust des Mitgefühls«.

Aber sag mal, jetzt reden wir schon über Verachtung und Gewalt im Allgemeinen. Sind wir vom Nachdenken über den Nationalsozialismus abgekommen?

Ohne ein besseres Verständnis von den Menschen wirst du nicht verstehen, warum die Nazis so mächtig werden konnten, warum sie so viele Anhänger fanden. Man kann auch das Alltagsleben nicht trennen von der Geschichte. Ich denke das immer miteinander – so bin ich halt durch meine eigene Geschichte geworden. Andererseits hast du recht: Besondere Erkenntnisse über den Nationalsozialismus habe ich nicht. Das sind akademische Fragen, die mich gar nicht so sehr interessieren. Ich möchte nicht stundenlang nur über den Holocaust reden, genauso wenig wie ich stundenlang darüber reden möchte, was in der Welt geschieht, ohne im Gespräch danach zu suchen: Wie könnte man etwas ändern? Was könnte man an Verbesserungen schaffen?

Der Holocaust ist für mich ein Ausdruck der totalen menschlichen Verirrung in einer bestimmten Zeit. Die Gesellschaft war an einem Punkt angelangt, wo man sich an Grausamkeiten und an Unheimlichkeiten überboten hat. Ich glaube nicht, dass es noch einmal zu so einer vorgeplanten, fabrikmäßigen Vernichtung von einem Teil der Bevölkerung kommen wird. Das ist einzig in der Geschichte, und ich glaube, dabei bleibt es auch. Die Gewalt, die heute in der Welt geschieht, ist breiter verteilt, allgemeiner, weniger sichtbar, aber sie ist doch genauso da. Und die Menschen sind immer noch dieselben, damals wie heute.

Es bleibt uns also nichts anderes übrig, als in die Tiefe zu gehen, an die Wurzeln. Wir sind alle kaputt, da nehme ich mich nicht aus. Wir können kaum menschlich miteinander umgehen, weil wir so viel Gewalt erlebt haben. Und damit meine ich eben nicht nur die KZs; dazu gehören auch die Schläge, die wir als Kinder von Erwachsenen bekommen haben, dazu gehört, wie Frauen behandelt werden von Männern, dazu gehören viele andere Erfahrungen von Erniedrigung und Hass ... Da muss etwas geschehen.

Muss sich also insgesamt das Zusammenleben der Menschen ändern?

Auf jeden Fall! Nur sind die meisten Menschen noch nicht so weit, dass sie fähig wären, für eine andere Politik, für andere Umgangsweisen miteinander einzutreten, sich für eine bessere Erziehung einzusetzen. Es sind bestimmt immer noch neunzig Prozent, die sagen: »Solange es mir gut geht, kümmert es mich nicht.« So denken viele. Sie können nicht nein sagen, sie haben keine eigene Auffassung von den Dingen – und genau deswegen kann man mit uns noch immer alles machen.

Die millionenfache Ermordung von Juden war auch nur deswegen möglich, weil die Menschen so sind. In dieser Beziehung war Hitler nur ein besonderer Fall. Natürlich ist es nicht das Gleiche, ob ich zur SS gehe oder Soldat werde oder ob ich in einer Waffenfabrik arbeite, aber das Nicht-Denken beginnt genau hier: wenn man nicht darüber nachdenkt, ob man in einer Waffenfabrik arbeitet oder ob man Waschmaschinen herstellt – Hauptsache man hat sein Monatsgehalt.

Das ist das, was mich so wütend macht: wenn jemand an dieser anerzogenen Unselbständigkeit festhält und sie auch noch weitergibt. Natürlich ist meine Wut ungerecht, denn diejenigen können nichts dafür; sie wissen es nicht besser. Aber trotzdem möchte ich manchmal losschreien: Werde selbständig! Fang an zu denken!

Vor einiger Zeit fragte ich eine Bekannte, ob sie zur Kundgebung beim internationalen Frauentag mitgehen würde. Sie sagte mir: »Das interessiert mich nicht. Meine Welt ist in Ordnung, der Rest geht mich nichts an.« Ich schrie diese Frau an, ich stauchte sie regelrecht zusammen; sie erschrak sehr. Hinterher entschuldigte ich mich bei ihr, aber ich war so wütend, ich sah richtig rot. In mir rasten die Gedanken: Wenn sie nicht kapiert, was in Tschernobyl gewesen ist, dann wird es wieder passieren. Wenn sie nicht kapiert, wie Frauen kleingemacht und abhängig gehalten werden, dann wird es weiter passieren. Weil sie so viele Dinge nicht kapiert, geht sie das alles nichts an, betrifft es ihre Welt nicht. Solche Menschen schauten entweder verschämt oder entschlossen weg, wo Juden abgeholt wurden. Oder sie ließen ihre Rollos runter.

So lief das alles in Sekundenschnelle in mir ab. Dabei ist diese Bekannte ein harmloser, absolut nicht bösartiger Mensch. Es fehlt ihr nur an der Fähigkeit zu begreifen, dass wir alle zusammen in dieser Gesellschaft leben und dass alles uns alle betrifft. Sie lebt in ihrer kleinen Welt und hat keine Veranlassung, etwas mehr nachzudenken. Und das – davon bin ich überzeugt – darf man nicht verharmlosen und darüber hinwegsehen. Das muss man ansprechen! Solche Menschen wiegen sich sonst in einer Sicherheit, in einem Immer-noch-weniger-Denken. Man muss ihnen sagen, dass man auch anders denken kann, dass man umdenken kann.

Das sind die Dinge, die mir heute wichtig sind. Ich selber könnte nie sagen: Meine Welt ist in Ordnung – nur weil es mir persönlich gut geht. Direkt kann ich auch nicht so viel ausrichten gegen die Ungerechtigkeit, aber ich beteilige mich. Mir liegt nach wie vor daran, die Welt nicht so zu lassen, wie sie ist, und die Menschen nicht in ihren Träumen zu lassen. Denn jeder, der anfängt, seine Gedanken zu revidieren, umzudenken, kann unter Umständen einige andere Menschen mitziehen. Das ist jedenfalls meine Hoffnung.

Dein unerschütterlicher Glaube an den Menschen …

Woher nimmst du, dass ich an den Menschen glaube? Ich glaube nicht an den Menschen. Ich glaube, dass jeder etwas Gutes in sich hat. Das ist aber etwas anderes. Ich weiß, dass ich die Menschen fürchte – in dem Zustand, in dem sie heute im Allgemeinen sind. Da sehe ich kaum Gutes. Die allerwenigsten entwickeln sich weiter, die allerwenigsten sind so neugierig, dass sie weiter bereit sind zu lernen. Die meisten glauben, sie wüssten alles, sie könnten alles, sie hätten ihren Weg klar vor sich. Aus diesem Zustand heraus, wenn man sich selber nicht in Frage stellt, kann man sich nicht weiterentwickeln.

Wer einmal mit Kindern zu tun hatte, der weiß, wie unbelastet Kinder auf die Welt kommen, welche Offenheit sie mitbringen, dass es einen im Herzen berührt. Wenn man ein solches Kind erschreckt oder einmal im Stich lässt, fängt man an, diese kleine Seele zu vergiften. Es gibt ja mittlerweile viele psychologische Untersuchungen von Menschen, die auf irgendeine Weise gewalttätig oder verantwortungslos oder liebesunfähig geworden sind. Immer ist herausgekommen, dass sie enttäuschte, verschreckte, verängstigte, freudlose oder geschlagene, gequälte Kinder waren, die nur das weitergeben, was sie kennengelernt haben. Ich glaube fest daran, dass die Menschen nicht so geboren werden, sondern dass die Elternhäuser und die Gesellschaft das aus ihnen machen. Der Mensch kommt nicht schlecht auf die Welt. In jedem Menschen steckt etwas Gutes. Darauf kannst du bauen.

Darauf bauen? Macht man nicht in Auschwitz die gegenteilige Erfahrung?

Nein. In Auschwitz war es zwar nicht sehr sichtbar, aber es gab so winzige Kleinigkeiten, an denen Menschlichkeit spürbar war: dass Menschen Mitgefühl hatten mit einem, der weinte, oder dass man einander half. Diese Mutter, der nach der Geburt das

Kind zertrümmert wurde, wurde dann tagelang von uns gepäppelt; wir machten ihr diese Puppe aus abgerissenen Kleiderstücken. Solche Kleinigkeiten waren da. Sicher, es gab auch anderes unter uns Häftlingen …

Ich war aber nicht nur in Auschwitz in meinem Leben. Und ich hab bei allem, was ich an Schlechtem erlebte oder sah, immer entdecken können, dass die Menschen oft gar nicht richtig begriffen, was sie mir oder anderen antaten. Auch in den bösesten Menschen konnte ich manchmal noch irgendwelche warmen Seiten, einen menschlichen Punkt finden, wenn ich sie näher kennenlernte. Deshalb sage ich: Ich weiß aus Erfahrung, dass in jedem Menschen auch etwas Gutes steckt.

Dann kommt für die Zukunft alles darauf an, das verschüttete Gute in den Menschen wieder freizulegen?

Und bei sich selber. Weißt du, es kommt mir so vor, als würde man den Menschen von klein auf immer mehr mit einem Haufen Mist zudecken. Der Berg über diesem Menschen wird immer größer. Er fängt unten an, sich auszubuddeln. Aber er kommt kaum heraus, denn von oben wird immer noch mehr draufgeworfen. Es ist eine Riesenarbeit. Sie hängt davon ab, wie groß der Misthaufen ist. Und wie zerstörerisch die Atemnot ist unter dem Misthaufen.

Bei mir war es ein riesiger Misthaufen, der mich ungefähr sechzig Jahre meines Lebens beschäftigt hat. Das war nicht allein Auschwitz, es war auch die Erziehung zum braven Mädchen und zur zukünftigen Hausfrau, die religiöse Erziehung, die Ehe … Ich hab auch mit sechzig noch immer gebuddelt. Ich hab noch immer versucht, mich zu befreien. Es war mir nur nicht immer bewusst.

Aber es ist dir gelungen, dich freizuschaufeln?

»Freischaufeln« ist wohl tatsächlich das richtige Wort. Ich glaube, es ist mir gelungen, einigermaßen auf die Beine zu kommen; es ist mir gelungen, ein Leben aufzubauen; und es ist mir gelungen, meinen Töchtern eine Ausbildung zu ermöglichen.

Wenn ich auf mein Leben zurückblicke, blicke ich gerne zurück. Nirgends ist eine leere Stelle gewesen; es war immer viel Bewegung drin, auch viel Verzweiflung, die mich dann gezwungen hat zu suchen, warum das so ist. Und daraus hab ich eigentlich immer nur gelernt. Ich könnte von keiner einzigen Zeit in meinem Leben sagen, dass sie umsonst gewesen sei. Ich kann dir viele Zeiten nennen, in denen ich nachträglich anders gehandelt hätte, aber ich weiß auch, dass meine Entscheidungen aus dem damaligen Wissen heraus die bestmöglichen waren. Dazu gehört auch meine Ehe, denn ohne diese Ehe, die eigentlich total verkehrt gelaufen ist, wäre ich heute sicher nicht das, was ich bin, ich hätte vieles nicht gelernt.

Das ist das Persönliche. Wie sieht es für dich in dieser Gesellschaft aus?

Ich bin nach wie vor eine Ausgeschlossene, noch immer und fast überall. So sieht es aus. Ich weiß in jeder Sekunde, wenn ich jemandem, der sich nicht bewusst selber steuern kann, nur ein falsches Wort sage, das denjenigen eventuell kränkt oder ihm einfach nicht passt, dann bin ich schon der Jude. Fertig. Ich weiß, dass es so ist, und ich rechne damit. Es kommt nicht immer direkt, aber es kommt. Jede Sekunde kann das kommen. Nicht überall, aber ich hab nur ganz, ganz wenige Menschen, bei denen ich wirklich mein Inneres preisgeben kann und dabei nicht ständig vorsichtig sein muss. Wenn ich mich bei dir nicht sicher fühlen würde, würde ich nicht so viel von meinen Gefühlen preisgeben. Denn ich will mir nicht wehtun lassen. Aber ich fühl mich hier nach wie vor als Fremde.

Es heißt immer wieder, die Juden leben in diesem Land auf gepackten Koffern, damit sie bei Gefahr schnell fliehen können. Stimmt das für dich auch?

Ja. Um es ganz ehrlich zu beantworten: Seit Auschwitz war ich nie mehr irgendwo fest beheimatet, nirgends so richtig zu Hause. Auf den Punkt gebracht könnte man sagen: Ich bin entwurzelt, ich gehöre nirgendwo hin. Natürlich, ich hab mein

Zuhause, ich mag die Wohnung, in der ich lebe, ich pflege sie auch, und ich hatte auch immer gerne schöne Dinge um mich herum. Ich liebe meine Bücher, zum Beispiel. Aber wenn es sein müsste, wenn Gefahr droht, könnte ich noch heute, von einer Sekunde auf die andere, mit leeren Händen die Tür hinter mir zuschlagen und weggehen. Ich könnte alles, was ich habe, zurücklassen. Und nie würde ich diesen Dingen nachweinen.

Ich hab gelernt zu verlieren. Und so eine grundlegende Angst hab ich immer. Da denke ich nicht bloß an die Rechtsextremen, die Neonazis. Meine Angst kommt mehr aus meiner Erfahrung, wie hilflos und unzuverlässig Menschen sein können. Auf wen soll ich mich verlassen? Wer soll uns schützen? Also je mehr ich über die Menschen weiß, umso unberechenbarer scheinen sie mir.

Heißt das, du fühlst dich heute in Gefahr?

Im Moment geschieht mir nichts, aber ich weiß, es kann sich jederzeit ändern. Es muss nur irgendetwas in Israel passieren, und schon werfen Leute, denen das Schicksal der Palästinenser eigentlich völlig egal ist, eine Brandbombe auf die Synagoge in Düsseldorf oder Berlin. Das ist die eine Seite.

Die andere Seite ist: Überall sehe ich auch gute Ansätze. Es gibt mittlerweile mehr Frauen, mehr bewusste Frauen, die ihre Gefühle in die Politik mit hineinbringen und anders handeln. Ich sehe bei jungen Eltern, dass sich manches verändert. Es gibt immer mehr junge Väter, die mit ihren Kindern so liebevoll, so menschlich umgehen, dass es einem die Seele wärmt, wenn man sie sieht. Wir sind also nicht nur mit Verrohung konfrontiert, es gibt auch gute Entwicklungen. Es ist nur die Frage, was die Oberhand gewinnt, wenn es hart auf hart geht, wenn die wirtschaftliche Lage schlimmer wird. Das können wir nicht voraussehen. Aber ein großer Teil der Menschen hat verstanden, hier muss was geschehen. Es geschieht auch einiges. Es geschieht zu langsam für mich, aber es geschieht.

Und noch etwas hat sich verändert: Die Welt hat etwas gelernt seit damals. Mein Anhaltspunkt ist, dass man Pinochet nicht mehr so frei seinen Lebensabend genießen lässt. Die Opfer fangen an, eine Stimme zu kriegen. Man fängt an, die Großen zur Verantwortung zu ziehen. Die Wahrheitskommission in Südafrika ging in diese Richtung, und dass Milošević in Den Haag vor Gericht kam, gehört auch hierhin. Das ist ein ungeheurer Fortschritt. Und dass kirchliche Organisationen Diktatoren und Kriegsverbrechern zur Flucht verhelfen, wie sie das mit vielen Nazis noch taten, wird jetzt wohl auch schwieriger werden.

Aber nur die Großen zu verfolgen, ohne den Menschen von Grund auf zu mehr Selbständigkeit und Kritikfähigkeit zu verhelfen, nützt nichts. Wie in der Sage von den abgeschlagenen Köpfen der siebenköpfigen Hydra, für die immer neue nachwachsen, nützt es nichts, nur die Symptome zu bekämpfen. Für mich ist es deshalb wichtig, dass zweigleisig gedacht wird: auf dem einen Gleis konsequent die Erziehung so zu verändern, dass die Menschen erst gar nicht gewalttätig werden; auf dem anderen Gleis denen, die schon gewalttätig geworden sind, die Sicherheit zu nehmen, sie könnten tun und lassen, was sie wollen, weil sie sowieso nicht geschnappt würden.

Immer wieder wird bei diesen Fragen davon gesprochen, dass man vergeben müsse; und verschiedene Bundespräsidenten haben in Polen und Israel die Menschen im Namen der Deutschen um Vergebung gebeten. Was hältst du davon?

Um Vergebung zu bitten ist absolut lächerlich. Wer soll denn die Bitte erfüllen? Die Toten? Die können es nicht mehr. Die Angehörigen? Also ich könnte es nicht. Ich kann verzeihen, was mir selber angetan worden ist, aber ich könnte das nicht im Namen meiner Eltern und Geschwister tun. Ich dürfte es nicht. Ich weiß ja gar nicht, was sie mitgemacht haben, was sie erlitten haben. Wie sollte ich dann verzeihen?

Ich glaube, diese Leute, die so viel von Verzeihen reden, müssen lernen, das auszuhalten, was gewesen ist. Und statt Vergebung zu verlangen, sollten sie sich Gedanken machen, was sie für eine bessere Gesellschaft tun können. Es wird keinen feierlichen Akt geben, der alles wegwischt. Niemals. Sie müssen lernen, mit ihrer Geschichte zu leben. Das ist das Einzige, was ich mir vorstellen kann. Ich musste es auch. Ich habe gelernt, mit meiner Geschichte zu leben – ohne Hass. Ich mache niemandem einen Vorwurf. Mein Leben gehört mir, mit allem, was drin war.

Und damit kannst du gut leben?

Ich lebe immer noch gerne. Ich fühl mich wohl in meiner Haut. Noch nie zuvor hab ich mich so wohl gefühlt. Ich genieße mein Leben. Wo ich Erfolge oder Anerkennung habe, habe ich mir das selber erarbeitet. Ich bin heute frei; früher war ich sehr verlegen und unsicher und hatte Angst, meinen Mund aufzumachen, heute hab ich davor überhaupt keine Angst mehr.

Ich fühle mich völlig frei, ich kann meine Zeit frei einteilen, ich hab keine großen Sorgen. Ich bin nicht reich, kann mir nicht viel erlauben. Aber was ich mir erlauben kann, genieße ich in vollen Zügen. Ich kann mich darüber freuen, dass ich eine warme Wohnung hab, dass ich meine Kinder lernen und studieren lassen konnte, und wenn es noch so sparsam sein musste, aber es war genügend für sie alle da. Und ich kann mir Bücher kaufen, was für mich das Wichtigste ist!

Mir fehlt nichts. Mittlerweile halte ich auch manche Dinge für überflüssig, die ich früher für unverzichtbar hielt. Sie belasten mich sogar. Im Laufe des Lebens verändert man sich, und man kriegt ganz andere Beziehungen zu den Dingen. Vieles wird immer weniger wichtig, je älter man wird und je mehr man das Leben kennt.

Wird anderes dafür wichtiger?

Wichtiger wird mir, dass andere Menschen diese Dinge, über die wir jetzt gesprochen haben, wahrnehmen und sich damit beschäftigen. Ich hoffe, ich kann etwas von meinen Gedanken dazu weitergeben, womit die Menschen später etwas anfangen können. Gleichzeitig wünsche ich mir, dass sie damit nicht zufrieden sind, sondern weiterdenken, -suchen und -diskutieren und nicht sagen: »So sind eben die Menschen.«

Ich könnte dir nicht sagen, was ich mir sonst noch so sehnlich wünsche. Irgendetwas, was man kaufen kann oder eine Reise oder was weiß ich – das alles nicht. Ich gebe zu, ich habe einen fast schon verbissenen Willen in mir, über die wichtigen Fragen zu reden, reden, reden, solang ich nur kann. Wer weiß, wie lange es noch geht. Und gleichzeitig muss ich mich bremsen, um die Menschen damit nicht zu überschütten.

Mein Leben war wie eine Entdeckungsreise, eine Suche nach den Wurzeln der menschlichen Gefühle und Taten, und das ist noch immer das, was mich am meisten beschäftigt. Da denke ich fast mit Bedauern daran, dass ich unter Umständen morgen oder in einem Monat sterben könnte, und dann könnte ich nicht weitersuchen. Das wäre schade. Es gibt noch so viel, was ich entdecken möchte. Und es wird immer interessanter, weil ich die Dinge immer besser verstehe.

Hast du denn Angst vor dem Tod?

Ich hab überhaupt keine Angst. Ich weiß, dass irgendwann einmal mein Ende kommt, unausweichlich, aber ich lebe jeden Tag so, als würde es noch ewig so weitergehen. Es kümmert mich nicht! Ich hab zweimal einen Vorgeschmack bekommen, als ich meinte, jetzt passiert es, und ich dachte: Uh, die Kinder, die haben es noch nie erlebt, jetzt ist es zu Ende – das war mein einziger Gedanke. Aber ich wüsste auch gar nicht, wie man Angst haben kann vor dem Tod, wenn man Auschwitz überlebt hat. Auschwitz ist für mich das Schrecklichste, was es überhaupt gibt, schrecklicher als der Tod.

Wenn man dich so hört, dann scheinst du hin- und hergerissen zu sein zwischen einer sehr skeptischen, manchmal verzweifelten Sicht der Welt und einer beinahe optimistischen, jedenfalls hoffnungsvollen Sicht.

Ja, stimmt. Es ist beides in mir. So bin ich – bis heute.

Anmerkungen

[1] Der *Schabbat* ist der siebente Tag der Woche. Zur Erinnerung daran, dass Gott am siebenten Tag nach der Erschaffung der Welt ausruhte, sollen die Menschen am Schabbat jegliche als Arbeit geltende Tätigkeit unterlassen, d.h. auch kein Feuer machen, keine Lampen ein- oder ausschalten und keine weiten Wege gehen – es sei denn, um jemandem in Not zu helfen. Der Schabbat beginnt am Freitagabend bei Einbruch der Dunkelheit und endet am folgenden Tag, wenn die ersten Sterne am Himmel zu sehen sind. Eröffnet wird der Schabbat mit einem festlichen Schabbatmahl in der Familie.

[2] Das hebräische Wort *koscher* bedeutet »rituell rein«. Es bezieht sich vor allem auf die jüdischen Ernährungsvorschriften. Diese Vorschriften erlauben den Verzehr bestimmter Tiere und verbieten den Genuss anderer. Koscher sind Tiere mit gespaltenen Hufen, die ihre Nahrung wiederkäuen, also etwa Rinder, Ziegen und Schafe. Tiere, die geschlossene Hufe haben *oder* ihre Nahrung nicht wiederkäuen, gelten als *treife* (unrein). Zu ihnen gehören beispielsweise Katzen, Hunde, Pferde und Schweine. Unter den Wassertieren sind nur diejenigen koscher, die Flossen *und* Schuppen haben, also z.B. Thunfische und Sardinen, nicht aber Haie und Aale. Es genügt aber noch nicht, dass die Tiere selbst koscher sind, um dann auch als koscher gegessen werden zu können. Sie müssen auch nach bestimmten Regeln geschlachtet werden, und bei der Zubereitung ist u.a. darauf zu achten, dass »milchige« und »fleischige« Speisen nicht zusammen gekocht werden. Familien, die koscher essen, verwenden für Milch- und Fleischspeisen zweierlei Geschirr und Besteck.

[3] Ein *Schabbesgoj* ist ein Nichtjude, z.B. ein Nachbar, der für eine jüdische Familie Dinge erledigt, die sie selbst am Schabbat nicht tun soll, etwa das Licht löschen oder Feuer im Herd machen. »Goj« ist ganz allgemein die hebräische Bezeichnung für einen Nichtjuden.

[4] Eine *Jeschiwa* ist eine Schule, an der sich meist männliche Schüler dem Studium der Thora und insbesondere des Talmuds widmen. Mit der *Thora* (Hebräisch für »Weisung«) sind im engeren Sinn die fünf Bücher Moses' in der Bibel gemeint, im weiteren Sinn alle religiösen Gebote des rabbinischen Judentums. Der *Talmud* (»Stu-

dium, Lehre«) ist die Auslegung und Kommentierung der Thora. Der Palästinische Talmud und der Babylonische Talmud gehören zu den Hauptwerken des rabbinischen Judentums.

[5] *Pessach*, das Fest der ungesäuerten Brote, ist eines der höchsten religiösen Feste des Judentums. Es erinnert an den Auszug der Israeliten aus der Sklaverei in Ägypten.

[6] Der *Jüdische Nationalfonds* (hebr.: Keren Kayemeth LeIsrael, abgekürzt KKL) betrieb bis zur israelischen Staatsgründung 1948 den Landerwerb für jüdische Siedler im damaligen britischen Mandatsgebiet Palästina, unterstützt von Spenden aus aller Welt. Nach der Staatsgründung konzentrierte sich der Nationalfonds auf die Kultivierung des Landes, u.a. durch die Pflanzung von Millionen von Bäumen und die Bewirtschaftung der knappen Wasserressourcen.

[7] Der *Zionismus* ist die Nationalbewegung des jüdischen Volkes, entstanden im 19. Jahrhundert vor dem Hintergrund gewalttätiger Judenverfolgungen in Europa und inspiriert von anderen Nationalbewegungen, die ebenfalls das Recht auf einen eigenen Staat für ihre Völker forderten. Die Zionisten setzten sich die Errichtung eines jüdischen Staates und die Rückkehr der in aller Welt zerstreut lebenden Juden ins »Land Israel« zum Ziel.

[8] Der Antisemitismus hatte in Ungarn nach dem Ersten Weltkrieg stetig zugenommen; in den 1930er Jahren forderten verschiedene pro-nationalsozialistische Parteien und Bewegungen sowie christliche Kirchen eine »Lösung der Judenfrage«. Auch die überwiegend von Deutschland finanzierte Presse heizte das antijüdische Klima an. Die ungarische Armee zählte zu den aggressivsten antisemitischen Kräften des Landes. Reichsverweser Miklós Horthy arbeitete mit Nazideutschland zusammen und erließ zwischen 1938 und 1941 drei umfassende Gesetze, die das jüdische Leben immer weiter einschränkten. Im Mai 1938 beschränkte das erste antijüdische Gesetz den Anteil der Juden in den freien Berufen und der Wirtschaft auf 20 Prozent. Im Jahr darauf wurde dieser Anteil auf 6 Prozent reduziert. Die gesetzliche Ausgrenzung der Juden Ungarns aus dem gesellschaftlichen Leben gipfelte schließlich im Erlass der ungarischen »Rassengesetze« von 1941. Im Juli und August 1941 wurden 17000 Juden ohne ungarische Staatsangehörigkeit nach Kamenez-Podolski in der Ukraine deportiert, wo sie von der SS ermordet wurden. Allerdings verweigerte Horthy die Einführung weiterer Maßnahmen, die Deutschland forderte: den völligen Aus-

schluss der Juden aus dem wirtschaftlichen Leben, den Zwang zum Tragen des Judensterns, die Ghettoisierung und die Deportation aller Jüdinnen und Juden in die Konzentrations- und Vernichtungslager. Nach der deutschen Besetzung Ungarns am 19. März 1944 ernannte Horthy aber eine den Deutschen willfährige Regierung mit uneingeschränkter Vollmacht für alle antijüdischen Maßnahmen. Adolf Eichmann organisierte in der Folge die Deportation von rund 500 000 Jüdinnen und Juden aus Ungarn. Am 7. Juli 1944 stoppte Horthy die Deportationen und bemühte sich, mit den Alliierten einen Waffenstillstand auszuhandeln. Als das scheiterte, wurde er am 15. Oktober 1944 von den Deutschen abgesetzt und durch Ferenc Szálasi ersetzt, den Führer der faschistischen Pfeilkreuzler-Partei (vgl. Anm. 21), der umgehend den antijüdischen Terror wieder aufnahm – bis zur Besetzung Ungarns durch die Rote Armee im Januar 1945.

[9] Ein *Zaddik* (Hebräisch für »Gerechter, Rechtschaffener«) ist im Judentum der Gegenwart eine Bezeichnung für einen religiösen Führer oder heiligen Mann, besonders in der Bewegung des Chassidismus.

[10] Der *Munkaszolgálat* war ein Arbeitsdienst, der für jüdische Männer im sogenannten »wehrfähigen Alter« (zwischen 20 und 48 Jahren) 1939/1940 eingeführt wurde. Die eingezogenen Juden wurden unter dem Kommando der ungarischen Armee im Bergbau und beim Bau von Befestigungsanlagen eingesetzt. An der Front hatten sie Gräben auszuheben und Panzerfallen zu bauen, Straßen instand zu halten und Minenfelder zu räumen. Fast 42 000 Juden kamen in den Einheiten des Munkaszolgálat um, bis am 19. März 1944 die deutsche Besatzung Ungarns begann.

[11] Im Synagogengottesdienst werden Mitglieder der Gemeinde »zur Thora aufgerufen«, d. h. sie werden aufgerufen, einen Abschnitt aus der *Thora* (vgl. Anm. 4) zu lesen.

[12] Der jüdische Kalender richtet sich sowohl nach dem Mond als auch nach der Sonne. Das Mondjahr besteht aus zwölf Monaten mit jeweils 29 oder 30 Tagen. Damit ist das Mondjahr um elf Tage kürzer als das Sonnenjahr, deshalb müssen in einem Zyklus von 19 Jahren sieben Schaltjahre stattfinden, die dann 13 statt zwölf Monate haben. Der zusätzliche Monat heißt Adar II und folgt in den Schaltjahren auf Adar I. So ist gewährleistet, dass die Monate und religiösen Feste immer in derselben Jahreszeit stattfinden.

[13] *Schawuot*, auch Wochenfest genannt, weil es sieben Wochen nach Pessach (vgl. Anm. 5) gefeiert wird, erinnert an den Empfang der Zehn Gebote durch Moses. Zugleich ist es ein Erntefest, da es in die Zeit der Weizenernte in Israel fällt.

[14] *Kapos* (von ital. Capo, »Chef«) nannte man in den Konzentrationslagern der Nazis Gefangene, die die SS mit der Führung einer Arbeitskolonne – eines »Kommandos« – beauftragt hatte.

[15] Wie die Kapos gehörten auch die *Blockältesten* zu den »Funktionshäftlingen« im Konzentrationslager. Blockälteste hatten die Einhaltung der Vorschriften im »Block«, d.h. in der Unterkunftsbaracke, sicherzustellen.

[16] Viele KZ-Häftlinge erzählen, die SS habe ihnen *Brom* ins Essen gegeben. Das habe sie in einem Dämmerzustand gehalten und sei für das Ausbleiben der Menstruation bald nach der Ankunft im Lager verantwortlich. Die Geschichtswissenschaft hat dafür keine Belege gefunden und weist auf die Meinung der Medizin hin, dass das Aussetzen der Periode auch als eine Schutzfunktion des Körpers bei Stress, Unterernährung und harter körperlicher Arbeit erklärt werden könne.

[17] Das *Kaddisch*, ein Lobpreis Gottes, ist eines der wichtigsten Gebete im Judentum; es hat seinen Platz im Alltagsleben wie im Gottesdienst und wird in der Trauerzeit täglich zum Totengedenken gesprochen.

[18] *Chanukka*, das achttägige Lichterfest, erinnert an die Wiedereinweihung des zweiten jüdischen Tempels in Jerusalem im Jahr 164 v. Chr. nach dem erfolgreichen Makkabäeraufstand, womit die Juden die Herrschaft der Seleukiden über Judäa beendeten. Jeden Tag wird eine Kerze mehr am Chanukka-Leuchter angezündet, bis schließlich alle acht Kerzen leuchten.

[19] Die Legende vom *Golem* hat Wurzeln im Mittelalter und ist in vielen Varianten zu finden. Am bekanntesten ist die Geschichte des Prager Rabbiners Judah Löw (1525–1609), der aus Lehm eine große menschliche Figur formte und sie zum Leben erweckte. Dieser Golem sollte den bedrängten Juden und Jüdinnen von Prag gegen ihre Verfolger beistehen.

[20] Als *Displaced Persons* (DPs) werden all jene Zivilpersonen bezeichnet, die sich als ehemalige KZ-Häftlinge, Zwangsarbeiter oder von den Nazis angeworbene ausländische Arbeitskräfte nach dem Zweiten Weltkrieg außerhalb ihres Heimatlandes aufhielten.

[21] Ferenc Szálasi gründete 1937 in Ungarn die *Pfeilkreuzler*, die ungarischen Nationalsozialisten (ung.: Nyilaskeresztes Párt). Sie erhielten bei der Parlamentswahl 1939 über 25 Prozent der Stimmen, kamen aber erst am 15. Oktober 1944 als Anführer einer Koalitionsregierung an die Macht. Nach ihrer Machtübernahme richteten sie umgehend zwei Ghettos ein und betrieben zusammen mit den Deutschen eine aktive Politik der Ermordung und Deportation der Juden.

[22] Eine *Thoraschule* ist eine zumeist von der jüdischen Gemeinde unterhaltene Schule, in der die Kinder sowohl jüdischen Religionsunterricht als auch eine umfassende Allgemeinbildung erhalten.

[23] 1947 wurden in Rumänien Sozialdemokratie und Kommunistische Partei zur »Rumänischen Arbeiterpartei« zwangsvereinigt; alle bürgerlichen Parteien wurden verboten und König Mihai I. abgesetzt. Als 1948 die Industrie, aber auch kleinere private Betriebe und Werkstätten verstaatlicht wurden, verdrängte diese Maßnahme viele Juden aus dem Erwerbsleben. Und als Stalin in der Sowjetunion gezielt gegen Juden vorzugehen begann, veränderte sich auch das Klima für die rumänischen Juden. Die Propaganda beschimpfte jüdische Vereinigungen als »Brückenköpfe des Imperialismus«; Führer jüdischer Organisationen wurden verhaftet und mussten jahrelang auf ihren Prozess warten; manche wurden auch als »in der Haft verstorben« gemeldet. Der Oberrabbiner Rumäniens, Alexandru Safran, war bereits im Dezember 1947 aus Bukarest geflohen, um der Verhaftung zu entgehen.

[24] Das *Joint* (kurz für: American Jewish Joint Distribution Committee, abgekürzt JDC) ist eine Hilfsorganisation, die nach dem Zweiten Weltkrieg die jüdischen Überlebenden mit Nahrungsmitteln, finanziell und rechtlich unterstützte sowie bei der Auswanderung behilflich war.

[25] *Tischa be Aw* ist ein öffentlicher Fasten- und Trauertag, der nach dem jüdischen Kalender am 9. Aw begangen wird. Er gilt als traurigster Tag des Jahres in Erinnerung an die Zerstörung des ersten Tempels in Jerusalem (586 v.Chr.) und des zweiten Tempels (70 n.Chr.). Außerdem wurde am 9. Aw 1492 das Dekret zur Vertreibung der Juden aus Spanien erlassen.

[26] Nach der Beerdigung eines Angehörigen versammeln sich die nahen Verwandten zu Hause, ziehen die Schuhe aus und *sitzen*

Schiwa, d.h. sie sitzen auf dem Boden oder auf niedrigen Hockern, sprechen täglich Gebete und werden von Freunden und Freundinnen besucht, die sie trösten. *Schiwa* bedeutet »sieben« und meint die erste, siebentägige Phase der Trauerzeit.

[27] Am 26. April 1986 ereignete sich im Kernkraftwerk *Tschernobyl* nahe der Stadt Prypjat, Ukraine (damals zur Sowjetunion gehörig), ein Super-GAU als Folge einer Kernschmelze und Explosion im Kernreaktor. Große Mengen an radioaktivem Material gelangten in die Atmosphäre und verteilten sich hauptsächlich über der Region nordöstlich von Tschernobyl, aber auch über vielen anderen europäischen Gegenden. Der Kontakt mit der radioaktiven Strahlung führte bei vielen Menschen zu Leukämie und anderen Erkrankungen und bei einer nicht genau bekannten Zahl von Menschen zum Tod.

[28] Miklós Nyiszli, *Im Jenseits der Menschlichkeit. Ein Gerichtsmediziner in Auschwitz*, Berlin: Dietz-Verlag, 2. Aufl. 2005.

Hanna Mandel,
geboren 1927 in Oradea/Rumänien, wuchs in Vásárosnamény/Ungarn auf, von wo aus sie 1944, im Alter von 17 Jahren, mit ihrer Familie nach Auschwitz-Birkenau deportiert wurde. Als einzige Überlebende ihrer Familie heiratete sie nach der Befreiung ihren Cousin und lebte mit ihm in Rumänien. 1948 flohen sie nach Ungarn und ließen sich dann in Wien nieder, wo Hanna Mandels erste Tochter zur Welt kam. 1952 zog die Familie nach Fürth und baute sich nach und nach eine Existenz in Import-Export-Geschäften auf. 1956 übersiedelten sie nach München, weil die Nähe zum Flughafen wichtig für die Geschäfte war. In München brachte Hanna Mandel noch drei Töchter zur Welt. 1975 kam es zur Scheidung. Es folgte eine Ausbildung zur Bürokauffrau, dann lange Arbeitslosigkeit. Schließlich fand sie Arbeit als Verwaltungsangestellte, was sie bis zur Rente blieb.
Seit Mitte der 1970er Jahre sprach Hanna Mandel in Schulen und auf öffentlichen Veranstaltungen über ihre KZ-Erfahrungen und über die Frage, wie Gewalt in der Gesellschaft überwunden werden kann. Bis kurz vor ihrem Tod im Frühjahr 2003 war sie mit ihren Themen unermüdlich unterwegs und engagierte sich für Frieden, Umwelt- und Frauenfragen.

Norbert Reck,

geboren 1961, freier Publizist und Theologe in München, promovierte zur Bedeutung der Erinnerung von Auschwitz-Überlebenden für die Theologie und ist verantwortlicher Redakteur der internationalen Zeitschrift *Concilium*. Er unterrichtet Theologie und Philosophie an der katholischen Stiftungsfachhochschule München, ist Mitglied im wissenschaftlichen Beirat der Zeitschrift *theologie.geschichte* sowie Rundfunkautor und Referent in der religiösen Bildungsarbeit. Seit vielen Jahren beschäftigt er sich mit den Verfolgten und den Tätern des Nationalsozialismus, mit Erinnern und Verleugnen. Zuletzt erschien von ihm das Buch *Mit Blick auf die Täter. Fragen an die deutsche Theologie nach 1945* (zusammen mit Katharina von Kellenbach und Björn Krondorfer; Gütersloh 2006).